Culinária de Todas as Cores

200 Receitas
de Pratos para Dois

CB067186

Culinária de Todas as Cores

200 Receitas
de Pratos para Dois

Louise Blair

PubliFolha

Publicado originalmente na Inglaterra em 2010,
sob o título *Hamlyn All Colour 200 Meals for two*,
pela Hamlyn, uma divisão da Octopus Publishing Group Ltd
Endeavour House, 189 Shaftesbury Avenue, Londres, WC2H 8JY

Copyright © 2010 Octopus Publishing Group LTD
Copyright © 2013 Publifolha – Divisão de Publicações
da Empresa Folha da Manhã S.A.

Todos os direitos reservados. Nenhuma parte desta obra pode ser reproduzida, arquivada ou transmitida de nenhuma forma ou por nenhum meio sem a permissão expressa e por escrito da Empresa Folha da Manhã S.A., por sua divisão de publicações Publifolha.

Proibida a comercialização fora do território brasileiro.

COORDENAÇÃO DO PROJETO: PUBLIFOLHA
Editora assistente: Mariana Zanini
Produtora gráfica: Samantha R. Monteiro

PRODUÇÃO EDITORIAL: AA STUDIO
Coordenação: Ana Luisa Astiz
Assistência: Juliana Caldas
Tradução: Fabiana Dias da Cunha, Marilu Reis
Preparação: Sonia de Castilho
Revisão: Katia Shimabukuro
Editoração eletrônica: MOS editorial
Consultoria: Tarcila Campos

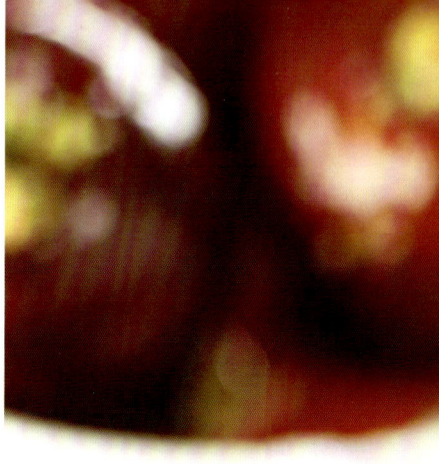

Dados Internacionais de Catalogação na Publicação (CIP)
(Câmara Brasileira do Livro, SP, Brasil)

Blair, Louise
   200 receitas de pratos para dois / Louise Blair ; [tradução Fabiana Dias da Cunha, Marilu Reis]. – São Paulo : Publifolha, 2013. – (Coleção culinária de todas as cores)

   Título original: All colour cookbook : 200 meals for two.
   ISBN: 978-85-7914-483-7

   1. Culinária (Receitas) I. Título. II. Série.

13-09678   CDD-641.5

Índices para catálogo sistemático:
1. Receitas : Culinária : Economia doméstica 641.5

Este livro segue as regras do Acordo Ortográfico da Língua Portuguesa (1990), em vigor desde 1º de janeiro de 2009.

Impresso na C&C Offset Printing Co., Ltd.

PUBLIFOLHA

Divisão de Publicações do Grupo Folha
Al. Barão de Limeira, 401, 6º andar
CEP 01202-900, São Paulo, SP
Tel.: (11) 3224-2186/2187/2197
www.publifolha.com.br

NOTA DO EDITOR
Apesar de todos os cuidados tomados na elaboração das receitas deste livro, a editora original não se responsabiliza por erros ou omissões decorrentes da preparação dos pratos.

Pessoas com restrições alimentares, grávidas e lactantes devem consultar um médico especialista sobre os ingredientes de cada receita antes de prepará-la.

As fotos deste livro podem conter acompanhamentos ou ingredientes meramente ilustrativos.

Observações, exceto se orientado de outra forma:
• Use sempre ingredientes frescos
• O forno deve ser preaquecido na temperatura indicada na receita

Equivalência de medidas:
• 1 colher (chá) = 5 ml
• 1 colher (sopa) = 15 ml
• 1 xícara = 250 ml

sumário

introdução	6
brunch	14
petiscos	56
pratos rápidos	110
ocasiões especiais	160
sobremesas	198
índice	234
créditos	240

introdução

introdução

A maioria das receitas dos livros de culinária é calculada para servir quatro pessoas ou mais. O que fazer na hora de cozinhar apenas para dois?

Em alguns casos, é fácil adaptar o rendimento: basta reduzir os ingredientes proporcionalmente. Mas como usar essa fórmula para cortar ingredientes como um único ovo ou pequenas quantidades de ervas e especiarias? E o tempo de cozimento? Deve ser diminuído pela metade ou mantido em relação ao rendimento original? As receitas deste livro eliminam suposições e cálculos complicados. São refeições deliciosas, desde lanches simples até pratos para ocasiões especiais, com a vantagem de que podem ter suas proporções dobradas ou aumentadas para até mais do que quatro porções.

Cozinhar para apenas duas pessoas pode, com um pouco de lógica e planejamento, ser uma atividade prazerosa e não desgastante. Escolher ingredientes fáceis de encontrar e selecionar receitas simples, saborosas e de rápido preparo facilitam a vida na cozinha.

Hoje é muito fácil encontrar informações sobre alimentação saudável – embora não se deva esquecer de que, às vezes, comer um pouco daquilo que lhe dá satisfação não faz mal algum. No entanto, para manter uma boa saúde e caprichar na nutrição diária, o ideal é comer o seguinte:

- Mais frutas e legumes: a meta deve ser pelo menos cinco porções ao dia. Um ótimo começo é beber um copo de suco no café da manhã, adicionar um pouco de fruta fresca ao cereal ou comer uma fruta como sobremesa.
- Mais alimentos ricos em amido, como arroz, pão, massas e batata. Os carboidratos devem compor a maior parte de uma refeição, seguidos por legumes e proteínas. Aqueles de absorção lenta, os chamados "bons carboidratos", promovem saciedade e ajudam a manter os níveis de energia constantes ao longo do dia. Escolha variedades integrais sempre que possível.
- Menos gordura, sal e açúcar. Lembre-se sempre de verificar o rótulo dos alimentos

industrializados. Preparar os alimentos em casa, a partir do zero, é a melhor maneira de equilibrar o uso do sal ao cozinhar, garantindo o menor consumo possível. Retirar o excesso de gordura de cortes de carne e consumir laticínios desnatados reduz a ingestão de gordura na alimentação.

• Proteína na dose certa. Escolha bem os alimentos ricos em proteína (carne bovina, frango, peixe, ovos e leguminosas) que você vai consumir. A recomendação é comer pelo menos duas porções de peixe ou de frutos do mar por semana, sendo que uma delas deve ser um peixe gorduroso, rico em ômega-3, ácido graxo essencial.

Uma alimentação saudável também significa usar técnicas de culinária que reduzam a ingestão de gordura e potencializem o valor nutricional dos alimentos. Investir em uma panela ou máquina de cozimento a vapor pode valer a pena. Além de não ser muito caro, o utensílio pode ser usado para preparar todos os tipos de legumes, bem como algumas carnes e peixes. A maior parte do teor de vitamina dos legumes é perdida quando preparados em água fervente, o que não acontece no cozimento a vapor. Outra técnica recomendada é grelhar os alimentos em vez de fritá-los. Uma pincelada leve de óleo em peixes e carnes, antes de levá-los à grelha ou à frigideira, é suficiente.

cardápio semanal

Prepare um cardápio semanal. Ele deve ser um plano flexível, que possibilite a você fazer ajustes. Basta guardar algumas coisas no congelador para servir em outra ocasião, caso a sua programação mude.

Usar as sobras da carne assada do dia anterior em um salteado ou em uma salada para o almoço faz parte de um plano inteligente de nutrição. O brócolis cozido para acompanhar o assado do jantar pode ser usado no Conchigliette com linguiça e brócolis (p. 148) no final da semana. Sempre que possível, dobre as quantidades e congele porções individuais para consumir depois.

Seja prático ao usar o forno: quando for preparar uma caçarola, asse batatas ou uma sobremesa ao mesmo tempo. É uma ótima maneira de poupar energia e dinheiro.

O hábito de fazer uma lista semanal de compras evita a armadilha de comprar coisas desnecessárias. Procure guardar as listas para quando planejar outra semana com refeições semelhantes. Aproveite promoções e ofertas: porções extras de carne e peixe podem ser divididas para uma e duas pessoas e congeladas para consumo posterior.

Prefira receitas que utilizem ingredientes da estação. Frutas e legumes da época não só são mais baratos, como muito mais saborosos. Procure também alimentos produzidos na sua região: além de serem mais frescos, requerem menos tempo de transporte, o que reduz o preço desses produtos. Se houver um mercado abastecido por um produtor local ou uma feira perto de sua casa, procure produtos frescos e saborosos. Carnes e peixes de boa qualidade não precisam de muito mais que legumes cozidos no vapor e, talvez, um pouco de Manteiga de ervas (p. 156) para render um prato delicioso.

na despensa

É preciso manter em estoque alguns ingredientes que serão usados toda semana.

- **Óleos:** compre azeite de boa qualidade. Além de ser benéfico para a saúde, é uma matéria-prima perfeita na hora de preparar molhos para carnes, massas, saladas e marinadas. Tenha também óleo de girassol ou outro óleo vegetal para cozinhar.
- **Mostardas:** a mostarda de Dijon, a extraforte e a inglesa dão profundidade ao sabor de molhos, um toque especial aos temperos para saladas e, evidentemente, podem ser usadas como acompanhamento de carnes ou em um sanduíche.
- **Massas:** com um molho simples, são perfeitas para um jantar rápido. Lembre-se de que diferentes formatos de macarrão se adéquam a diferentes pratos. Procure comprar apenas um ou dois de seus tipos favoritos de massa para não ficar com muitos pacotes usados pela metade.
- **Arroz:** assim como as massas, existe grande variedade à disposição, mas o basmati e os tipos indicados para risoto são sempre úteis, além dos tradicionais agulhinha e integral.

- **Tomate seco:** pique e adicione a saladas ou massas.
- **Purê de tomate:** use purê de tomate ou polpa em molhos como o famoso à bolonhesa. Mantenha potes na geladeira com uma etiqueta indicando a data em que foram armazenados e abertos.
- **Feijão cozido:** sempre a postos, o feijão cozido – branco, rajado e fradinho, por exemplo – não precisa do longo processo de molho e cozimento do equivalente seco e pode ser adicionado a saladas, sopas e ensopados para vegetarianos, dando sabor e textura maravilhosos. A Sopa de feijão com guacamole (p. 64) e a Salada de alcachofra e feijão-branco (p. 102) são bons exemplos.
- **Pinhole ou castanha de caju:** levemente torrados, os pinholes e as castanhas são deliciosas adições a massas e saladas.

- **Molhos:** molho de soja claro e escuro e molho de peixe (nam pla) são essenciais para qualquer tipo de prato da culinária oriental.
- **Ervas e especiarias:** as ervas frescas são, logicamente, as mais saborosas, mas nem todo mundo tem acesso a um jardim de ervas ou espaço para manter mais do que algumas ervas essenciais em uma horta na janela. Pacotes de ervas secas, como tomilho, orégano e manjerona, e de especiarias, como pimenta vermelha em pó, garam masala, cominho, coentro e pimenta-do-reino em grãos são úteis, mas lembre-se de usá-los logo, pois perdem sabor ao longo do tempo.
- **Pasta de curry:** muito útil, uma pasta de curry pronta e de boa qualidade permite saltear alguns legumes com sobras de carne ou camarão. Misture um pouco de leite de coco e sirva com arroz para uma refeição rápida e deliciosa.

na geladeira

A sua lista semanal de compras quase sempre incluirá boa parte dos seguintes itens:
- **Queijo:** uma saborosa muçarela ou um bom cheddar podem ser usados para lanches e sanduíches e gratinados em saladas, enquanto o feta entra no preparo de pratos de massa ou em saladas. O parmesão é essencial não apenas para massas e risotos, mas também para pesto e outros molhos.
- **Bacon:** picado, frito com um pouco de alho e colocado no macarrão com creme de leite e parmesão, produz um belo carbonara em minutos.

- **Massas frescas e molhos:** embora seja rápido e fácil fazer massa e molho em casa, do zero, os pacotes prontos podem ser preparados em poucos minutos e são bons de ter à mão, especialmente quando houver parmesão fresco para gratinar.
- **Ovo caipira:** omeletes e fritadas são refeições perfeitas para duas pessoas. Rápidas e fáceis de preparar, são a forma ideal de usar sobras de legumes.

usando o freezer

Não se esqueça de etiquetar tudo o que vai para o freezer com a data de validade – embora possa parecer, produtos congelados não duram para sempre.

Se houver tempo para cozinhar em grandes quantidades, faça um estoque para poupar tempo e dinheiro. Escondidinhos, lasanhas, molho à bolonhesa, chili com carne, ensopados, cozidos e até mesmo porções de purê de batata podem ser congelados. Além disso, são pratos que podem salvar a pátria quando o armário da cozinha está vazio ou ao receber visitas inesperadas.

Frutas e legumes congelados são sempre úteis – o espinafre, por exemplo, pode ser rapidamente descongelado e misturado ao macarrão cozido com um pouco de creme de leite, parmesão e alguns pinholes torrados. Frutas no liquidificador com um pouco de suco de fruta e iogurte produzem um smoothie instantâneo e nutritivo. Congelar também é uma maneira ótima de aproveitar ao máximo as frutas e legumes da época. As frutas vermelhas, por exemplo, podem ser compradas ou escolhidas quando em abundância e congeladas para usar durante o ano inteiro. Espalhe-as em uma única camada em uma assadeira e leve ao freezer. Quando estiverem sólidas, transfira para sacos etiquetados. Dessa forma, as frutas não ficam grudadas e é possível retirar apenas um punhado quando necessário.

receitas básicas

Tenha sempre um pesto e um caldo caseiro prontos para usar.

pesto caseiro

Embora se possa comprar o pesto industrializado em supermercados e delicatessens, é fácil e rápido fazer uma versão caseira. Em um processador de alimentos ou liquidificador, junte ½ dente de alho, dois grandes punhados de manjericão

e saudável. Na p. 94, você vai encontrar uma receita de caldo de legumes, mas é possível usar carcaças para caldo de galinha ou carne. Adicione cenoura e cebola picada à água. Acrescente temperos como pimenta em grãos, buquê garni e outros. Em seguida, deixe ferver e cozinhe por pelo menos 1 hora. Espere esfriar e coe. Depois de frio, congele-o em porções e utilize-o conforme necessário. Consulte a p. 146 para uma versão completa de uma receita de caldo de galinha.

Se você não tiver tempo, use caldos na versão líquida comprada no mercado. Procure também as marinadas prontas nas seções de ervas e especiarias e use-as para temperar carnes e peixes.

fresco, um punhado de pinhole torrado, 2 colheres (sopa) de parmesão ralado na hora e 6 colheres (sopa) de azeite. Tempere a gosto com sal e pimenta-do-reino moída na hora. Mantenha em um recipiente com tampa na geladeira por 3-4 dias. Misture o pesto a saladas e massas ou espalhe sobre torradas e cubra com tomate maduro e muçarela picada. Você também pode combinar o pesto com um pouco de maionese (p. 70) ou iogurte e servir sobre batata cozida ou frango grelhado.

caldo caseiro

O caldo caseiro é a base de muitas receitas. Há produtos prontos disponíveis no mercado, mas a versão feita em casa é mais saborosa

brunch

rabanada com mirtilo

2 porções
Preparo: **5 minutos**
Cozimento: **5 minutos**

2 **ovos** batidos
100 ml de **creme de leite light** ou **leite**
¼ colher (chá) de **canela** em pó
4 fatias de **pão de fôrma** tradicional
15 g de **manteiga sem sal**

Para a compota de mirtilo
300 g de **mirtilo** fresco
1 colher (sopa) de **açúcar**

Prepare a compota de mirtilo. Leve ao fogo baixo o mirtilo e o açúcar e cozinhe por 4-5 minutos, até que as frutas estejam macias e comecem a produzir uma calda. Reserve.

Bata o ovo junto com o creme de leite ou leite e a canela. Embeba completamente as fatias de pão nessa mistura.

Derreta a manteiga em uma frigideira antiaderente e toste o pão em fogo médio por 3-4 minutos de cada lado até dourar. Sirva com a compota de mirtilo.

Variação: rabanada de chocolate com frutas vermelhas. Faça uma compota com 300 g de frutas vermelhas congeladas e 1 colher (sopa) de açúcar, como descrito acima. Substitua o pão de fôrma por 2 pães doces de chocolate e toste como indicado.

omelete de cogumelo e pancetta

2 porções
Preparo: **15 minutos**
Cozimento: **10-12 minutos**

1 colher (sopa) de **azeite**
175 g de **champignon** cortado
125 g de **pancetta** em cubos
3 colheres (sopa) de **iogurte**
4 colheres (chá) de **tomilho** picado
4 **ovos**, clara e gema separadas
½ colher (chá) de **mostarda de Dijon**
20 g de **manteiga**
sal e **pimenta-do-reino** moída na hora

Frite no azeite o champignon e a pancetta, por 5 minutos, mexendo sempre, até dourar. Acrescente o iogurte e o tomilho. Retire a mistura da frigideira e mantenha aquecido.

Bata as claras em neve até formar picos firmes.

Misture as gemas e a mostarda e tempere com sal e pimenta-do-reino. Incorpore a mistura às claras.

Derreta a manteiga numa frigideira que possa ir ao forno. Despeje a mistura de ovos e cozinhe em fogo médio por 3-4 minutos, até que a parte inferior doure. Transfira a frigideira para o forno ou grill preaquecido e cozinhe por mais 2-3 minutos, até que o topo comece a dourar e o centro ainda esteja um pouco mole.

Espalhe a mistura de champignon e pancetta sobre a omelete e dobre-a ao meio. Sirva imediatamente com uma salada mista.

Variação: omelete de ervas e ricota. Bata 4 claras em neve até formar picos suaves. Misture as gemas com 2 colheres (sopa) de ervas mistas e 50 g de ricota. Tempere com sal e pimenta-do-reino. Derreta 25 g de manteiga em uma frigideira antiaderente. Adicione com cuidado os ovos batidos e cozinhe por 3 minutos até dourar a parte de baixo. Transfira para o forno ou grill preaquecido como descrito acima e cozinhe por 2-3 minutos.

müsli

2 porções
Preparo: **5 minutos**,
mais o tempo para hidratar

125 g de **aveia em flocos**
1 colher (sopa) de **semente de abóbora**
1 colher (sopa) de **semente de girassol**
1 colher (sopa) de **semente de gergelim**
75 g de **damasco** seco cortado ao meio
50 g de **cranberry** seco
250 ml de **iogurte natural**

Para servir
1 colher (sopa) de **amêndoa** torrada e picada
2 colheres (sopa) de **mel**
leite (opcional)

Misture a aveia, as sementes, o damasco, o cranberry e o iogurte. Deixe na geladeira até o dia seguinte.

Espalhe a amêndoa e sirva o müsli coberto com o mel e um pouco de leite, se preferir.

Variação: müsli com frutas tropicais. Substitua o cranberry por 50 g (de cada) de chips de banana, manga desidratada, abacaxi desidratado e 2 figos secos e picados. Não use o iogurte e sirva com leite e um fio de mel.

cogumelo com feijão e queijo

2 porções
Preparo: **10 minutos**
Cozimento: **20 minutos**

4 **cogumelos portobello** grandes
2 dentes de **alho** bem picados
4 colheres (sopa) de **ervas mistas**, como tomilho, alecrim, cebolinha e salsinha picadas
6 colheres (sopa) de **azeite**
250 g de **feijão** cozido e escorrido
algumas gotas de **vinagre balsâmico**
8 fatias de **muçarela**
pimenta-do-reino moída na hora

Para servir
75 g de folhas de **rúcula**
1 **pera** cortada
25 g de **parmesão** ralado na hora

Corte o talo dos cogumelos e coloque os chapéus virados para cima em uma fôrma refratária. Espalhe metade do alho e das ervas e tempere com pimenta-do-reino. Regue com metade do azeite e leve ao forno preaquecido a 200°C por 10-15 minutos, até assar bem.

Misture o feijão com algumas gotas de vinagre balsâmico e aqueça ligeiramente. Disponha a mistura sobre o cogumelo cozido e cubra com as fatias de muçarela. Espalhe o alho e as ervas reservados e regue com o azeite restante. Coloque a fôrma na prateleira de um grill preaquecido por 2-3 minutos ou até a muçarela dourar. Sirva com uma salada de rúcula, pera e parmesão.

Variação: batata assada com feijão e queijo. Corte 2 batatas grandes em oito fatias cada e cozinhe por 5 minutos. Lave bem, escorra e disponha as fatias de batata em uma assadeira. Regue com 1 colher (sopa) de azeite e asse no forno ou grill elétrico preaquecido por 5-7 minutos até dourar. Misture 250 g de feijão cozido e escorrido com algumas gotas de vinagre balsâmico, aqueça e distribua sobre a batata. Cubra com 8 fatias de muçarela e leve novamente ao forno. Asse até borbulhar e dourar. Salpique 1 colher (sopa) de salsinha picada e sirva.

salmão com ovos ao forno

2 porções
Preparo: **5 minutos**
Cozimento: **10 minutos**

manteiga sem sal, para untar
125 g de **salmão** defumado
ou truta defumada,
em pedaços
2 **ovos** grandes
2 colheres (sopa) de **creme de leite fresco**
1 colher (sopa) de **ervas** picadas, como salsinha e cebolinha
sal e **pimenta-do-reino** moída na hora

Unte com manteiga dois ramequins de 150 ml de capacidade cada. Divida o salmão entre os ramequins e quebre os ovos sobre o peixe. Reserve.

Misture o creme de leite e as ervas e tempere com sal e pimenta-do-reino. Despeje a mistura nos ramequins e coloque-os em uma assadeira. Asse em banho-maria em forno preaquecido a 200°C por cerca de 10 minutos. Sirva com triângulos de torrada fresca.

Variação: presunto com ovos ao forno. Substitua o salmão por 125 g de presunto cozido ou cru cortado em tiras e quebre os ovos nos ramequins como descrito acima. Misture ao creme de leite 1 colher (chá) de mostarda extraforte e 1 colher (sopa) de cebolinha picada e adicione aos ovos. Asse como indicado.

croque monsieur

2 unidades
Preparo: **8 minutos**
Cozimento: **5 minutos**

4 fatias grossas de **pão de fôrma** ou **francês**
25 g de **manteiga** derretida
25 g de **parmesão** ralado na hora
2 fatias grandes de **presunto** cozido
125 g de **emmenthal** ralado grosso

Pincele um lado de cada fatia de pão com a manteiga derretida e polvilhe com o parmesão.

Vire duas fatias de pão com o lado do parmesão para baixo e cubra com uma fatia de presunto e metade do emmenthal.

Cubra com as duas fatias de pão restantes, com o lado do parmesão para fora, e toste em uma sanduicheira por 4-5 minutos, até que o pão doure e fique crocante e o emmenthal comece a escorrer pelas laterais. Sirva imediatamente.

Variação: croque madame. Faça os sanduíches como indicado e cubra cada um com um ovo frito

ovo Benedict ao molho hollandaise

2 porções
Preparo: **10 minutos**
Cozimento: **5 minutos**

2 **ovos** grandes
1 **pão de minuto** cortado
  ao meio horizontalmente
  e torrado
um pouco de **manteiga**
4 fatias de **presunto cru**
sal e **pimenta-do-reino** moída
  na hora

Para o molho hollandaise
1 **gema**
1 colher (chá) de **suco**
  de limão
1 colher (chá) de **vinagre**
  de vinho branco
50 g de **manteiga**

Prepare o molho. Coloque a gema de ovo no processador ou liquidificador e tempere com sal e pimenta-do-reino. Aqueça o suco de limão e o vinagre até ferver. Ligue o processador e adicione aos poucos a mistura de vinagre. Derreta a manteiga e junte, sem desligar o processador, mantendo o fluxo constante para obter um molho cremoso.

Ferva água em uma frigideira grande e reduza o fogo. Quebre os ovos dentro da água e cozinhe ligeiramente por 2 minutos. Retire com uma escumadeira.

Distribua a manteiga sobre os pães e cubra com o presunto, 1 ovo cozido e uma quantidade generosa do molho.

Variação: ovo Benedict com salmão. Substitua o vinagre de vinho branco por 1 colher (chá) de vinagre temperado com estragão e misture 1 colher (sopa) de estragão picado ao molho. Cozinhe os ovos como indicado, mas use 50 g de salmão defumado em vez de presunto cru.

omelete de brie e tomate seco

2 porções
Preparo: **5 minutos**
Cozimento: **5 minutos**

4 **ovos** grandes batidos
15 g de **manteiga**
50 g de **brie** cortado
25 g de **tomate seco**
1 **cebolinha** cortada
sal e **pimenta-do-reino** moída na hora

Bata os ovos e tempere com sal e pimenta-do-reino.

Derreta a manteiga em uma frigideira grande e despeje os ovos batidos. Cozinhe em fogo médio, empurrando levemente a mistura em direção ao centro da frigideira, preenchendo os espaços com o que escorrer da mistura. Quando estiver cozido, retire do fogo e distribua por cima os ingredientes restantes. Dobre a omelete e sirva imediatamente.

Variação: omelete de hadoque. Misture 100 g de hadoque defumado desfiado e cozido, 1 colher (sopa) de cebolinha picada e 1 colher (sopa) de iogurte. Tempere com bastante pimenta-do-reino. Faça a omelete como indicado e substitua o recheio pela mistura de hadoque. Dobre e sirva imediatamente.

sanduíche de ricota e pera

2 unidades
Preparo: **3 minutos**
Cozimento: **1-2 minutos**

125 g de **ricota**
4 fatias grossas de **pão de fôrma**
1 **pera** pequena cortada em fatias finas
50 ml de **mel**, mais um pouco para cobrir

Distribua uma camada grossa de ricota em duas fatias de pão e cubra com a pera. Distribua o mel e cubra com as fatias restantes de pão.

Toste em uma sanduicheira por 1-2 minutos, até o pão ficar crocante e dourado. Corte ao meio na diagonal, regue com um pouco mais de mel e sirva imediatamente.

Variação: torrada com mascarpone e figo. Bata 2 colheres (sopa) de mascarpone, 2 colheres (chá) de mel e uma pitada de canela em pó. Toste ligeiramente um lado de quatro fatias grossas de pão. Distribua a mistura de mascarpone sobre o lado não tostado das fatias. Corte 1 figo fresco em fatias finas e distribua sobre o mascarpone. Polvilhe com 1 colher (chá) de açúcar demerara e asse no forno ou grill elétrico preaquecido por cerca de 1 minuto. Sirva imediatamente.

omelete incrementada

2 porções
Preparo: **15 minutos**
Cozimento: **10 minutos**

150 g de **hadoque** defumado
300 ml de **caldo de peixe**
2 colheres (sopa) de
 parmesão ralado na hora
6 **ovos**
2 colheres (sopa) de **água** fria
25 g de **manteiga**
2 colheres (sopa) de **creme
 de leite fresco**
sal e **pimenta-do-reino** moída
 na hora

Cozinhe o hadoque no caldo de peixe cuidadosamente por 7-8 minutos ou até ficar macio. Deixe esfriar e retire a pele e as espinhas.

Desfie o hadoque, misture com o queijo e tempere com sal e pimenta-do-reino. Reserve.

Bata os ovos com a água. Derreta a manteiga em uma omeleteira e despeje os ovos batidos. Quando começar a cozinhar, adicione o peixe e o queijo. Despeje o creme de leite e coloque a omeleteira no forno ou grill preaquecido por alguns minutos, até dourar a parte de cima da omelete, sem dobrá-la. Sirva imediatamente.

Variação: omelete de bacon e alho-poró. Faça a omelete como indicado. Derreta 15 g de manteiga e refogue 1 alho-poró em fatias finas. Grelhe quatro fatias de bacon e pique. Espalhe o alho-poró cozido sobre a omelete com o bacon picado e 25 g de gruyère ralado na hora. Dobre a omelete e sirva.

panquequinha de fruta

2 porções
Preparo: **5 minutos**
Cozimento: **5 minutos**

50 g de **farinha de trigo**
½ colher (chá) de **fermento em pó**
1 colher (sopa) de **açúcar**
25 g de **frutas secas** (cranberry, damasco, ameixa, figo)
1 **ovo** batido
50 ml de **leite**
15 g de **mantelga sem sal**
mel (opcional)

Peneire juntos a farinha e o fermento, misture o açúcar e as frutas secas. Adicione o ovo e o leite e bata até uniformizar.

Derreta a manteiga em uma frigideira. Coloque colheradas da mistura de ovos e frutas e toste por cerca de 1 minuto ou até dourar ligeiramente (deve haver massa suficiente para seis panquecas). Quando a superfície estiver coberta de bolhas, vire e cozinhe até dourar um pouco.

Sirva imediatamente com o mel, se preferir.

Variação: panquequinha de queijo. Substitua o açúcar e as frutas secas por 40 g de gorgonzola ou roquefort amassado e 2 cebolinhas bem picadas. Adicione à mistura com a farinha e o fermento em pó. Prepare e cozinhe a massa como indicado. Sirva com manteiga.

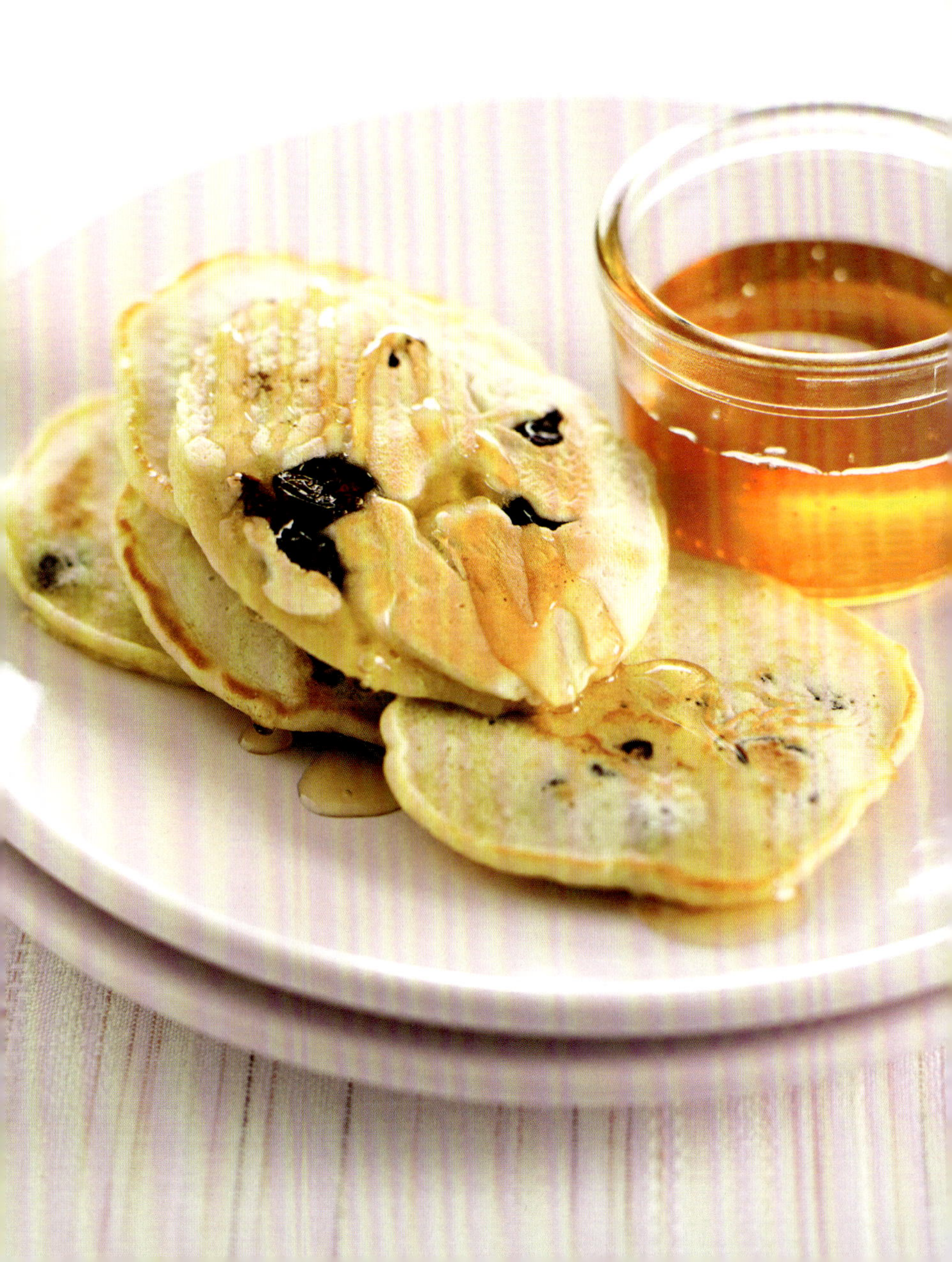

granola de cranberry

2 porções
Preparo: **10 minutos**
Cozimento: **4-6 horas**

75 g de **aveia em flocos**
25 g de **cranberry** seco
½ colher (sopa) de **óleo de girassol**
1 colher (sopa) de **mel**
leite desnatado ou **iogurte natural**, para servir

Misture todos os ingredientes em uma tigela quente até cobrir a aveia de maneira uniforme com o óleo e o mel.

Disponha a mistura em uma assadeira antiaderente, com cuidado para não empelotar. Leve ao forno, a 110°C, por 4-6 horas. A assadeira deve ficar na prateleira inferior do forno. Mexa ocasionalmente para não grudar.

Retire e deixe esfriar quando estiver crocante. Sirva com leite ou iogurte. Guarde em um recipiente hermético. A mistura permanecerá fresca por vários dias se conservada livre de umidade.

Variação: granola de sementes e damasco. Misture 25 g de damasco seco picado com a aveia, o óleo de girassol e o mel. Adicione 1 colher (sopa) cada de sementes de abóbora, de girassol e de gergelim. Prepare e sirva como indicado.

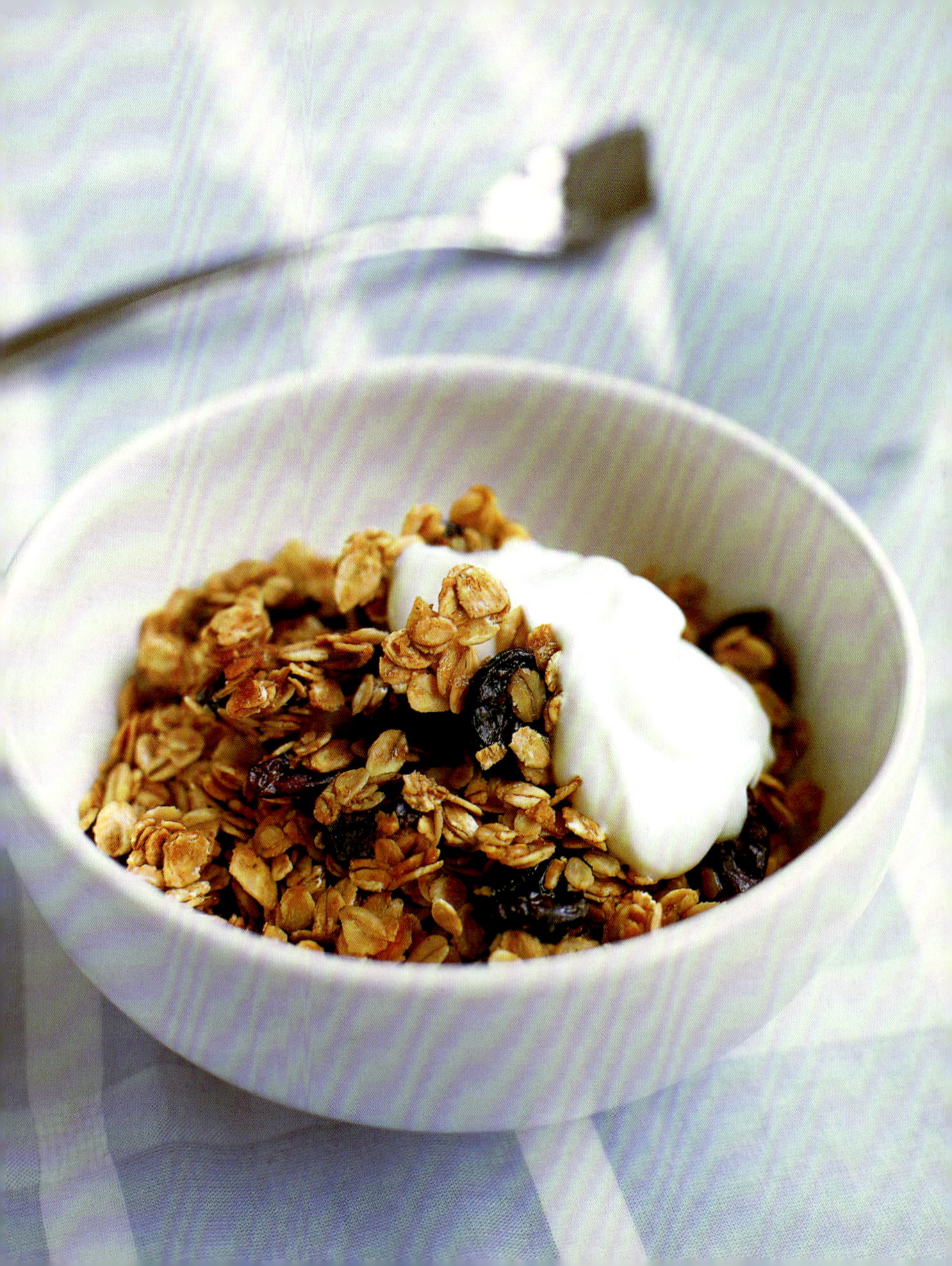

muffin de amêndoa e aveia com banana

12 unidades
Preparo: **10 minutos**
Cozimento: **20 minutos**

75 g de **manteiga** derretida
2 colheres (sopa) de **mel**
1 **ovo** batido
150 ml de **leite integral**
1 **banana** grande cortada
175 g de **farinha de trigo com fermento**
75 g de **aveia**
1 colher (chá) de **fermento em pó**
25 g de **amêndoa moída**
25 g de **amêndoa em lâminas**

Misture a manteiga, o mel, o ovo e o leite. Em outra tigela, coloque a banana, a farinha, a aveia, o fermento em pó e os dois tipos de amêndoa. Despeje por cima a mistura de leite e mexa rapidamente para produzir uma massa bastante granulada (isso dará leveza aos muffins).

Forre doze forminhas para muffin com papel-manteiga e preencha com a massa. Asse em forno preaquecido a 200°C por cerca de 20 minutos, até dourar. Sirva com manteiga e mel. Os muffins podem ser congelados ou armazenados em recipiente hermético por três dias.

Variação: muffin de amêndoa, pera e damasco.
Substitua a banana por 1 pera descascada e cortada, 2 damascos frescos picados (ou 4 damascos secos) e adicione algumas gotas de extrato de amêndoa. Misture as frutas com a farinha, a aveia, o fermento em pó e a amêndoa e mexa rapidamente. Adicione a manteiga, o mel, o ovo e o leite. Asse como indicado.

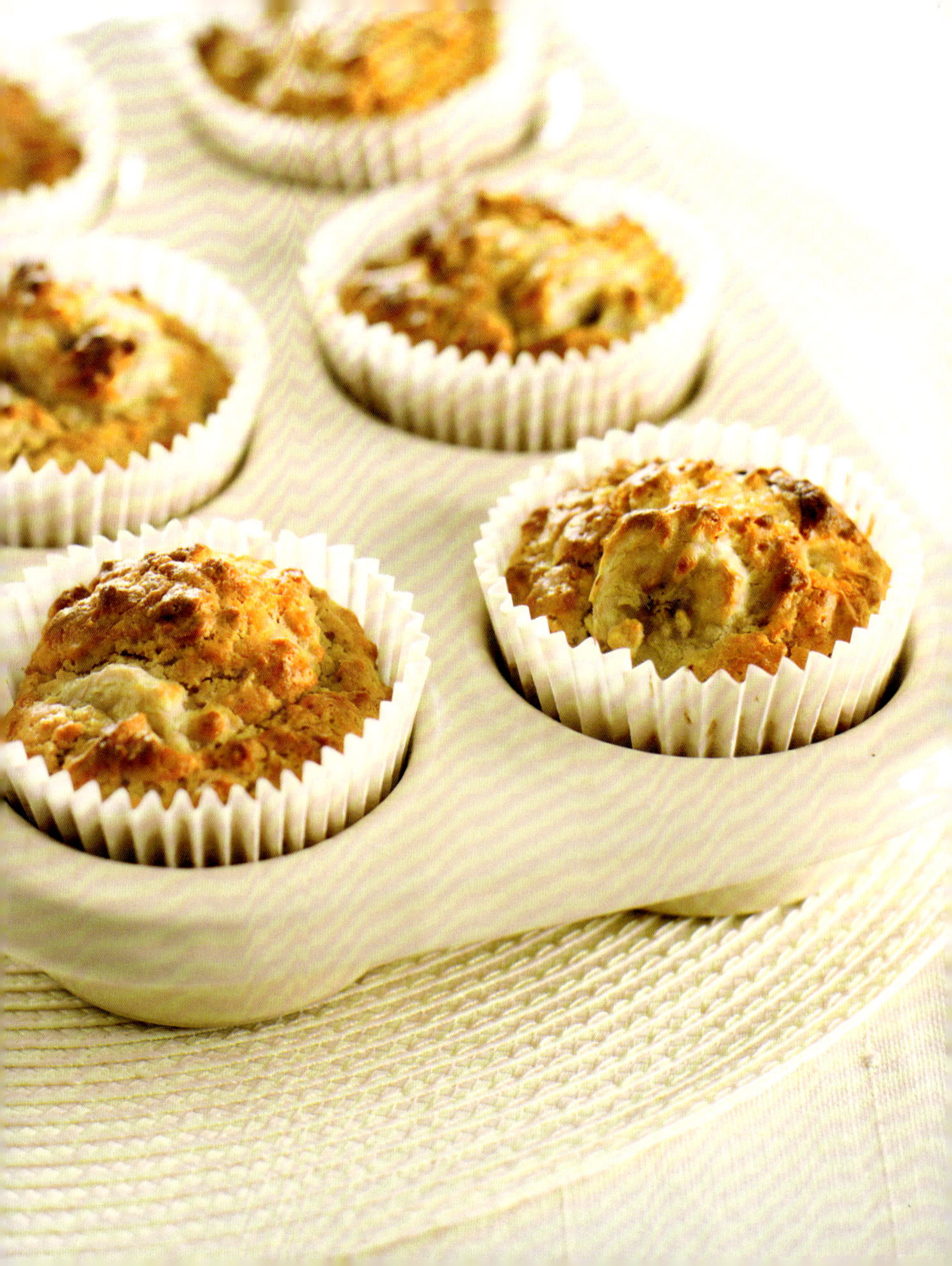

torrada de cogumelo recheado

2 porções
Preparo: **5 minutos**
Cozimento: **10-12 minutos**

4 **cogumelos portobello** grandes
1 colher (sopa) de **azeite**
150 g de **bacon** em tiras picado
50 g de **linguiça** fatiada
15 g de **manteiga**
1 dente de **alho** picado (opcional)
1 colher (sopa) de **salsa** picada

Frite ligeiramente o cogumelo no azeite por 2-3 minutos, virando uma vez.

Disponha os cogumelos em uma assadeira com a parte de dentro virada para cima (não há necessidade de cortar os talos). Frite o bacon e a linguiça na manteiga e alho (se usar) até que o bacon doure. Misture a salsa.

Recheie o cogumelo com a mistura de bacon e leve ao forno preaquecido a 200°C por 10-12 minutos ou até que o cogumelo cozinhe. Sirva com torradas de pão de fôrma integral.

Variação: cogumelo recheado com espinafre.
Não use o bacon e a linguiça. Refogue na manteiga ½ cebola pequena e o alho por 2-3 minutos. Adicione três grandes punhados de folhas de espinafre e uma boa pitada de noz-moscada ralada na hora. Cozinhe rapidamente, até que as folhas murchem. Recheie os cogumelos com a mistura e cubra com parmesão ralado na hora. Asse como indicado.

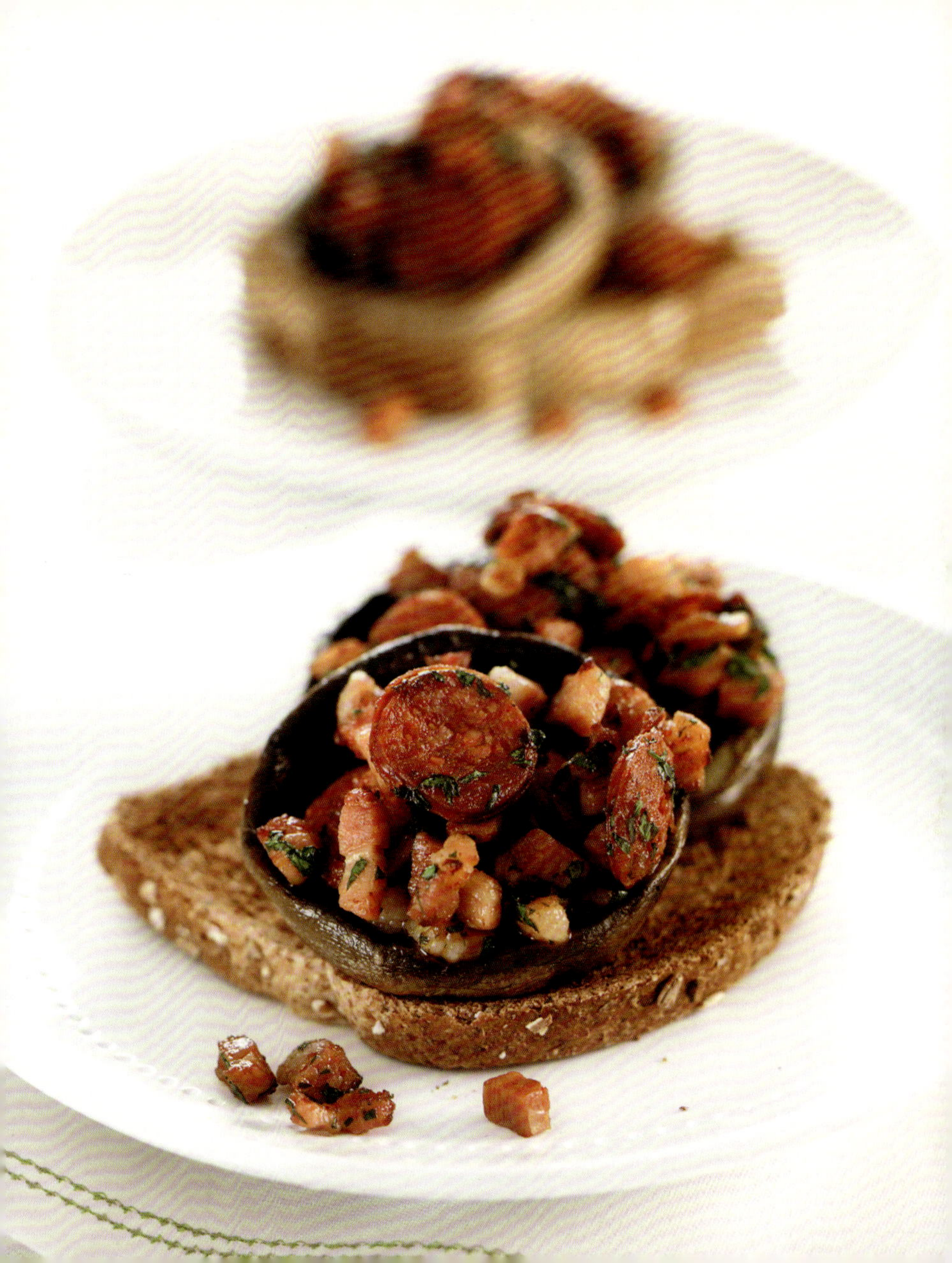

potinho de framboesa

2 porções
Preparo: **15 minutos**,
  mais o tempo para refrigerar

150 ml de **iogurte natural**
1 colher (sopa) de **mel**
175 g de **framboesa**
15 g de **aveia em flocos** finos

Misture o iogurte e o mel.

Divida ⅓ da framboesa em dois copos. Preencha com metade da mistura de iogurte. Salpique um pouco da aveia e mais framboesas, dividindo por igual entre os copos.

Repita as camadas, finalizando com a aveia e algumas framboesas. Leve à geladeira por 30 minutos antes de servir.

Variação: potinho de manga. Faça um purê com a polpa de 1 manga grande e madura. Misture ao iogurte no lugar da framboesa, como indicado.

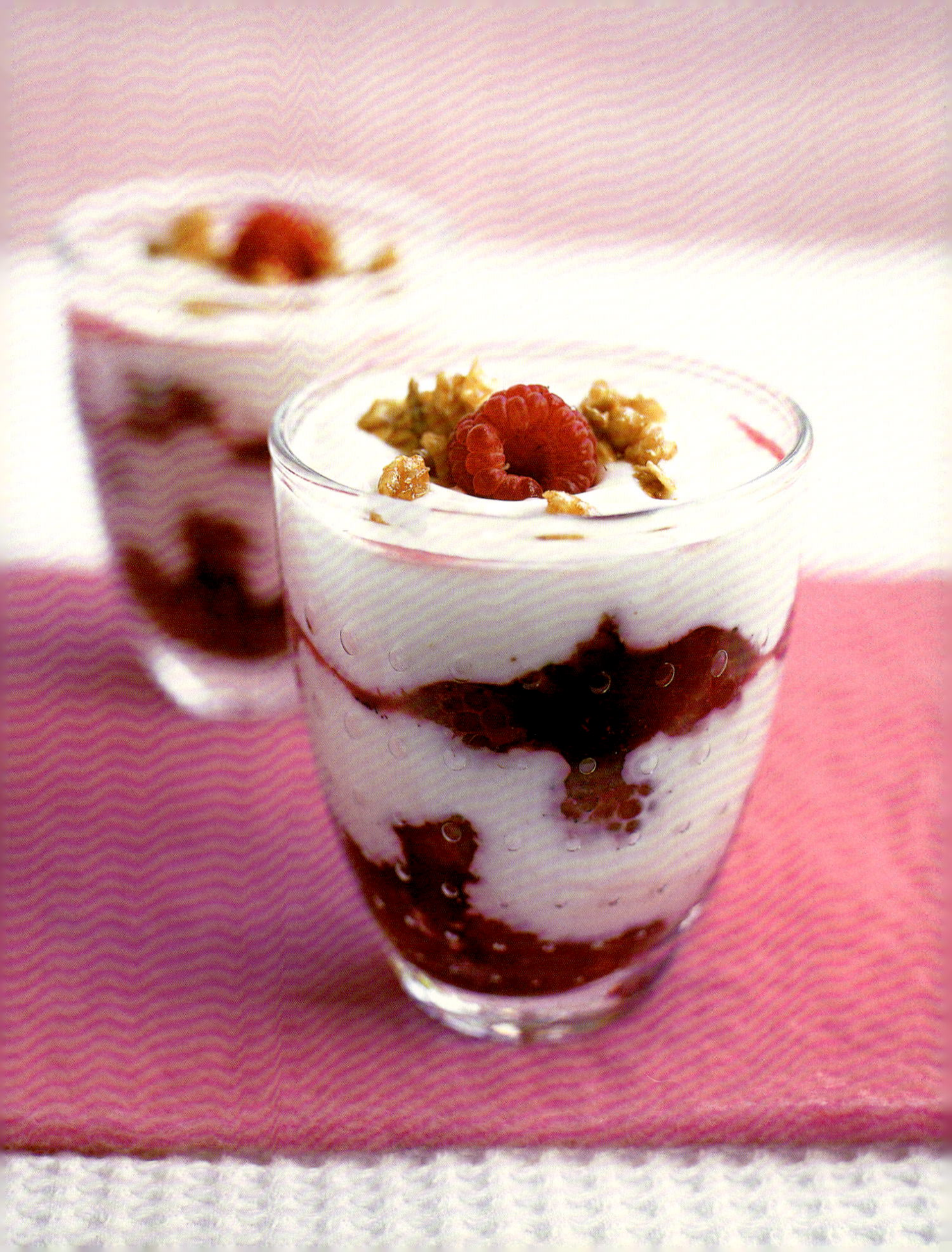

kedgeree*

2 porções
Preparo: **10 minutos**
Cozimento: **15 minutos**

200 g de **hadoque** defumado
200 ml de **leite**
1 folha de **louro**
1 **cebola** pequena picada
2 colheres (chá) de **óleo vegetal**
125 g de **arroz basmati**
½ colher (chá) de **curry** em pó
2 **ovos** cozidos picados
1 colher (sopa) de **salsa** picada

* O kedgeree é um típico prato de brunch inglês, originado na época em que a Índia era colônia britânica. Perceba a influência indiana em ingredientes como o arroz basmati e o curry.

Leve ao fogo o hadoque com o leite e a folha de louro, por 3 minutos ou até ficar cozido. Retire o peixe do leite, desfie e reserve. Reserve o leite.

Refogue a cebola no óleo por 3 minutos. Adicione o arroz e o curry e frite por mais 1 minuto.

Adicione água ao leite reservado até chegar a 250 ml e despeje sobre o arroz. Tampe e cozinhe por 12 minutos ou até o arroz estar cozido e macio. Acrescente os ingredientes restantes e o hadoque desfiado, misture e sirva.

Variação: kedgeree de salmão e ervilha. Desfie 200 g de salmão defumado e apimentado no lugar do hadoque e use 250 ml de água para cozinhar o arroz. Acrescente 100 g de ervilha congelada ao arroz faltando 3 minutos para terminar de cozinhar.

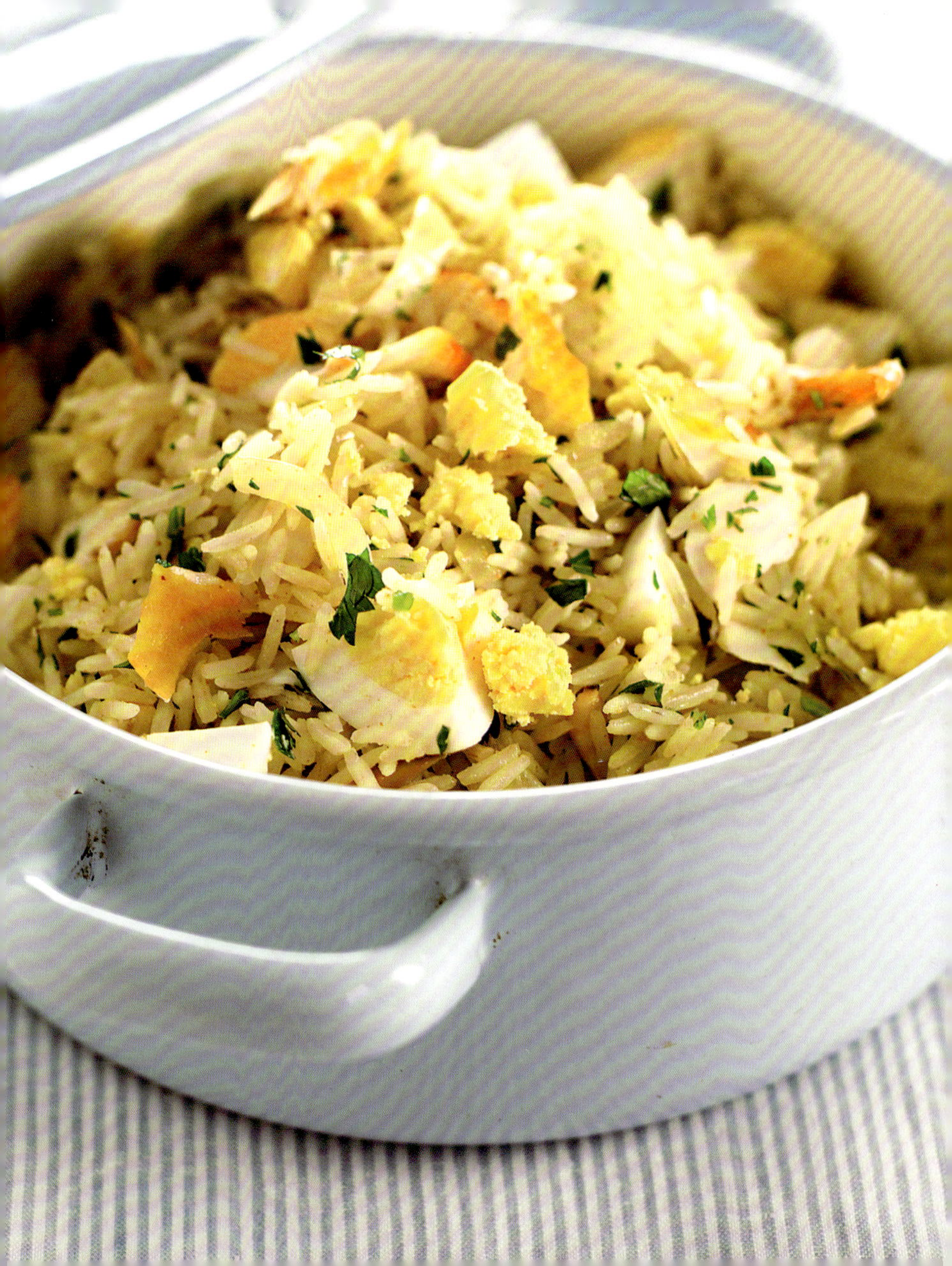

bagel com cream cheese e salmão

2 unidades
Preparo: **14 minutos**
Cozimento: **14-16 minutos**

2 **bagels** com gergelim, cortados ao meio horizontalmente
125 g de **cream cheese**
175 g de **salmão** defumado bem picado
2 colheres (sopa) de **cebolinha** picada
pimenta-do-reino moída na hora, mais um pouco para servir

Coloque o bagel, lado cortado para baixo, em uma sanduicheira. Sem fechar a tampa, deixe tostar por 2-3 minutos até dourar.

Distribua o cream cheese sobre uma metade e cubra com o salmão defumado. Salpique a cebolinha picada sobre o bagel e tempere com a pimenta-do-reino.

Cubra com a outra metade do bagel e volte à sanduicheira. Tampe e toste por 2-3 minutos, até dourar e ficar crocante. Sirva imediatamente com uma pitada de pimenta-do-reino.

Variação: bagel com carne e picles. Corte 2 bagels ao meio horizontalmente e toste dos dois lados. Distribua em uma das metades 50 g de carne fatiada e 2 picles cortados. Misture 1 colher (sopa) de iogurte desnatado e 1 colher (chá) de mostarda de Dijon. Coloque a mistura sobre a carne e os picles. Decore com agrião e tampe com a outra metade do bagel.

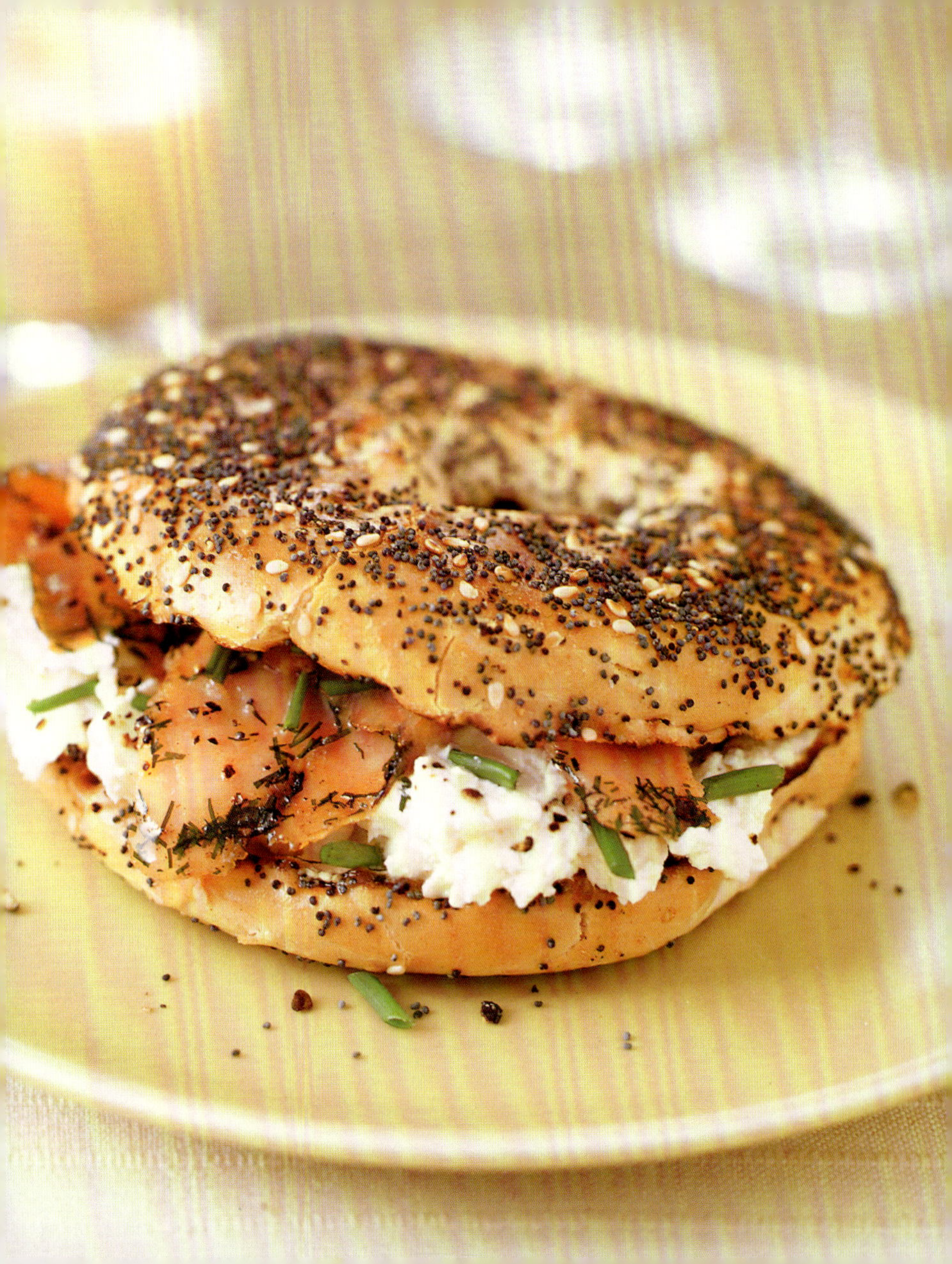

muffin de framboesa

6 unidades
Preparo: **5 minutos**
Cozimento: **15-20 minutos**

200 g de **farinha de trigo**
75 g de **açúcar**
2 colheres (sopa) de **amêndoa** moída
2 colheres (chá) de **fermento em pó**
raspas de 1 **limão-siciliano**
150 ml de **leitelho***
1 **ovo** batido
50 g de **manteiga** derretida
150 g de **framboesa** fresca ou congelada

* O leitelho é feito com 180 ml de iogurte natural e 100 ml de leite (prepare-o 10 minutos antes do início da receita).

Coloque a farinha, o açúcar, a amêndoa, o fermento e as raspas de limão em uma tigela grande e mexa bem. Reserve. Misture os ingredientes restantes em outra tigela e adicione aos ingredientes secos para obter uma textura ligeiramente granulada.

Despeje a massa em seis forminhas de papel dispostas em uma fôrma para muffin e asse em forno preaquecido a 180°C por 15-20 minutos, até dourar e crescer. Os muffins podem ser congelados ou armazenados em um recipiente hermético.

Variação: muffin de cassis. Faça a massa como descrito acima, mas substitua a framboesa por 150 g de cassis fresco (ou groselha-preta). Distribua a massa em seis forminhas de papel para muffin e salpique o topo dos bolinhos com 1 colher (sopa) de avelãs picadas e 1 colher (sopa) de açúcar demerara. Asse como indicado.

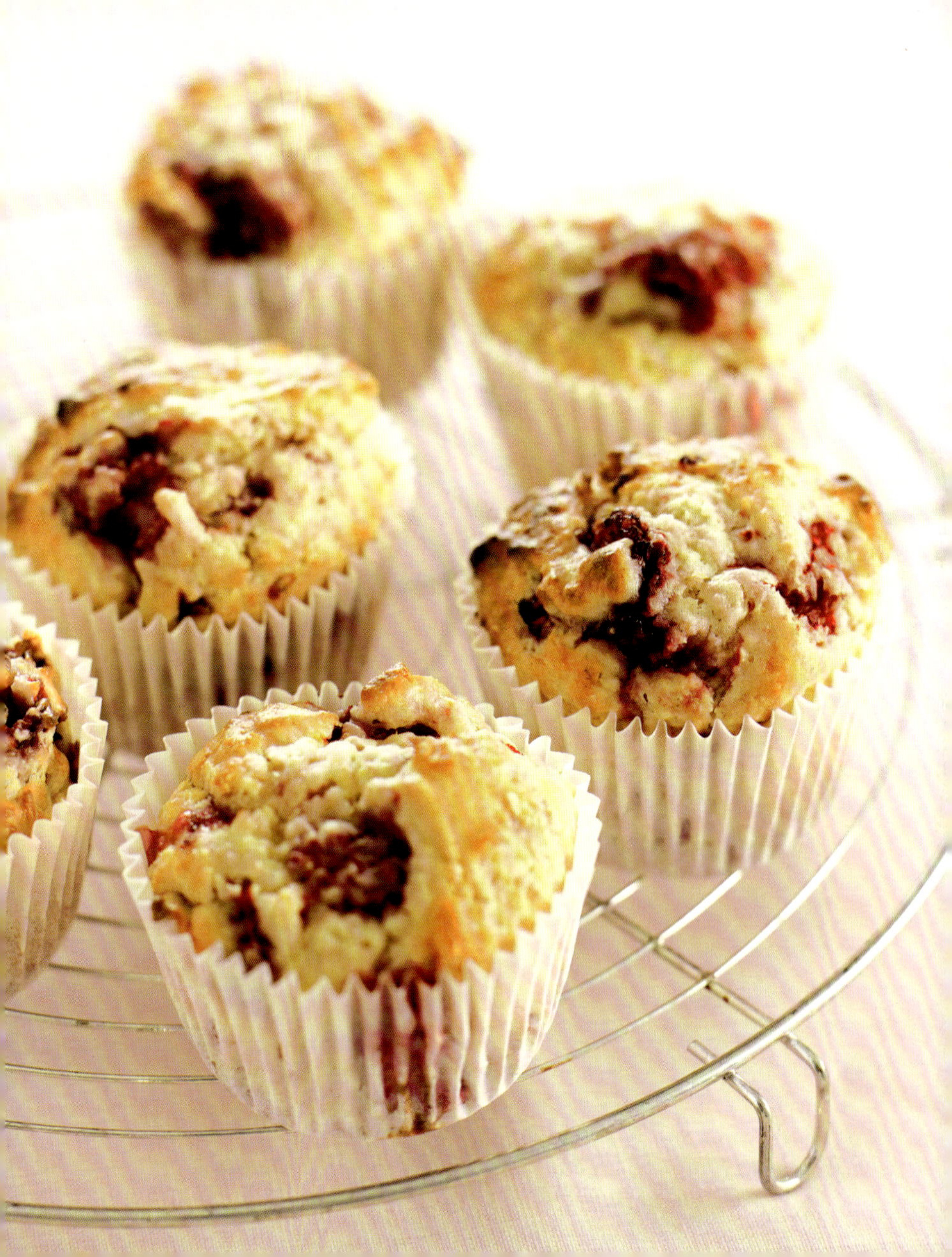

barrinha de frutas secas e nozes

8 unidades
Preparo: **10 minutos**
Cozimento: **15 minutos**

100 g de **manteiga**,
   mais um pouco para untar
4 colheres (sopa) de **maple syrup**
2 colheres (sopa) de **açúcar mascavo**
150 g de **aveia em flocos**
100 g de **farinha de aveia**
50 g de **nozes** picadas
150 g de **mix de frutas secas** picadas (figo, tâmara, damasco, cranberry)
2 colheres (sopa) de **semente de girassol**

Unte uma assadeira quadrada antiaderente de 20 cm e forre com papel-manteiga. Derreta em uma panela a manteiga, o maple syrup e o açúcar. Misture os ingredientes restantes, exceto a semente de girassol, e disponha na fôrma preparada.

Salpique a semente de girassol e asse em forno preaquecido a 200°C, por 15 minutos ou até dourar. Corte oito barrinhas, deixe esfriar e sirva. As barras podem ser armazenadas em recipiente hermético por 1 semana.

Variação: barrinha expressa. Derreta em uma panela 175 g de manteiga sem sal com 175 g de açúcar mascavo. Retire do fogo e mexa com 250 g de aveia em flocos. Pressione a mistura em uma assadeira untada e forrada de 20 cm e leve ao forno preaquecido a 180°C por 15 minutos. Corte em doze barrinhas e deixe esfriar.

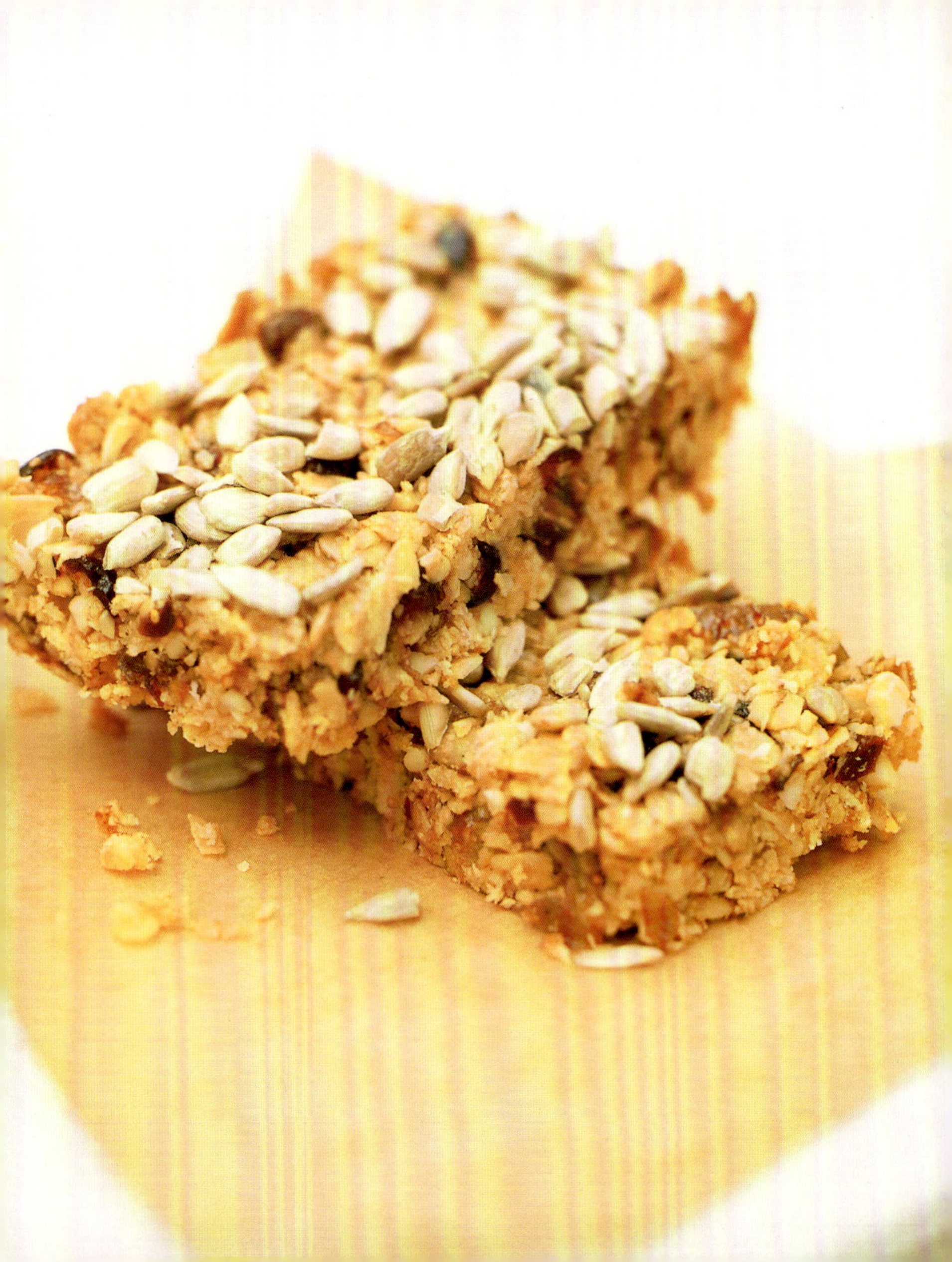

leite quente com baunilha

2 porções
Preparo: **5 minutos**,
 mais o tempo para descansar
Cozimento: **2 minutos**

300 ml de **leite**
125 g de **chocolate branco** picado
½ colher (chá) de **extrato de baunilha**
cacau em pó sem **açúcar**, para polvilhar
fava de baunilha, para decorar (opcional)

Aqueça o leite até quase ferver. Deixe esfriar e adicione o chocolate. Deixe descansar por 2-3 minutos, mexendo sempre, até o chocolate derreter.

Adicione o extrato de baunilha. Bata com um batedor de arame até o leite ficar cremoso e coberto com uma espuma espessa.

Despeje o leite quente em duas canecas e sirva polvilhado com cacau. Decore com uma fava de baunilha, se preferir.

Variação: chocolate quente com hortelã. Aqueça 300 ml de leite e adicione 125 g de chocolate meio amargo. Derreta o chocolate, mexendo constantemente. Adicione extrato de hortelã a gosto (cerca de ½ colher de chá) e bata como indicado.

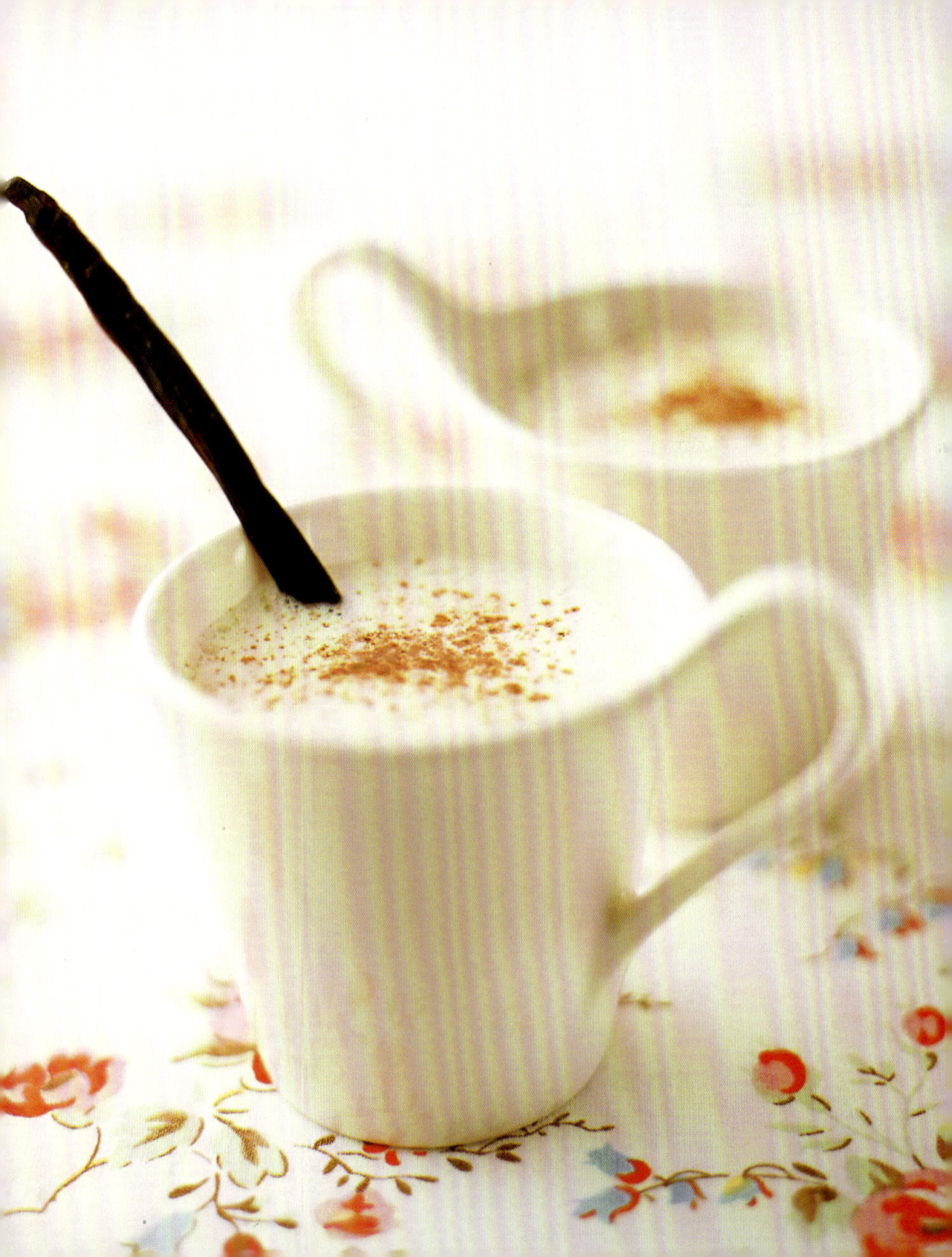

petiscos

rolinho vietnamita

2 porções
Preparo: **10 minutos**

350 g de **caranguejo** ou **siri**, fresco ou congelado
1 **pimenta-malagueta** sem sementes picada finamente
um punhado de **coentro fresco** picado
1 colher (sopa) de **hortelã** picada
1 cm de **gengibre** fresco ralado finamente
raspas e suco de 1 **limão-taiti**
4 folhas de **alface-americana** cortadas ao meio

Para o molho
1 colher (sopa) de **vinagre de arroz**
suco de ½ **limão-taiti**
1 colher (chá) de **molho de soja**
1 colher (chá) de **açúcar mascavo**
1 **pimenta-malagueta** picada finamente
1 **cebolinha** fatiada finamente

Misture o caranguejo ou siri, a pimenta-malagueta, o coentro, a hortelã, o gengibre, as raspas e o suco de limão-taiti.

Coloque quantidades iguais da mistura sobre as folhas da alface. Faça os rolinhos e reserve.

Prepare o molho. Misture o vinagre, o suco de limão e o molho de soja e adicione o açúcar até dissolver. Tempere com a pimenta e a cebolinha.

Sirva os rolinhos com o molho de pimenta à parte.

Variação: rolinho de alface com espaguete e caranguejo. Cozinhe 100 g de macarrão de arroz em água fervente de acordo com as instruções da embalagem. Deixe esfriar e misture com o caranguejo ou siri, o coentro, a hortelã, o gengibre, as raspas e o suco de limão, como indicado. Enrole a mistura nas folhas da alface e sirva com o molho à parte.

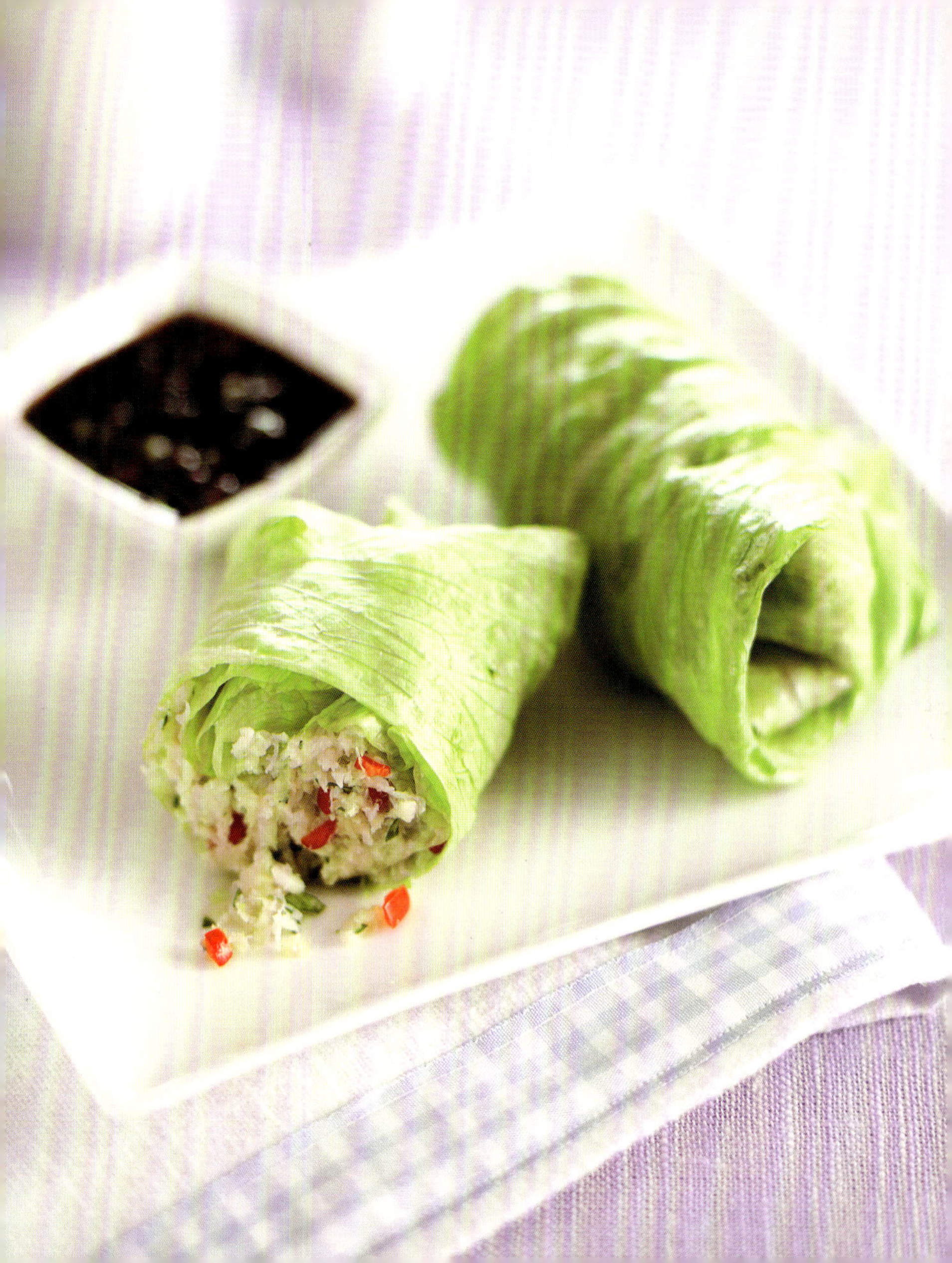

sanduíche de aspargo e fontina

2 unidades
Preparo: **5 minutos**
Cozimento: **3-4 minutos**

125 g de **aspargo** cortado
4 fatias finas de **presunto**
75 g de queijo **fontina**
  ralado na hora
um punhado pequeno
  de **rúcula**
2 **tomates** fatiados
4 fatias de **pão italiano**
  ou **integral**
2 colheres (sopa) de **azeite**
2 colheres (chá) de **vinagre balsâmico**

Cozinhe o aspargo no vapor por 3-4 minutos. Deve ficar cozido, porém firme. Deixe esfriar.

Disponha o presunto, o fontina, a rúcula, o aspargo e os tomates sobre duas fatias de pão italiano. Cubra com o azeite e o vinagre e feche o sanduíche com as fatias restantes.

Toste os sanduíches por cerca de 3-4 minutos, até o pão dourar e o queijo derreter. Sirva imediatamente.

Variação: sanduíche de cream cheese e salmão.
Distribua 25 g de cream cheese sobre duas fatias de pão italiano. Coloque 40 g de salmão defumado sobre o queijo, esprema um pouco de suco de limão--siciliano e tempere com pimenta-do-reino moída na hora. Feche o sanduíche com as outras fatias e toste em uma sanduicheira como indicado.

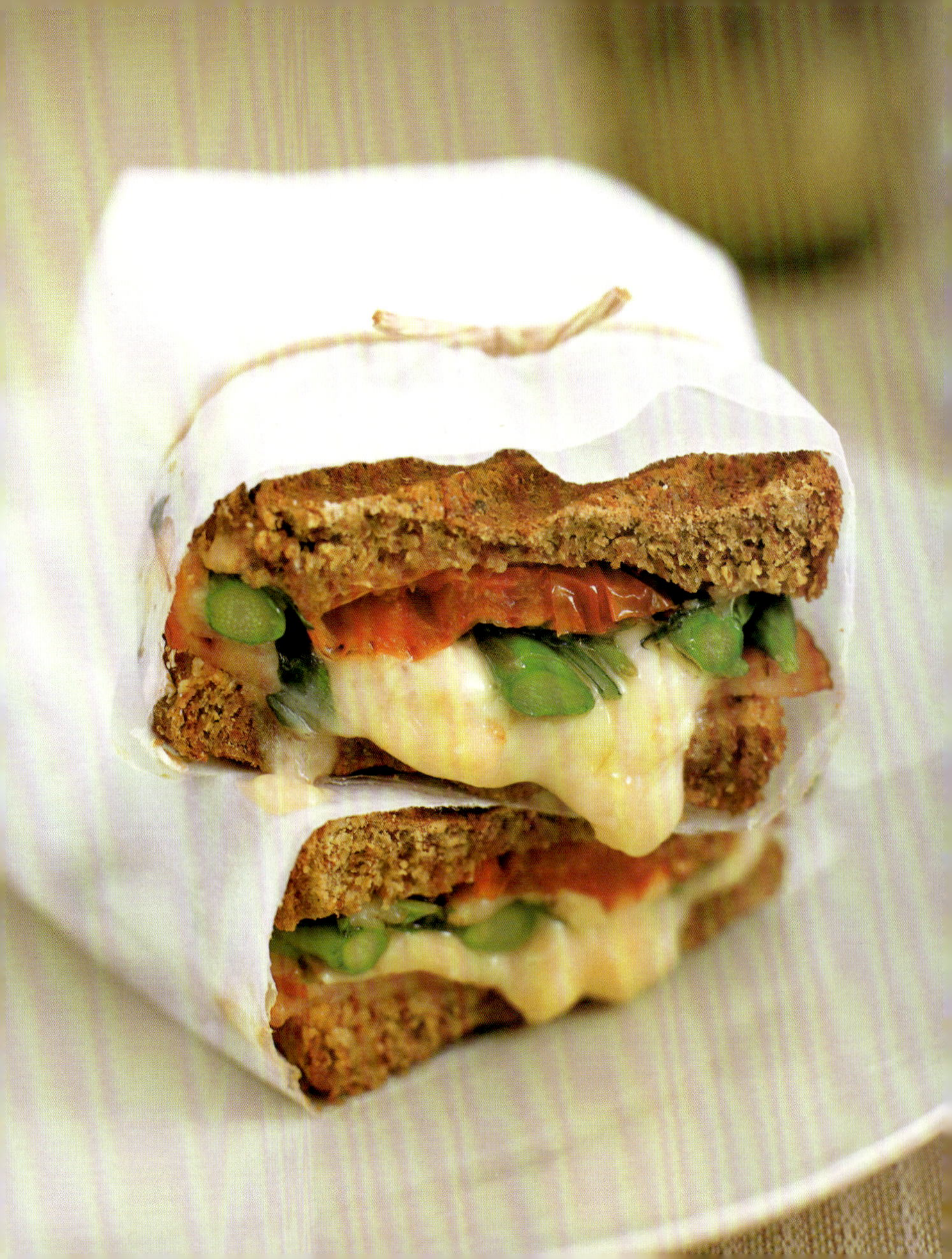

bocadinho de gergelim com patê de truta

2 porções
Preparo: **15 minutos**,
 mais o tempo para refrigerar
Cozimento: **10 minutos**

Para o bocadinho
100 g de **farinha de trigo**
50 g de **manteiga**
2 colheres (sopa) de
 parmesão ralado na hora
1 **gema** batida
1 colher (sopa) de **semente de gergelim**

Para o patê
125 g de filé de **truta** defumada
1 colher (sopa) de **alcaparra**
2 colheres (sopa) de **iogurte**
1 colher (chá) de **molho de raiz-forte**
1 colher (chá) de **endro** picado

Coloque a farinha e a manteiga em uma tigela e amasse com as mãos até obter uma farofa. Misture o parmesão e a gema de ovo até formar uma massa.

Abra a massa sobre uma superfície ligeiramente enfarinhada, pincele com o restante do ovo e salpique a semente de gergelim. Corte a massa com um cortador de biscoitos em cerca de 20 pedaços, transfira para uma assadeira antiaderente e leve ao forno preaquecido a 200°C por cerca de 10 minutos. Deixe esfriar.

Bata a truta, a alcaparra, o iogurte, a raiz-forte e o endro em um processador ou liquidificador por cerca de 10 segundos, até que a mistura ainda apresente alguma textura. Leve à geladeira por cerca de 30 minutos. Sirva com os bocadinhos, que podem ser armazenados em recipiente hermético por alguns dias.

Variação: patê de pimentão assado. Toste um pimentão vermelho grande em uma frigideira canelada ou grill elétrico quente até que a pele fique preta. Transfira para uma tigela e cubra com filme de PVC. Deixe esfriar, retire a pele e pique bem. Bata o pimentão picado com 100 g de cream cheese e 1 colher (sopa) de pesto (pp.12-3). Leve o patê à geladeira por 30 minutos e sirva com os bocadinhos de gergelim.

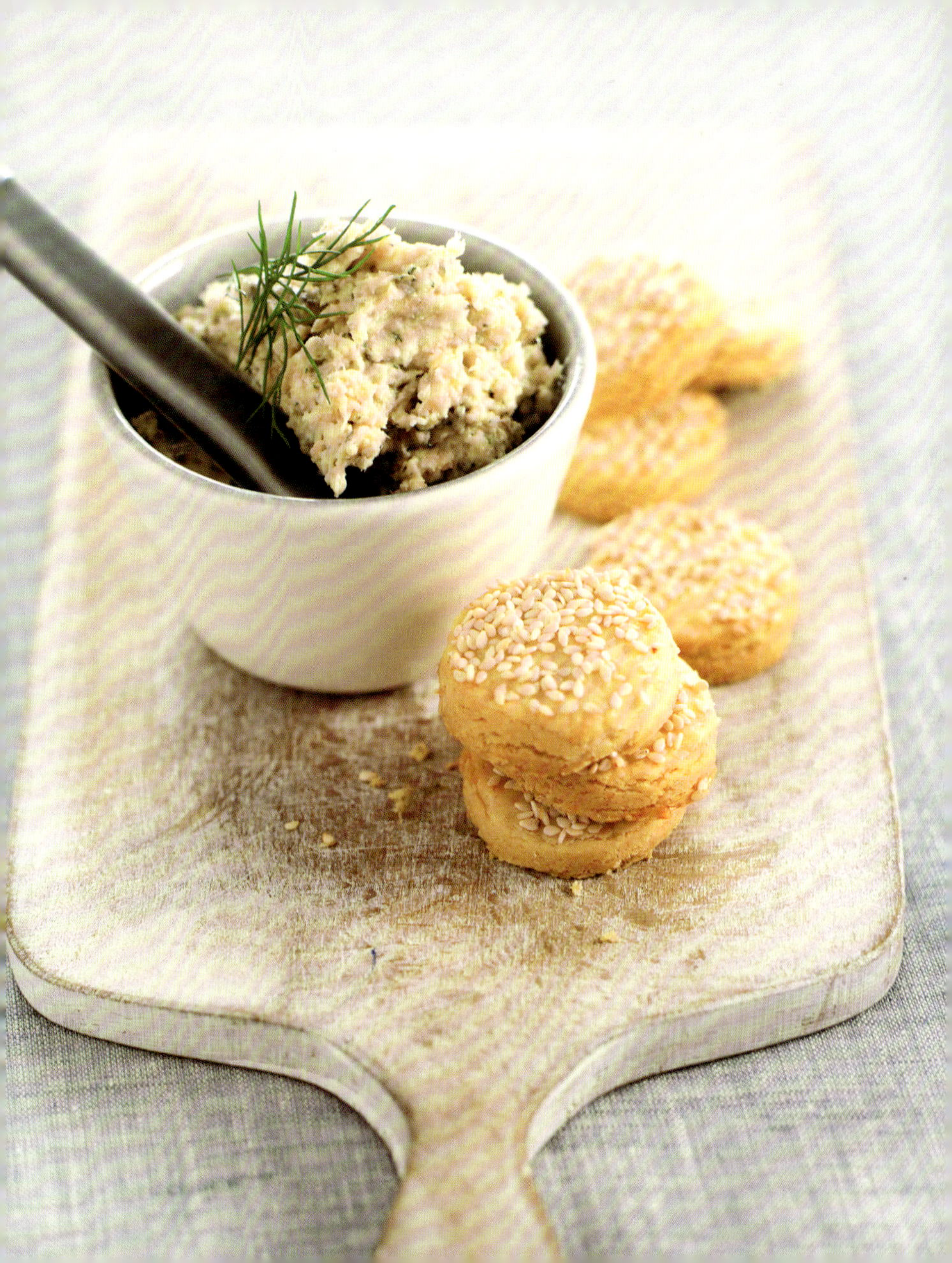

sopa de feijão com guacamole

2 porções
Preparo: **10 minutos**
Cozimento: **15 minutos**

1 colher (chá) de **azeite**
1 **cebola** picada
1 dente de **alho** amassado
1 **pimenta-malagueta** sem sementes e picada
250 g de **feijão** cozido e escorrido
220 g de **tomate pelado em lata** picado
300 ml de **caldo de legumes** (p. 94)
sal e **pimenta-do-reino** moída na hora

Para o guacamole
1 **abacate**
2 **cebolinhas** bem fatiadas
2 **tomates** picados
1 colher (sopa) de **coentro** fresco picado
suco de ½ **limão-taiti**

Prepare o guacamole. Pique e amasse a polpa do abacate. Misture a cebolinha, o tomate, o coentro e suco de limão. Reserve.

Refogue no azeite a cebola, o alho e a pimenta--malagueta por 2-3 minutos. Adicione o feijão, o tomate e o caldo de legumes. Deixe ferver. Cozinhe por 10 minutos.

Bata em um processador ou liquidificador três quartos da sopa, até ficar quase homogêneo. Misture ao restante da sopa. Tempere com sal e pimenta-do-reino. Aqueça.

Sirva com o guacamole e chips de tortilha.

Variação: sopa de feijão com guacamole e bacon.
Refogue 50 g de bacon picado com a cebola, o alho e a pimenta-malagueta, por 2-3 minutos. Siga a receita como indicado. Decore com 1 colher de iogurte e sirva com o guacamole.

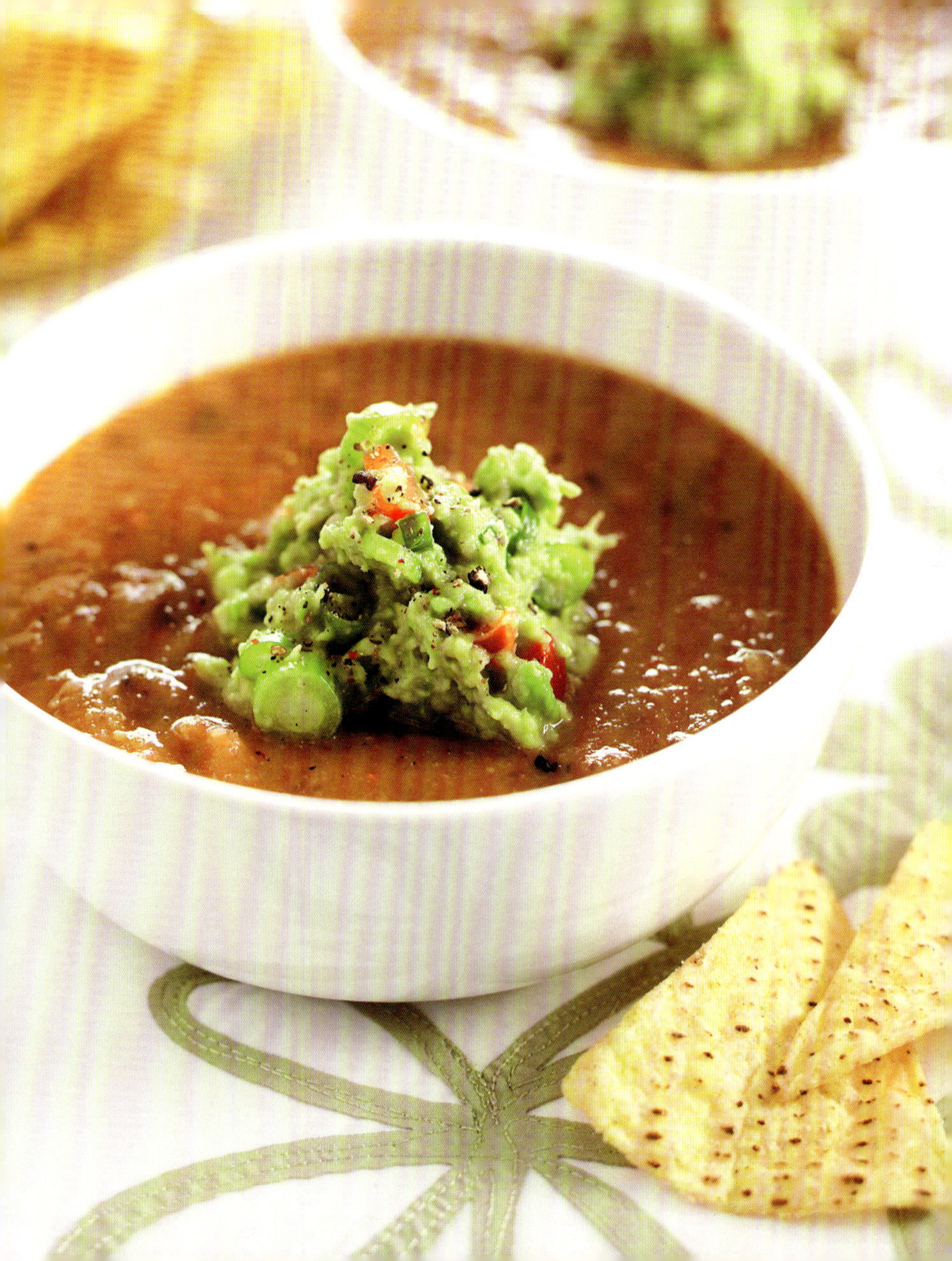

salada de macarrão à tailandesa

2 porções
Preparo: **10 minutos**

2 **cenouras** cortadas finamente
1 **abobrinha** picada finamente
½ **repolho roxo** pequeno picado finamente
1 **pimentão amarelo**, sem sementes e fatiado finamente
4 **cebolinhas** picadas finamente
2 colheres (sopa) de **coentro** fresco picado
150 g de **macarrão de arroz**

Para o molho
1 **pimenta-malagueta**, sem sementes e picada
4 colheres (sopa) de **molho de peixe** (nam pla)
2 colheres (sopa) de **açúcar**
raspas e suco de 1 **limão-taiti**

Misture a cenoura e a abobrinha com o repolho, o pimentão, a cebolinha e o coentro.

Cozinhe o macarrão em água fervente, de acordo com as instruções da embalagem, escorra e reserve.

Prepare o molho. Bata a pimenta-malagueta, o molho de peixe, o açúcar e as raspas e o suco de limão-taiti.

Combine o macarrão com os legumes. Adicione o molho e sirva.

Variação: salada de repolho crocante. Misture a cenoura, a abobrinha, o repolho, o pimentão e a cebolinha. Em uma tigela separada, bata 1 colher (sopa) de iogurte, 1 colher (sopa) de maionese, 1 colher (chá) de mostarda e uma 1 colher (sopa) de limão-taiti. Misture esse molho aos legumes, cubra com um punhado de coentro e sirva.

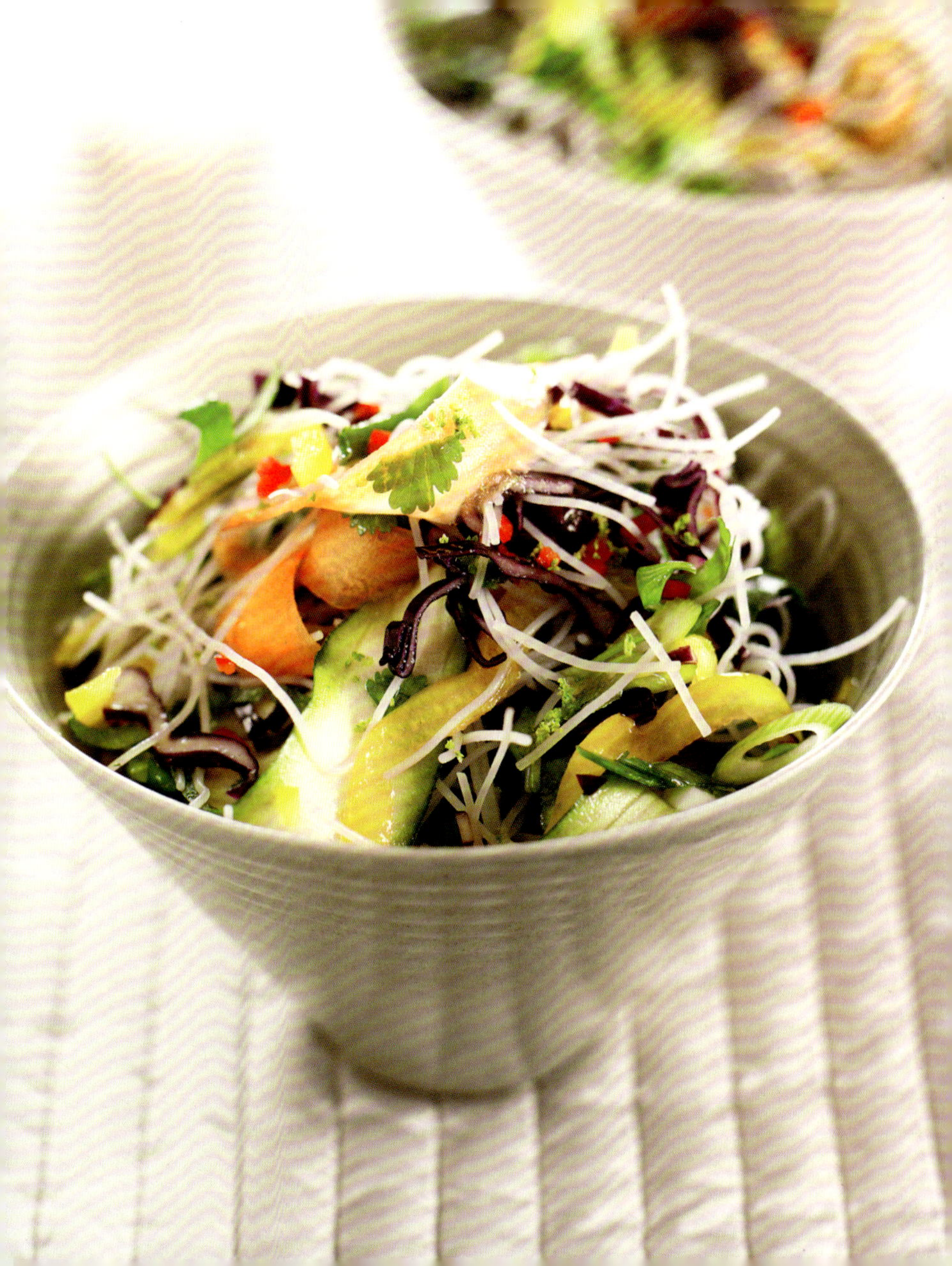

wrap de cordeiro

4 unidades
Preparo: **5 minutos**
Cozimento: **8-10 minutos**

1 colher (chá) de **azeite**
1 dente de **alho** picado finamente
1 **cebola** pequena picada finamente
125 g de **pernil de cordeiro** em bife, cortado em tiras
50 g de **cogumelo-de-paris** picado finamente
½ **pimentão vermelho** pequeno, sem sementes e fatiado
1 colher (sopa) de **salsa** picada
1 colher (sopa) de **hortelã** picada
50 g de **arroz basmati** cozido
2 colheres (sopa) de suco de **limão-siciliano**
2 colheres (sopa) de **iogurte natural**
1 colher (sopa) de **molho de hortelã**
4 **tortilhas** ou **pães pita**
1/2 **pepino** cortado em tiras

Refogue no azeite o alho, a cebola e o cordeiro por 3-4 minutos, até dourar. Adicione o cogumelo e o pimentão e refogue por mais 2-3 minutos. Misture as ervas, o arroz e o suco de limão. Aqueça por 1-2 minutos.

Misture o iogurte e molho de hortelã em outra tigela.

Coloque as tortilhas sobre uma superfície limpa. Espalhe 1 colher (sobremesa) da mistura de iogurte sobre cada tortilha, cubra com uma porção do recheio de cordeiro e algumas tiras de pepino.

Dobre na forma de wraps (veja ao lado) e sirva imediatamente com salada de rúcula.

Variação: wrap de frango. Use 250 g de peito de frango desossado e sem pele cortado em tiras. Refogue o alho e a cebola como descrito acima. Salteie o frango até dourar. Misture os legumes e os demais ingredientes. Monte os wraps como indicado e sirva com maionese ou molho verde (p. 100).

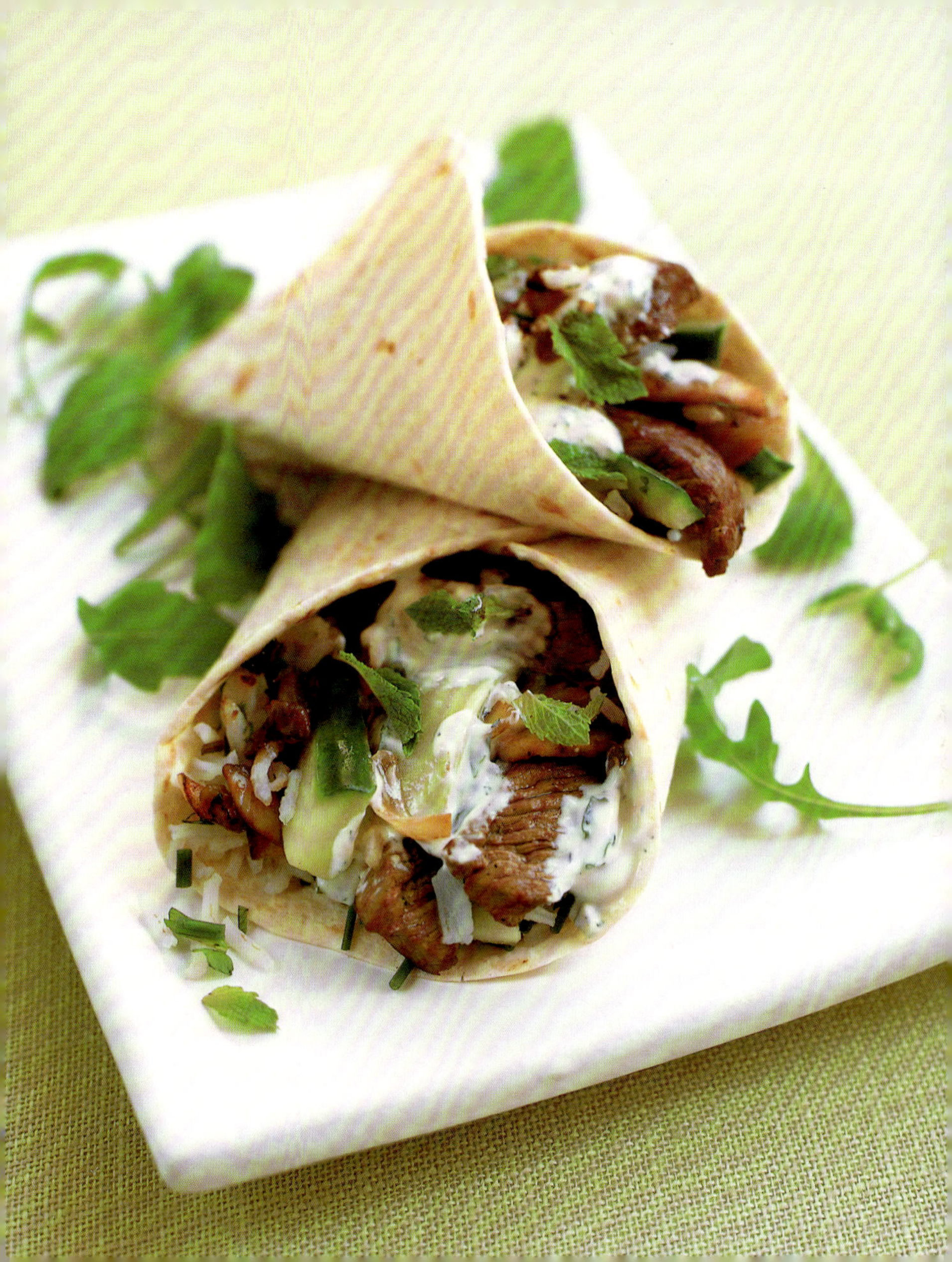

camarão com maionese de agrião

2 porções
Preparo: **15 minutos**

3 colheres (sopa) de **maionese**
um punhado grande de **agrião**, mais um pouco para servir
2 **picles** picados
raspas e suco de ½ **limão-siciliano**
250 g de **camarão rosa** médio cozido
sal e **pimenta-do-reino** moída na hora

Bata em um processador ou liquidificador a maionese, o agrião, o picles e as raspas e suco de limão-siciliano até ficar quase homogêneo. Tempere com sal e pimenta-do-reino.

Misture o camarão ao molho para incorporar o tempero. Sirva com pão torrado e agrião.

Variação: frango com maionese de pesto. Misture 1 colher (sopa) de pesto (pp. 12-3) e 2 colheres (sopa) de maionese. Adicione 2 peitos de frango cozidos e picados e sirva com pão pita.

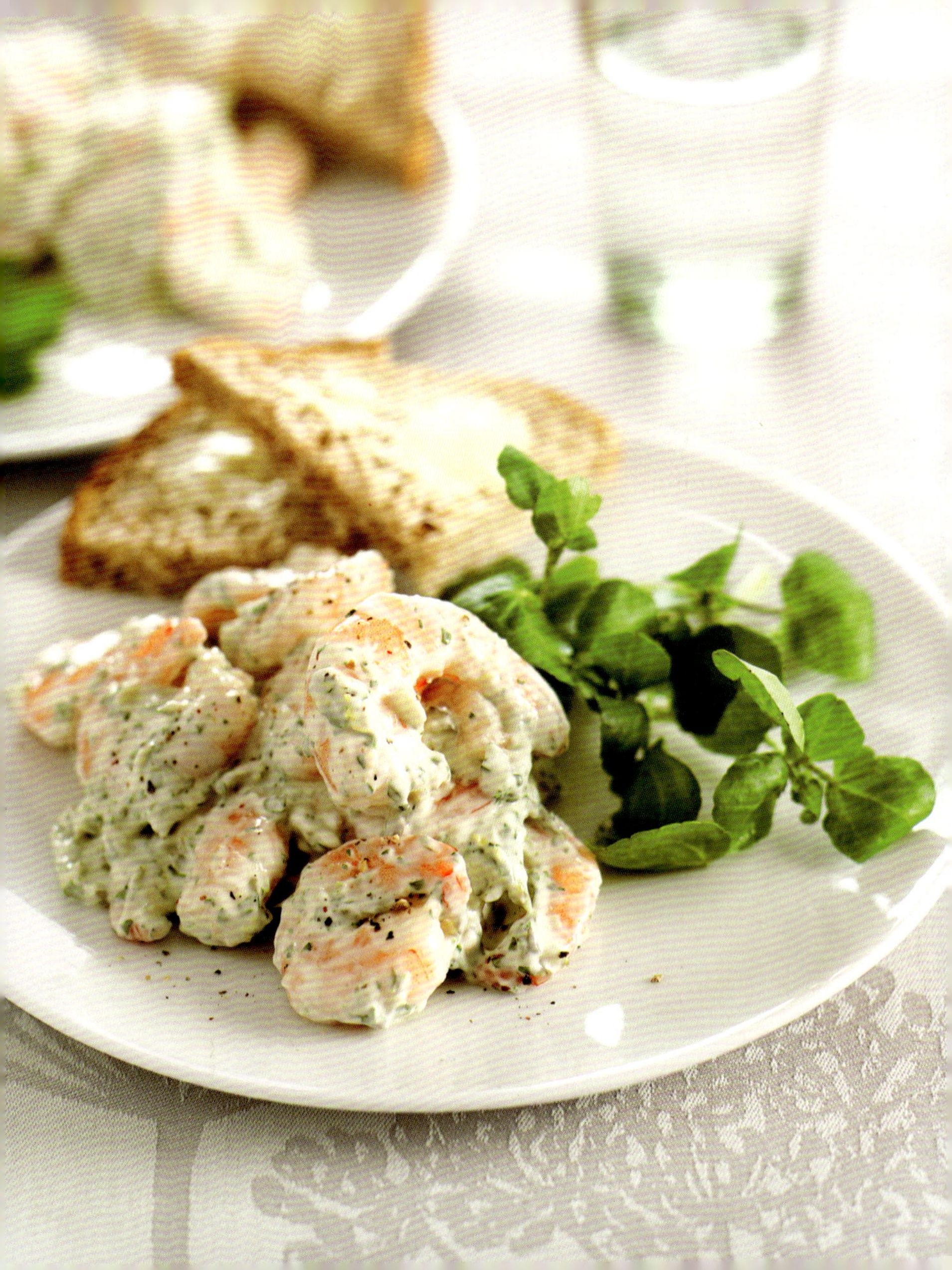

salada de nozes e pera

2 porções
Preparo: **10 minutos**

1 colher (sopa) de **azeite**
200 g de **ciabatta** cortado
  em pedaços pequenos
1 **alface-romana** bem picada
1 **pera** grande e madura,
  fatiada finamente
25 g de **nozes** torradas
  e picadas

Para o molho
3 colheres (sopa) de **iogurte**
50 g de **roquefort** ou
  gorgonzola amassado
1 **aliche** escorrido e picado
2 colheres (sopa) de **água**
pimenta-do-reino moída
  na hora

Espalhe o azeite sobre os pedaços de ciabatta e asse até dourar por igual. Misture os croûtons com a alface, a pera e as nozes.

Prepare o molho. Misture o iogurte, o queijo, o aliche e a água em uma tigela pequena e tempere com bastante pimenta.

Cubra a salada com o molho e sirva.

Variação: salada de frango e pancetta. Prepare a salada como indicado, mas sem a pera. Aqueça 1 colher (chá) de azeite e frite 1 peito de frango cortado finamente por 3-4 minutos. Reserve. Frite 4 fatias de pancetta por cerca de 1 minuto, até ficarem crocantes. Misture o frango com a salada e cubra com a pancetta.

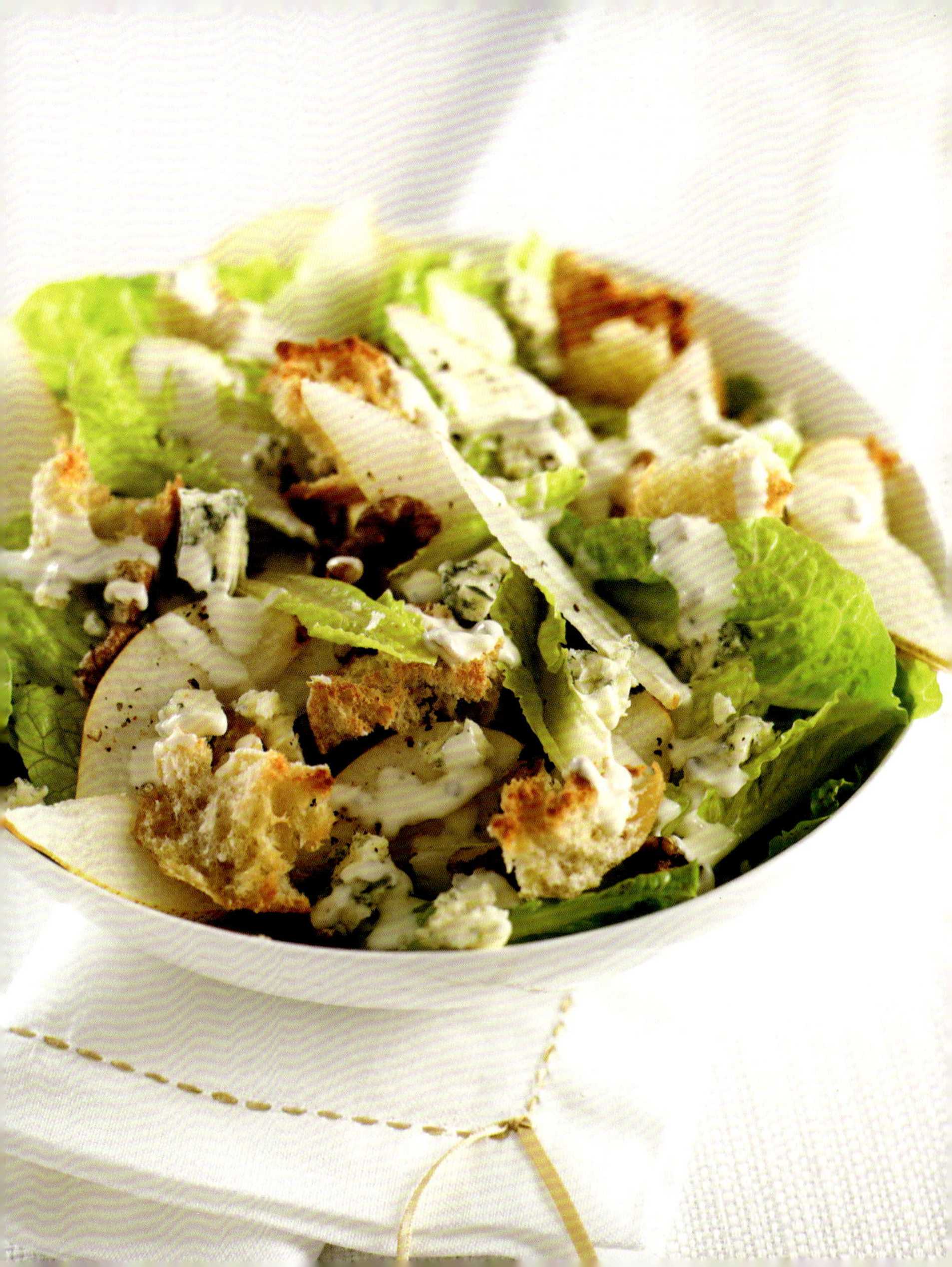

salada de arroz selvagem e amendoim

2 porções
Preparo: **5 minutos**
Cozimento: **30 minutos**

125 g de **arroz basmati**
25 g de **arroz selvagem**
1 maço de **cebolinha** picada
125 g de **uva-passa branca**
125 g de **amendoim** torrado
4 colheres (sopa) de **vinagre balsâmico**
1 colher (sopa) de **óleo de girassol**

Cozinhe os dois tipos de arroz de acordo com as instruções da embalagem. Enxágue em água fria e escorra.

Misture o arroz cozido com a cebolinha, a uva-passa e o amendoim.

Bata o vinagre e o azeite em uma tigela pequena. Adicione o molho à mistura de arroz. Sirva com uma salada de folhas verdes crocantes.

Variação: salada de arroz selvagem e truta. Cozinhe o arroz como indicado e adicione a cebolinha, a uva-passa e o amendoim. Desfie 150 g de filé de truta defumada e misture com a salada de arroz e 50 g de agrião picado. Acrescente o molho de salada e sirva.

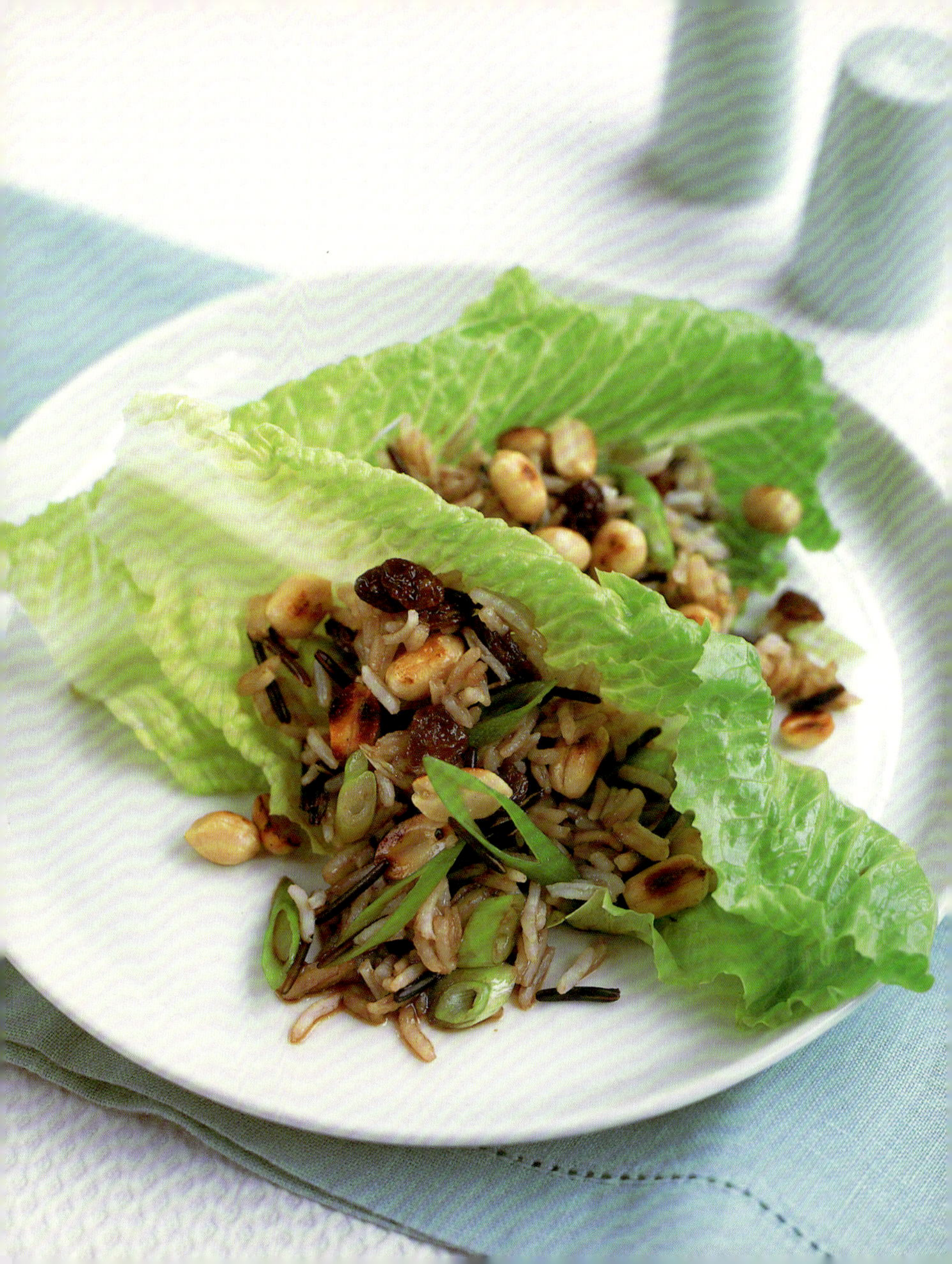

patê de berinjela

2 porções
Preparo: **10 minutos**
Cozimento: **30-40 minutos**

2 **berinjelas** cortadas em cubos
2 dentes de **alho** fatiados
2 colheres (sopa) de **azeite**
1 colher (chá) de **semente de cominho**
uma pitada de **pimenta- -malagueta** seca
1 colher (sopa) de **coentro** fresco picado
2 pães **pita**
sal e **pimenta-do-reino** moída na hora

Misture a berinjela e o alho e disponha em uma assadeira. Regue com o azeite e salpique as sementes de cominho e a pimenta-malagueta. Tempere com sal e pimenta-do-reino.

Asse em forno preaquecido a 200°C por 35-40 minutos, até dourar.

Bata a mistura em um processador ou liquidificador por poucos segundos, de modo que preserve alguma textura. Deixe esfriar e misture o coentro picado. Sirva com o pão pita torrado.

Variação: patê mediterrâneo. Cozinhe 1 berinjela, 1 pimentão amarelo picado e o alho, como indicado. Salpique sobre o azeite as folhas de um ramo de tomilho no lugar do cominho e da pimenta-malagueta. Deixe esfriar e bata no processador ou liquidificador com 3 colheres (sopa) de cream cheese, até formar uma mistura homogênea.

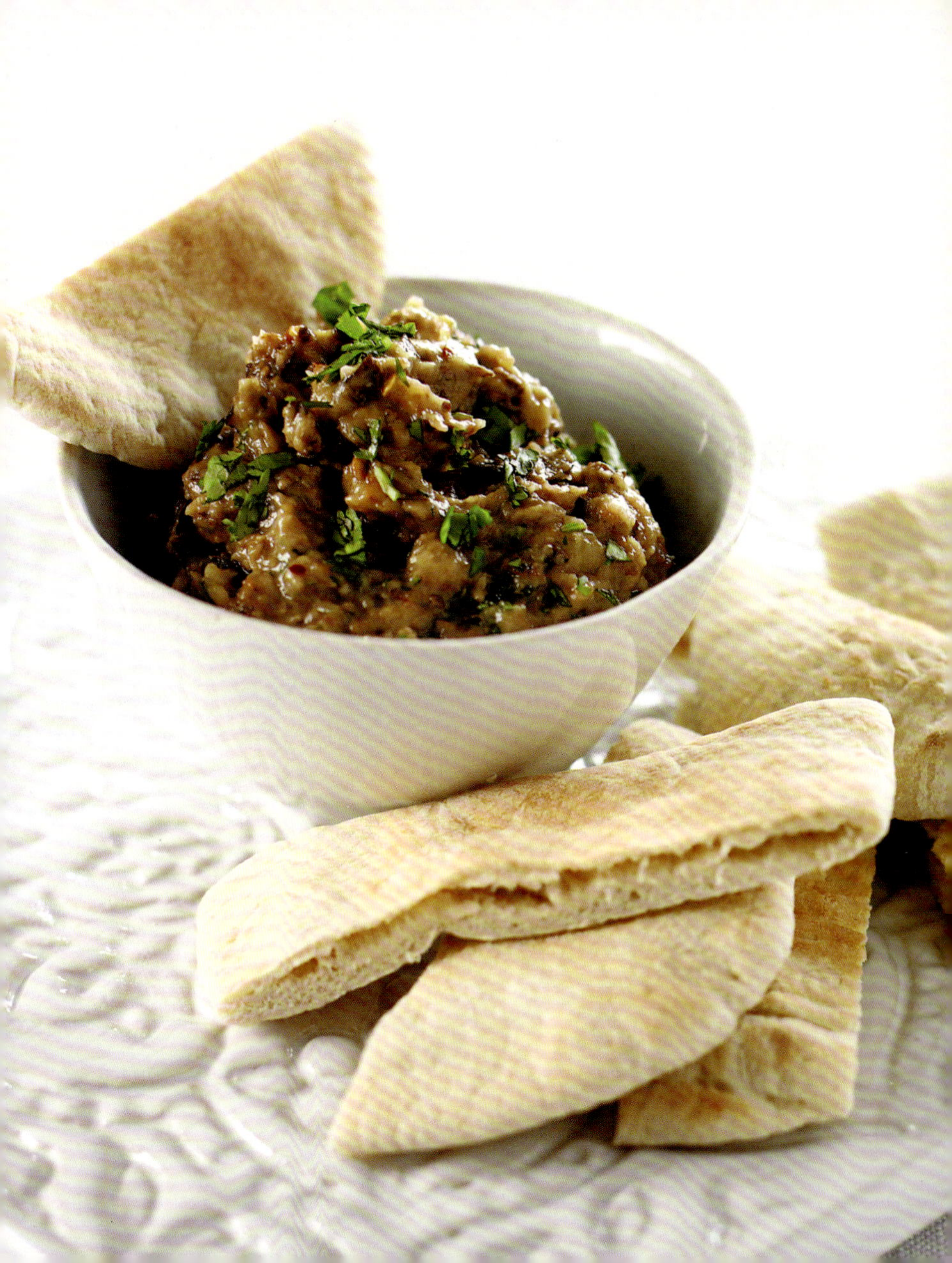

tortilha de queijo com salada de atum

2 porções
Preparo: **10 minutos**
Cozimento: **5 minutos**

300 g de **atum** fresco cortado em cubos
1 **abacate** picado
1 **tomate** grande picado
½ **pimenta verde** sem sementes e picada
um punhado grande de **agrião** picado
sal e **pimenta-do-reino** moída na hora

Para a tortilha de queijo
2 **tortilhas** grandes
50 g de **muçarela** em fatias
2 **cebolinhas** picadas
1 colher (sopa) de **coentro** fresco picado

Misture o atum, o abacate, o tomate, a pimenta verde e o agrião. Tempere com sal e pimenta-do-reino. Reserve por 10 minutos.

Distribua sobre uma tortilha camadas de muçarela, de cebolinha e de coentro. Cubra com a outra tortilha, pressione ligeiramente e leve a uma frigideira grande aquecida. Toste por 1 minuto, vire e toste por mais 1 minuto. Corte em fatias e sirva com a salada de atum.

Variação: tortilha de queijo de cabra e molho de pimentão. Corte 150 g de queijo de cabra em pedaços grandes. Parta ao meio 1 pimentão vermelho, retire as sementes e pique em pedaços grandes. Misture o queijo e o pimentão a 1 abacate picado, 1 tomate grande picado, ½ pimenta verde sem sementes e picada e mais um punhado grande de agrião. Sirva com tortilhas de queijo preparadas como indicado.

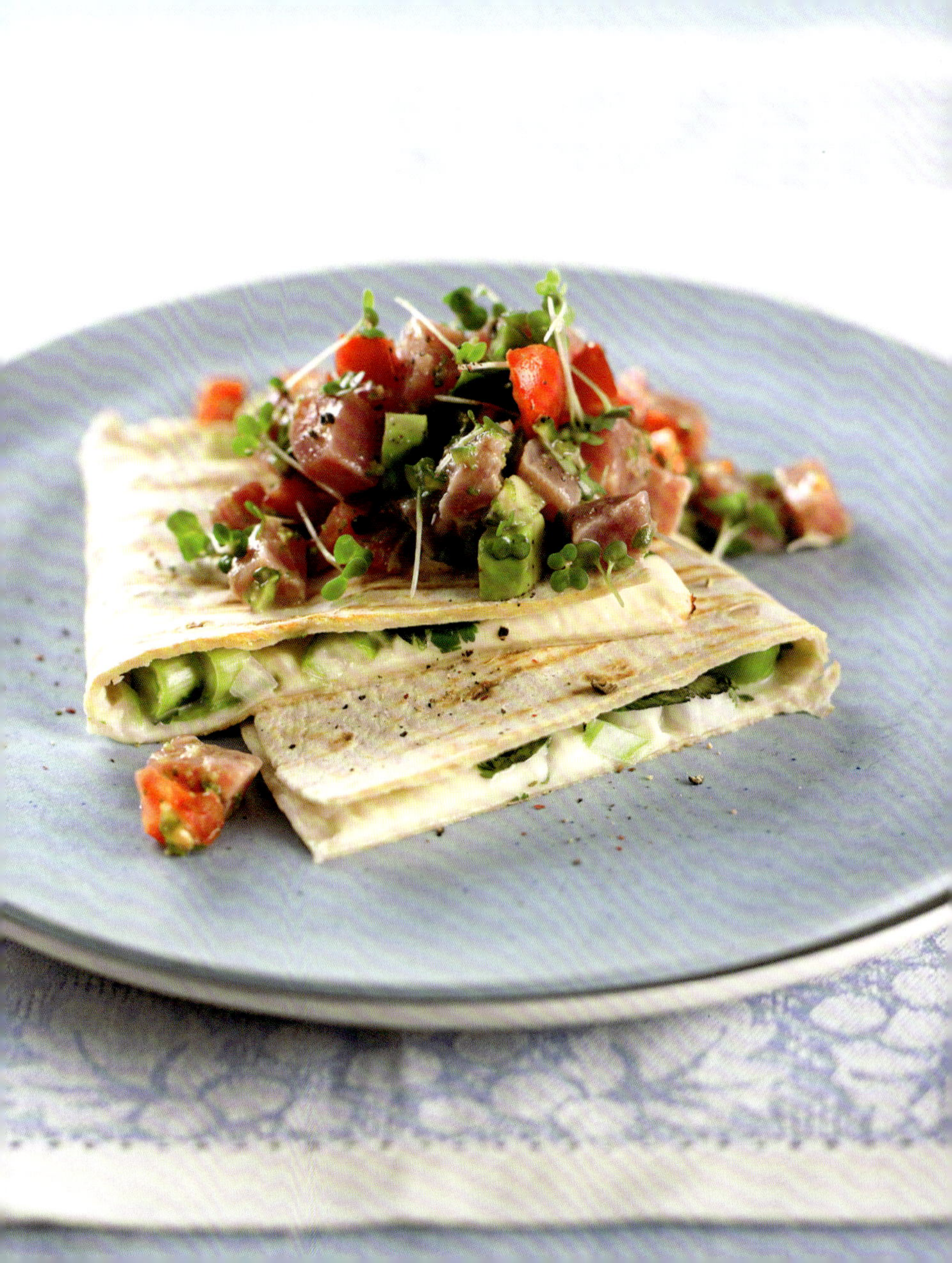

sopa de batata-doce e frango

2 porções
Preparo: **10 minutos**
Cozimento: **15 minutos**

2 colheres (chá) de **azeite**
1 **cebola** pequena picada
1 dente de **alho** picado
1 **pimenta-malagueta** sem sementes e picada
1 **batata-doce** grande descascada e cortada em cubos
1 **peito de frango** grande desossado, sem pele e picado
200 ml de **leite de coco**
600 ml de **caldo de galinha** (pp. 13 e 146)
1 colher (sopa) de **coentro** fresco picado
sal

Refogue no azeite a cebola, o alho e a pimenta-malagueta por 3 minutos, até murchar. Acrescente a batata-doce e o frango e refogue por mais 2-3 minutos, até o frango dourar por igual.

Adicione o leite de coco e o caldo, deixe ferver, tampe e cozinhe por 15 minutos até a batata ficar macia.

Bata em um processador ou liquidificador, até ficar homogêneo. Tempere com sal e coentro e sirva.

Variação: sopa picante de abóbora. Refogue a cebola, o alho e a pimenta como indicado. Não use o frango e substitua a batata-doce por 1 abóbora-paulista média picada. Adicione o leite de coco e 300 ml de caldo de legumes (p. 94) no lugar do caldo de galinha. Deixe ferver e finalize como descrito acima.

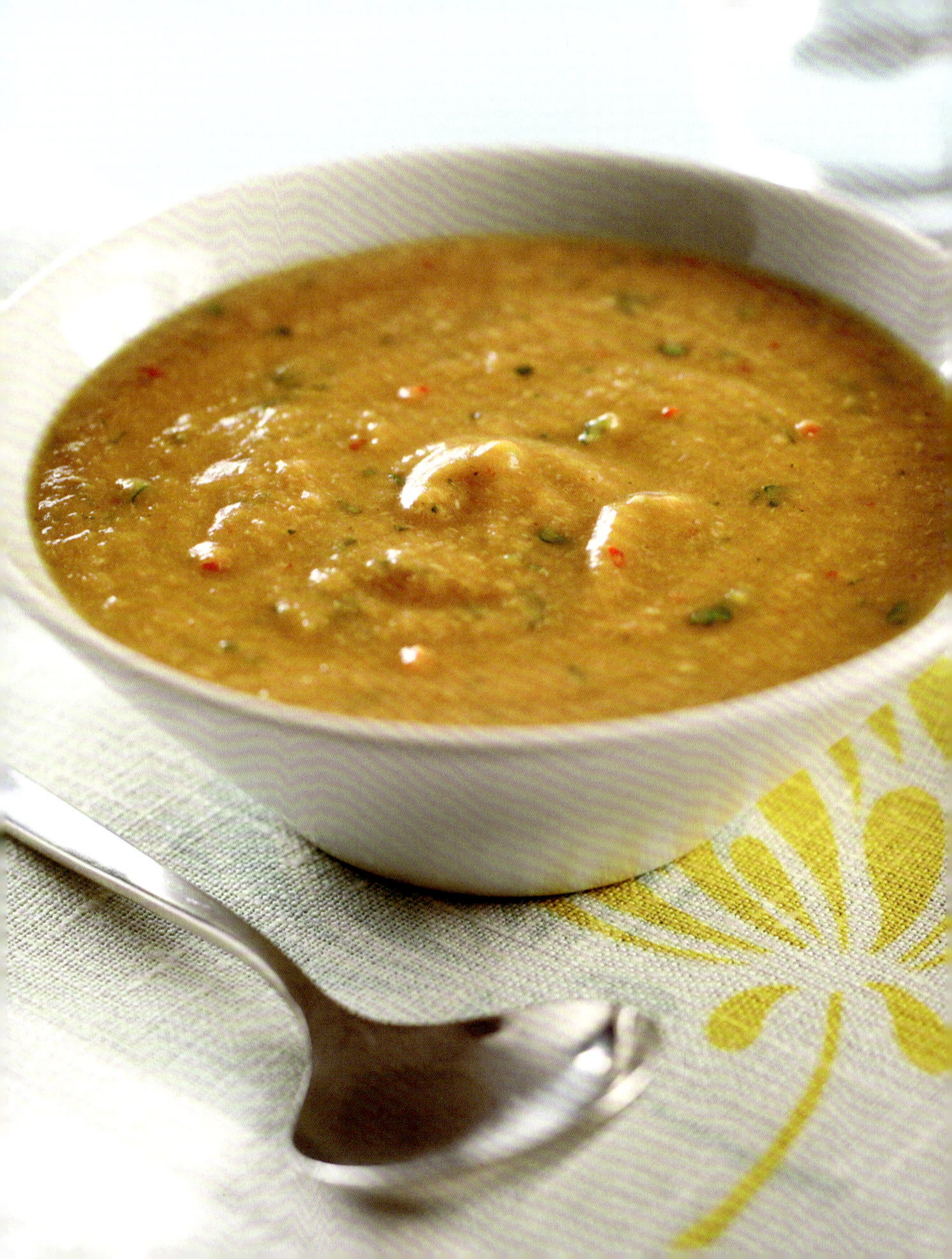

salada de frango ao molho cítrico

2 porções
Preparo: **20 minutos**,
 mais o tempo para marinar
Cozimento: **10-15 minutos**

2 peitos de frango
150 g de **alface-romana**
150 g de **radicchio**
½ **abacate** grande em fatias finas
1 colher (sopa) de **coentro** fresco picado

Para o molho cítrico
2 colheres (sopa) de suco de **limão-siciliano**
½ colher (chá) de **shoyu**
1 colher (chá) de **cominho** em pó
6 colheres (sopa) de **azeite**

Para a marinada
2 colheres (sopa) de **azeite**
½ colher (sopa) de suco de **limão-siciliano**
½ colher (sopa) de suco de **laranja**
2 dentes de **alho** picados
½ colher (chá) de **coentro** em pó
½ colher (chá) de **cominho** em pó
¼ colher (chá) de **canela**

Misture todos os ingredientes da marinada em uma tigela pequena. Reserve 2 colheres (sopa). Despeje o restante sobre o frango desossado e sem pele, envolvendo-o por completo. Cubra e leve à geladeira por 20 minutos.

Prepare o molho cítrico. Bata o suco de limão-siciliano com o shoyu, o cominho e o azeite. Reserve.

Retire o frango da marinada e disponha em uma assadeira revestida de papel-alumínio. Leve a assadeira ao forno ou sob um grill preaquecido. Asse o frango, virando de vez em quando, e pincele constantemente com a marinada reservada. Faça isso por cerca de 10 minutos ou até que o frango possa ser cortado com facilidade, deixando escorrer um caldo claro.

Misture a alface-romana e o radicchio picados com 1-2 colheres (sopa) do molho. Arrume as folhas em um prato grande e cubra com o frango cortado em fatias de 1 cm.

Decore com as fatias de abacate. Despeje o molho restante, salpique o coentro e sirva.

Variação: salada de tofu ao molho cítrico. Corte 200 g de tofu em fatias finas. Faça a marinada como descrito acima e deixe por pelo menos 20 minutos. Grelhe o tofu em uma frigideira por 2-3 minutos. Prepare a salada como indicado e tempere com o molho cítrico. Mexa bem, adicione o tofu e sirva decorado com o coentro fresco picado.

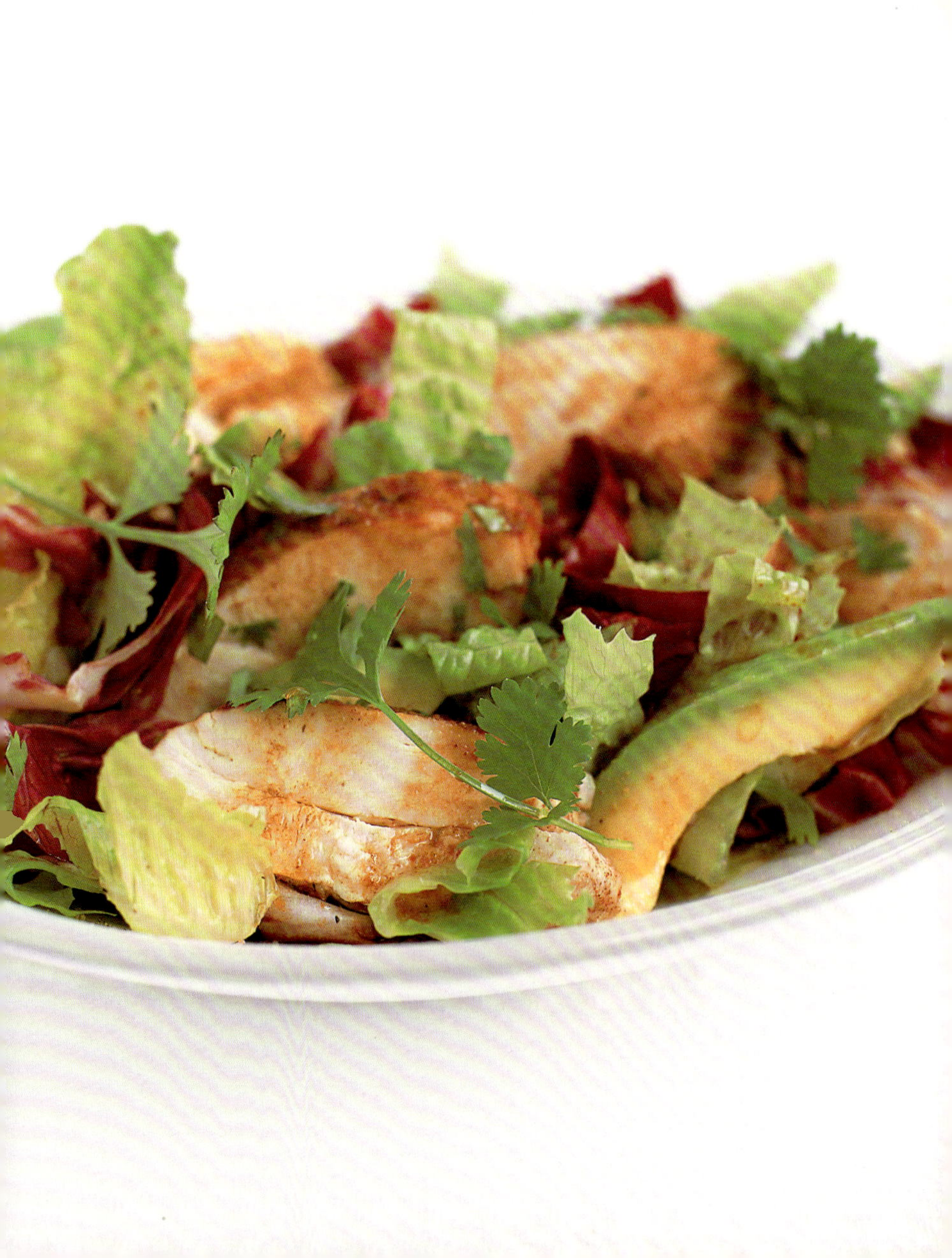

salada de tomate e lentilha com ovo

2 porções
Preparo: **5 minutos**
Cozimento: **5 minutos**

2 colheres (chá) de **azeite**
4 **cebolinhas** fatiadas
1 dente de **alho** picado
250 g de **lentilha puy** ou **ervilha seca** cozida e escorrida
150 g de **tomate-cereja** cortado ao meio
1 colher (sopa) de **salsa** picada
1 colher (sopa) de **vinagre balsâmico**
2 **ovos**

Refogue no azeite a cebolinha e o alho, por 1 minuto. Acrescente a lentilha, o tomate, a salsa e o vinagre e aqueça totalmente.

Ferva água ligeiramente salgada em uma panela grande. Mexa a água para fazer um leve "redemoinho" e quebre nele um ovo, de forma que a clara envolva a gema. Cozinhe por 3 minutos, retire da panela e cozinhe o outro ovo da mesma maneira.

Disponha os ovos sobre a mistura de lentilha. Sirva com pão.

Variação: salada de arroz e linguiça com ovo.
Substitua a lentilha por 300 g de arroz basmati e arroz selvagem (ou compre em versões já misturadas e cozinhe de acordo com as instruções da embalagem). Siga a receita como descrito acima e sirva cada porção coberta com 8 fatias de linguiça grelhada e um ovo poché.

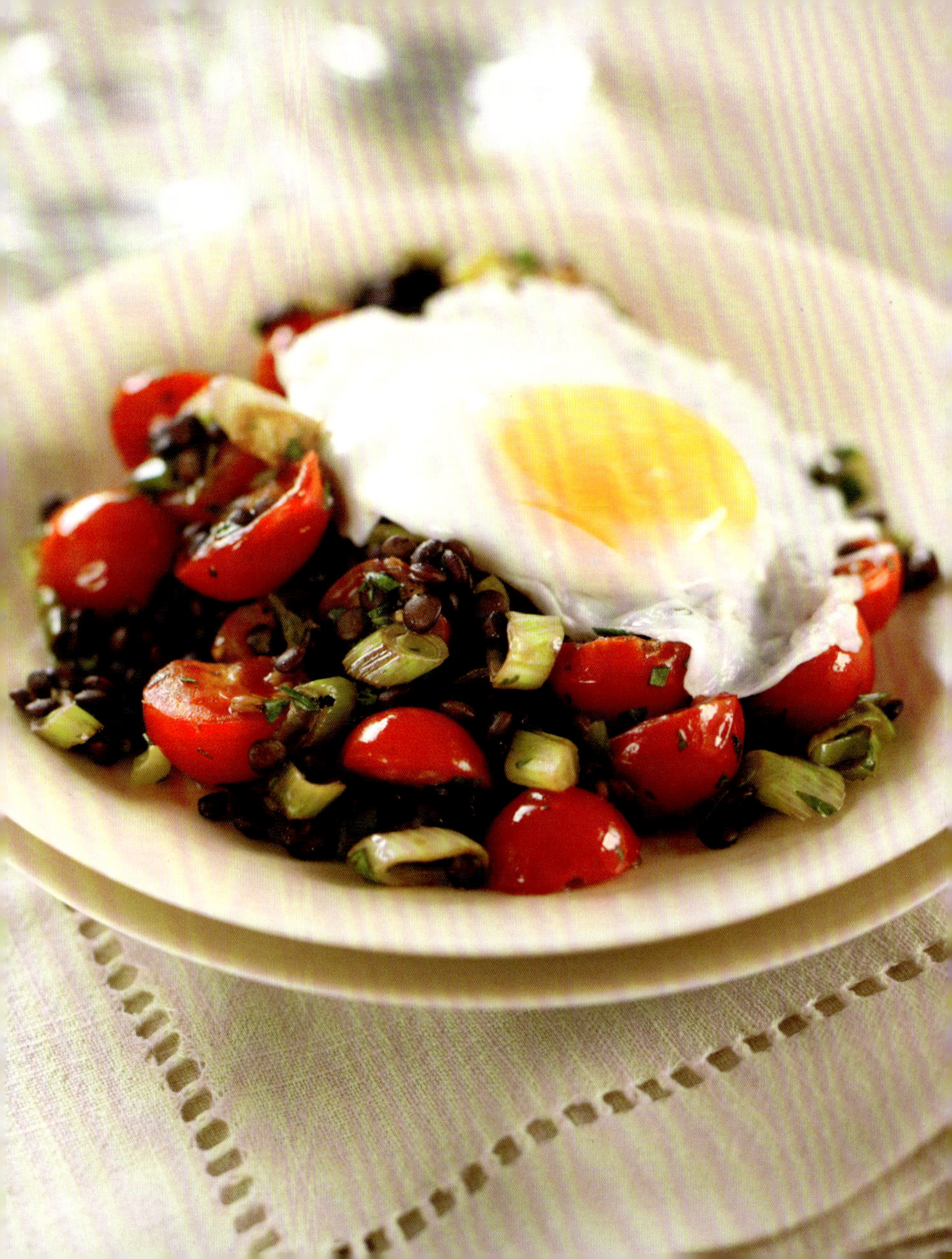

torrada de queijo derretido

2 porções
Preparo: **5 minutos**
Cozimento: **5 minutos**

4 **cebolinhas** cortadas
15 g de **manteiga**
100 g de **roquefort** ou **gorgonzola** amassado
1 **gema**
um pouco de **leite**
2 fatias de **pão de fôrma** integral levemente torradas
2 fatias de **bacon** grelhadas

Refogue a cebolinha na manteiga por 2-3 minutos, até murchar. Deixe esfriar e misture com o queijo e a gema, adicionando leite suficiente para fazer uma pasta.

Distribua a mistura sobre o pão torrado e asse sobre uma grelha ou grill elétrico preaquecido por cerca de 2 minutos, até dourar e borbulhar. Cubra com o bacon.

Variação: torrada de cheddar derretido. Use 75 g de cheddar ou queijo prato ralado na hora no lugar do roquefort ou gorgonzola e adicione ½ colher (chá) de mostarda à mistura antes de espalhá-la sobre o pão torrado. Grelhe e sirva como indicado.

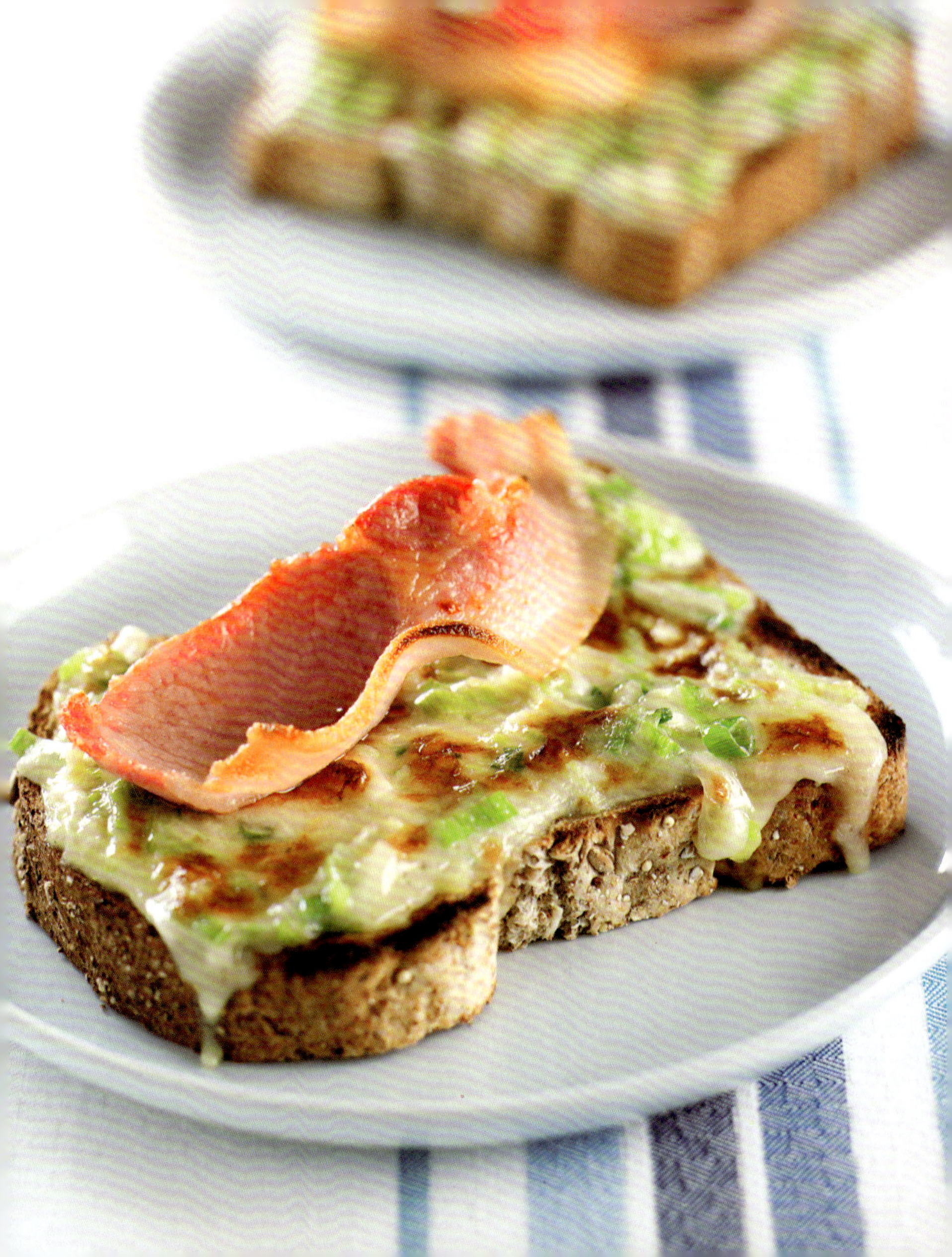

chili con carne

2 porções
Preparo: **30 minutos**
Cozimento: **55 minutos**

1 colher (sopa) de **azeite**
1 **cebola** pequena picada finamente
1 dente de **alho** amassado
250 g de **carne bovina** moída
1 colher (sopa) de **purê de tomate**
1 **pimenta-malagueta** grande picada
½ colher (chá) de **pimenta-malagueta em pó**
1 colher (chá) de **ervas secas** mistas
200 g de **tomate pelado** em lata picado
225 g de **feijão** cozido

Para servir
100 ml de **creme azedo** (creme de leite fresco com gotas de limão)
1 colher (sopa) de **salsa** picada
pimenta-do-reino moída na hora
50 g de **cheddar** ou **queijo prato** ralado na hora
pimenta jalapeño (opcional)

Refogue no azeite a cebola e o alho, em fogo médio, por 5 minutos ou até murchar. Acrescente a carne e aumente o fogo. Frite, mexendo sempre, por 5 minutos ou até dourar por igual.

Adicione o purê de tomate, a pimenta-malagueta picada e a em pó, as ervas e mantenha no fogo por 5 minutos. Misture o tomate e o feijão. Deixe ferver, tampe e cozinhe por 30 minutos.

Transfira para uma tigela e cubra com o creme azedo. Salpique salsa e pimenta-do-reino. Sirva com pãezinhos de queijo (abaixo) e porções separadas de queijo e pimenta jalapeño, se desejar.

Acompanhamento: pãozinho de queijo. Misture 250 g de farinha de trigo e 2 colheres (chá) de fermento em pó. Adicione 75 g de manteiga e 50 g de cheddar ou queijo prato ralado na hora. Faça uma cova no centro e despeje 1 ovo batido e 50 ml de leite. Use uma faca para misturar a massa até ficar homogênea. Coloque-a sobre uma superfície ligeiramente enfarinhada. Abra com uma espessura de cerca de 5 mm. Corte oito círculos de 5 cm de diâmetro cada e disponha em uma assadeira. Pincele com um pouco de leite e leve ao forno preaquecido a 200°C por 12 minutos, ou até que os pãezinhos cresçam.

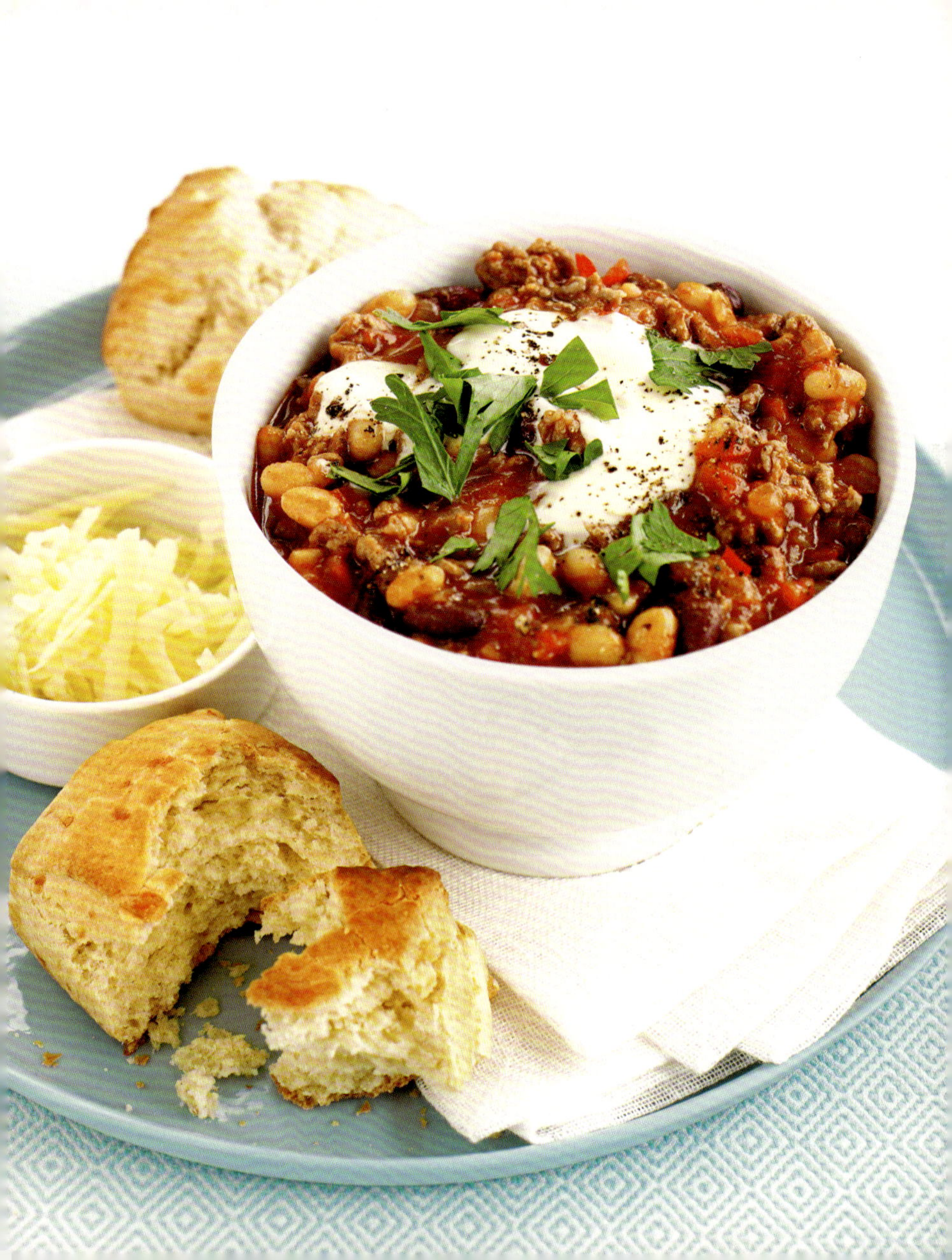

tortinha de feta e espinafre

4 unidades
Preparo: **10 minutos**,
   mais o tempo para refrigerar
Cozimento: **25 minutos**

Para a massa
200 g de **farinha de trigo**
100 g de **manteiga** gelada
   cortada em cubos
cerca de 100 ml de **água** fria

Para o recheio
150 g de folhas pequenas
   de **espinafre**
150 ml de **iogurte**
1 **ovo** batido
noz-moscada ralada na hora
pimenta-do-reino moída
   na hora
50 g de **feta** amassado

Peneire a farinha em uma tigela grande, adicione a manteiga e trabalhe com os dedos até formar uma farofa fina. Agregue água fria suficiente para fazer uma bola. Embrulhe a massa em filme de PVC e leve à geladeira por 30 minutos.

Divida a massa em quatro porções. Abra e forre quatro forminhas individuais de 9 cm de diâmetro ligeiramente untadas. Cubra a base da massa com papel-manteiga e coloque feijões crus por cima. Asse por 5 minutos em forno preaquecido a 200°C. Tire do forno, retire os feijões e o papel-manteiga e reserve. Não desligue o forno.

Disponha o espinafre em um escorredor grande e despeje sobre ele água fervente até que as folhas murchem e todo o líquido escorra. Distribua as folhas entre as forminhas. Bata o iogurte e o ovo e tempere com noz-moscada e pimenta-do-reino. Misture o queijo e coloque o recheio nas forminhas com massa. Asse por 15-20 minutos, até crescer e dourar. Sirva com salada verde.

Variação: tortinha de aspargo e truta. Prepare a massa e forre as forminhas individuais como descrito acima. Corte ao meio 8 aspargos aparados e cozinhe em água fervente por 1 minuto. Escorra e distribua nas forminhas com 75 g de truta defumada desfiada. Misture 150 ml de iogurte e 1 ovo e despeje sobre o aspargo. Asse como indicado e sirva quente.

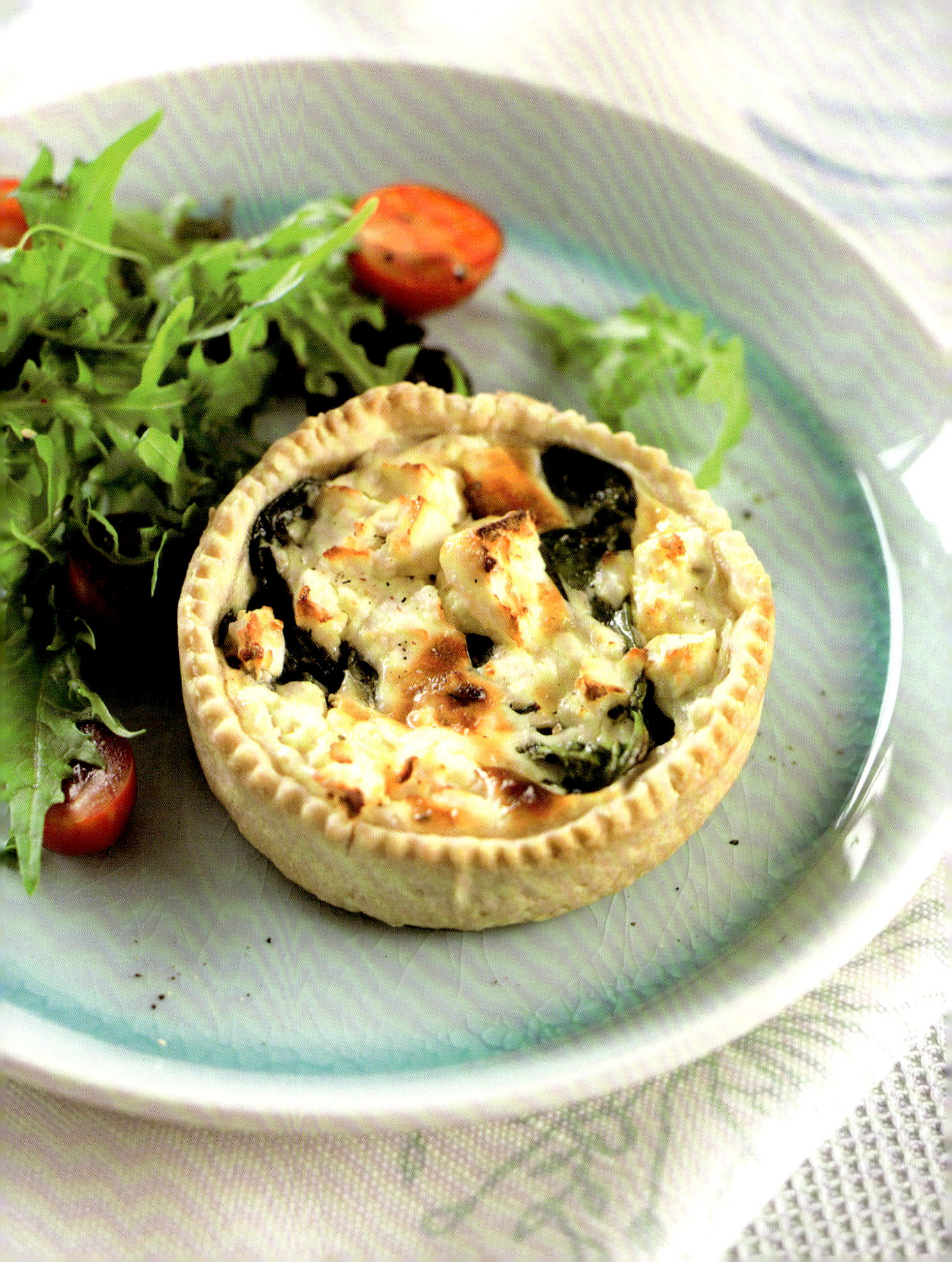

bruschetta de gorgonzola e pancetta

2 porções
Preparo: **5 minutos**
Cozimento: **5 minutos**

1 colher (sopa) de **azeite**
1 dente de **alho** amassado
100 g de **pancetta** cortada em cubos
250 g de mix de **cogumelos** (portobello, shiitake, shimeji)
4 colheres (sopa) de **creme de leite fresco**
25 g de **gorgonzola** amassado
1 colher (sopa) de **salsa** picada
4 fatias de **ciabatta** torradas

Refogue no azeite o alho e a pancetta por 1-2 minutos. Acrescente os cogumelos e refogue por mais 2-3 minutos, até cozinhar.

Adicione o creme de leite e o queijo e mexa por mais 1 minuto para aquecer. Misture a salsa e sirva sobre 2 fatias de ciabatta torradas para cada pessoa.

Variação: macarrão com pancetta e gorgonzola.
Cozinhe 300 g de macarrão em água fervente, de acordo com as instruções da embalagem. Refogue 1 dente de alho amassado, 75 g de pancetta e 250 g de mix de cogumelos, como descrito acima. Misture o creme de leite e o queijo. Escorra o macarrão e misture com o molho. Decore com salsa picada e sirva com uma salada verde.

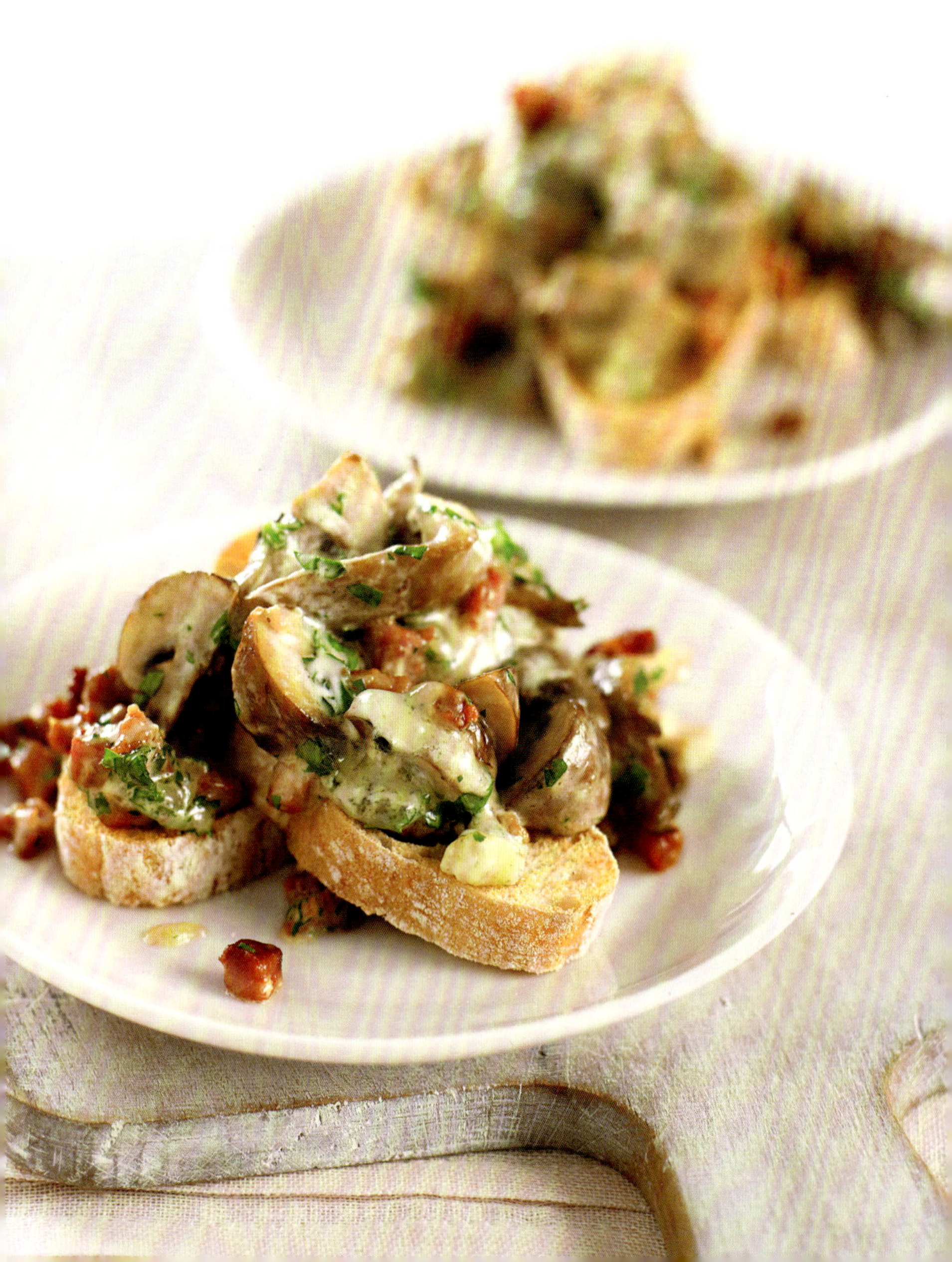

sopa fresquinha de legumes

2 porções
Preparo: **10 minutos**
Cozimento: **15 minutos**

1 colher (chá) de **azeite**
½ **alho-poró** fatiado finamente
½ **batata** grande picada
200 g de **legumes variados**, como ervilha, aspargo, fava e abobrinha
1 colher (sopa) de **hortelã** picada
450 ml de **caldo de legumes** (veja receita ao lado)
1 colher (sopa) de **iogurte**
sal (opcional) e **pimenta-do--reino** moída na hora

Refogue no azeite o alho-poró e a batata por 2-3 minutos.

Adicione os legumes, a hortelã e o caldo. Deixe ferver. Reduza o fogo e cozinhe por 10 minutos.

Bata tudo em um processador ou liquidificador até ficar homogêneo. Volte à panela, acrescente o iogurte e tempere com sal (se desejar) e pimenta-do-reino. Aqueça e sirva.

Para o caldo de legumes caseiro. Aqueça 1 colher (sopa) de azeite em uma panela grande. Adicione 1 cebola picada, 1 cenoura picada, 4 talos de aipo picado e quaisquer outras partes dos legumes (como bulbo do aipo, casca de cebola e pele de tomate). Refogue por 2-3 minutos. Adicione 1 buquê garni (maço de salsa, tomilho e louro) e tempere com sal e pimenta-do-reino moída na hora. Adicione 1,7 litro de água e deixe ferver. Reduza o fogo e cozinhe por 1h30. Coe. O rendimento é de cerca de 1,2 litro de caldo.

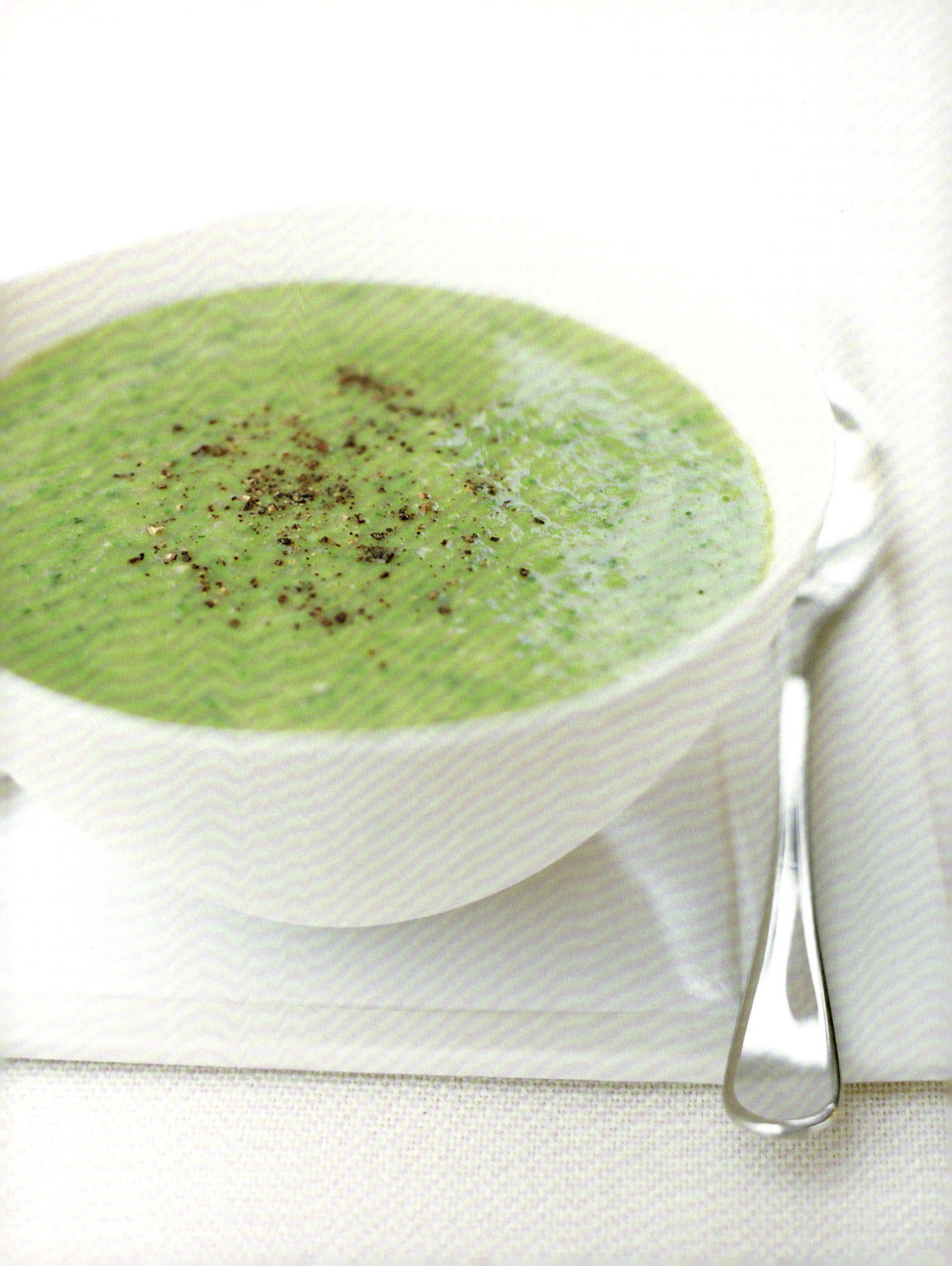

pimentão assado com muçarela

2 porções
Preparo: **10 minutos**
Cozimento: **25 minutos**

8 filés de **aliche** cortados ao meio
1 dente de **alho** picado
225 g de **tomate-cereja** cortado ao meio
1 colher (sopa) de **pesto** (pp. 12-3)
1 **pimentão vermelho** cortado ao meio sem sementes
1 **pimentão amarelo** cortado ao meio sem sementes
100 g de **muçarela** cortada em quatro fatias
1 colher (sopa) de **azeite**
um punhado de **rúcula**
1 colher (sopa) de **pinhole** torrado

Misture o aliche, o alho, o tomate e o pesto. Reserve.

Coloque os pimentões vermelho e amarelo em uma assadeira com as faces cortadas para cima e recheie com a mistura de aliche. Disponha uma fatia de muçarela sobre cada pedaço e cubra com o azeite.

Asse em forno preaquecido a 220°C por 20-25 minutos, até o pimentão ficar macio, e o queijo, dourado.

Cubra com a rúcula, espalhe o pinhole por cima e sirva.

Variação: macarrão com muçarela, frango e pimentão. Corte pela metade 1 pimentão vermelho e 1 pimentão amarelo sem sementes. Disponha as metades de cada pimentão em uma assadeira e grelhe até a pele ficar preta. Transfira para uma tigela, cubra com filme de PVC e deixe esfriar. Retire a pele e corte em tiras. Reserve. Cozinhe 250 g de macarrão em água fervente de acordo com as instruções da embalagem. Escorra. Misture o pimentão, o aliche, o alho, o tomate e o pesto e incorpore ao macarrão (gravatinha, fusilli ou outro de sua preferência). Salpique 100 g de muçarela picada e sirva com rúcula e pinhole torrado.

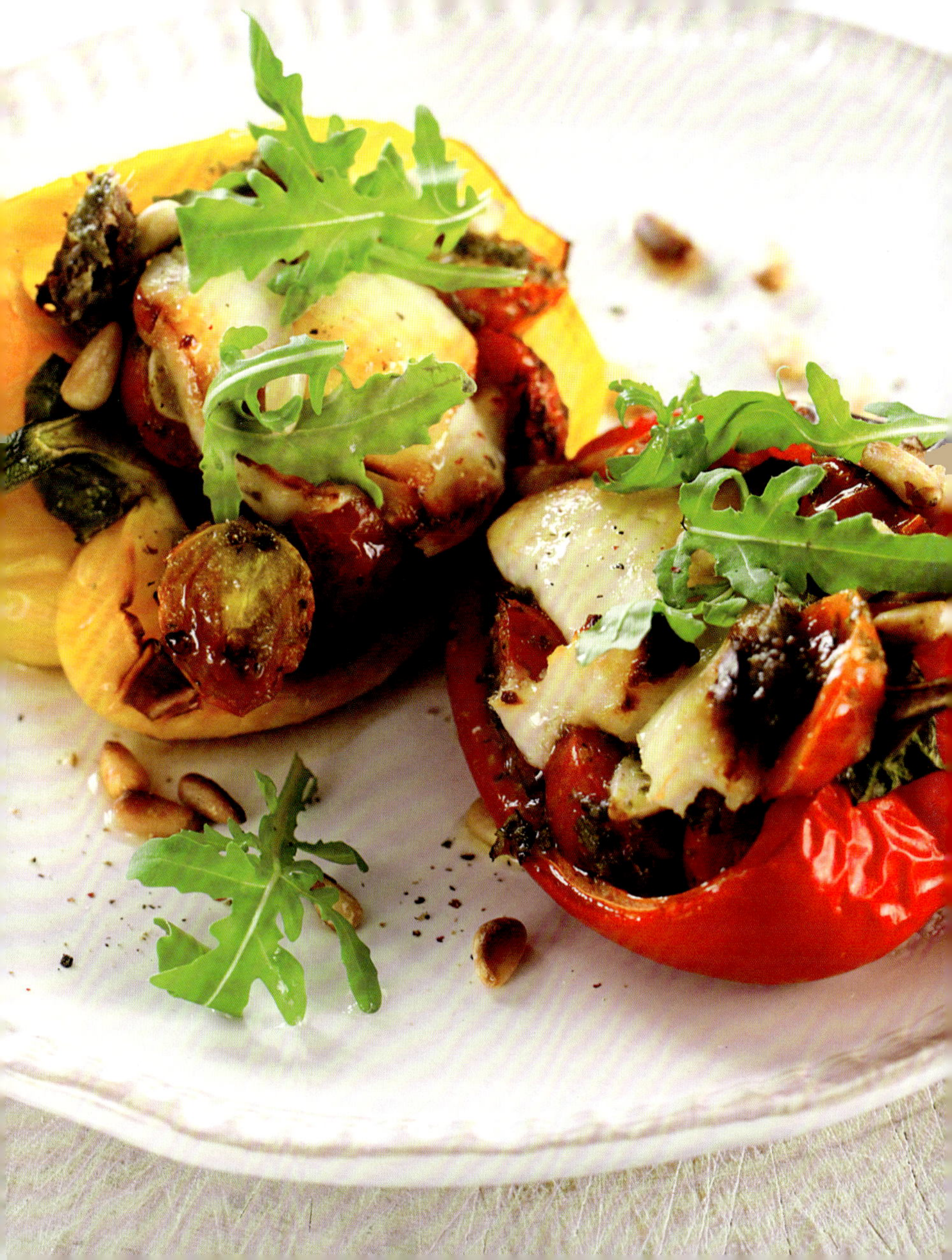

fritada de espinafre e feijão-manteiga

2 porções
Preparo: **10 minutos**
Cozimento: **10 minutos**

1 colher (chá) de **azeite**
1 **cebola** fatiada
250 g de **feijão-manteiga** cozido
200 g de folhas pequenas de **espinafre**
4 **ovos** batidos
50 g de **ricota**
sal (opcional) e **pimenta-do--reino** moída na hora

Refogue no azeite a cebola, por 3-4 minutos, até murchar. Adicione o feijão e o espinafre e aqueça em fogo brando por 2-3 minutos, até as folhas murcharem.

Despeje o ovo, cubra com a ricota e tempere com sal (se desejar) e pimenta-do-reino. Frite ligeiramente e coloque sob uma grelha ou um grill elétrico preaquecido por 1-2 minutos, até dourar e cozinhar completamente. Sirva com salada de tomate e cebola.

Variação: fritada de queijo e brócolis. Refogue 1 cebola fatiada em 1 colher (chá) de azeite, até murchar. Adicione 100 g de buquês de brócolis pequenos cozidos e refogue por mais 2 minutos. Despeje os ovos batidos e espalhe 75 g de roquefort ou gorgonzola amassado. Frite ligeiramente como indicado e leve ao forno ou grelha quente até dourar.

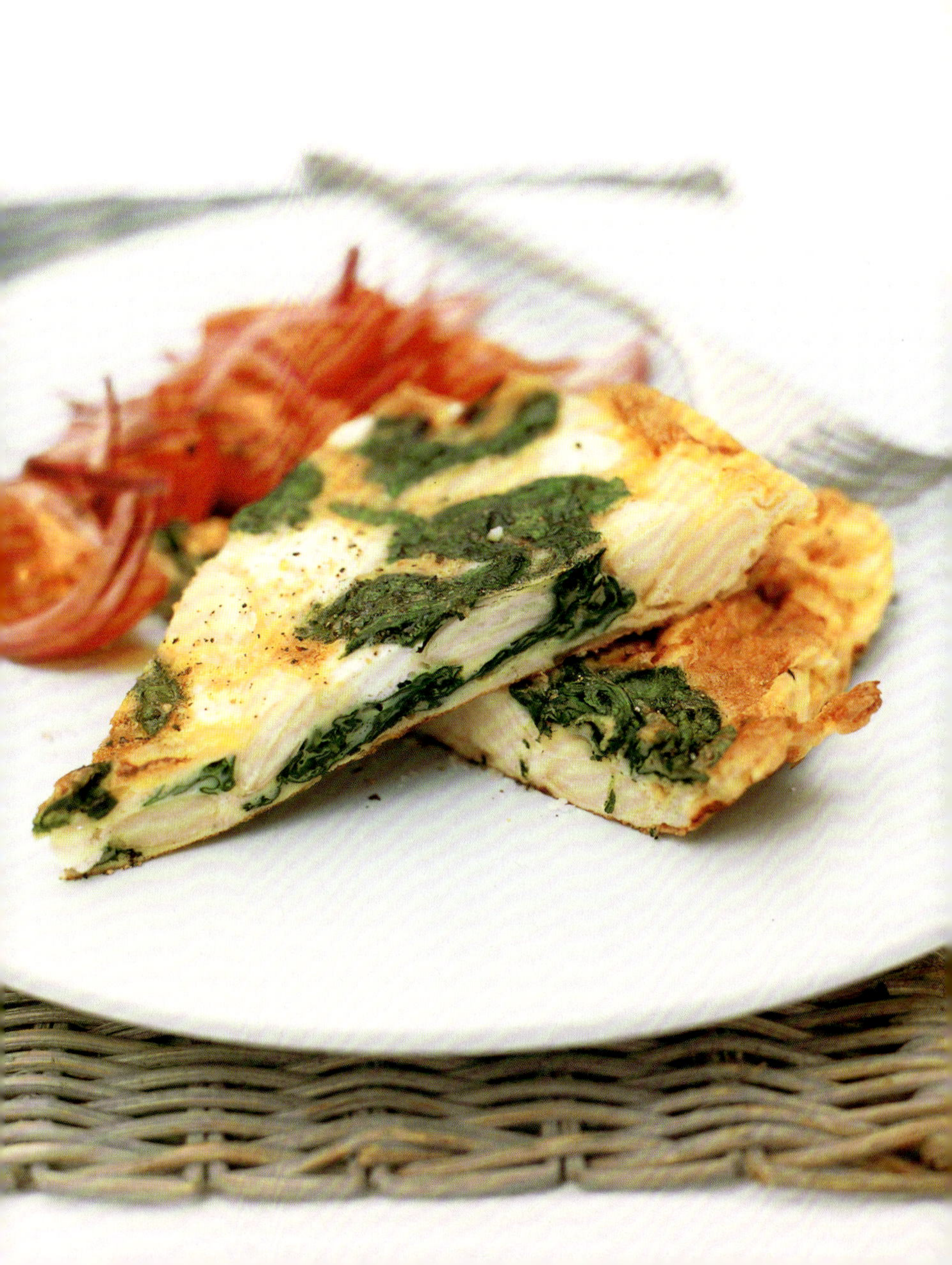

frango crocante com molho verde

2 porções
Preparo: **10 minutos**, mais o tempo para marinar
Cozimento: **10 minutos**

2 **peitos de frango** sem osso com a pele
1 colher (chá) de **azeite**
1 dente de **alho** amassado
1 colher (sopa) de **shoyu**

Para o molho verde
um punhado de **ervas frescas** (salsa, tomilho, manjericão)
1 dente de **alho** picado
2 **pepinos em conserva**
1 colher (sopa) de **alcaparra**
1 **aliche**
2 colheres (sopa) de **azeite**
1 colher (chá) de **vinagre de vinho branco**

Faça três cortes ao longo dos peitos de frango, do lado da pele.

Misture o azeite, o alho e o shoyu. Despeje sobre o frango e deixe marinar por 10 minutos.

Bata todos os ingredientes do molho em um liquidificador ou processador até formar uma pasta grossa. Reserve na geladeira até a hora de usar.

Aqueça uma frigideira e frite nela o frango, com o lado da pele para baixo, por 2-3 minutos. Vire e frite por mais 3-4 minutos, até cozinhar completamente.

Sirva o frango com uma porção de molho verde e algumas batatas.

Acompanhamento: salada grega. Misture 250 g de tomate-cereja cortado ao meio, ¼ de pepino picado, 1 cebola pequena cortada e 100 g de feta amassado. Cubra com 1 colher (sopa) de azeite e 1 colher (chá) de vinagre de vinho tinto e salpique 1 colher (sopa) de orégano fresco. Tempere com sal e pimenta-do-reino moída na hora.

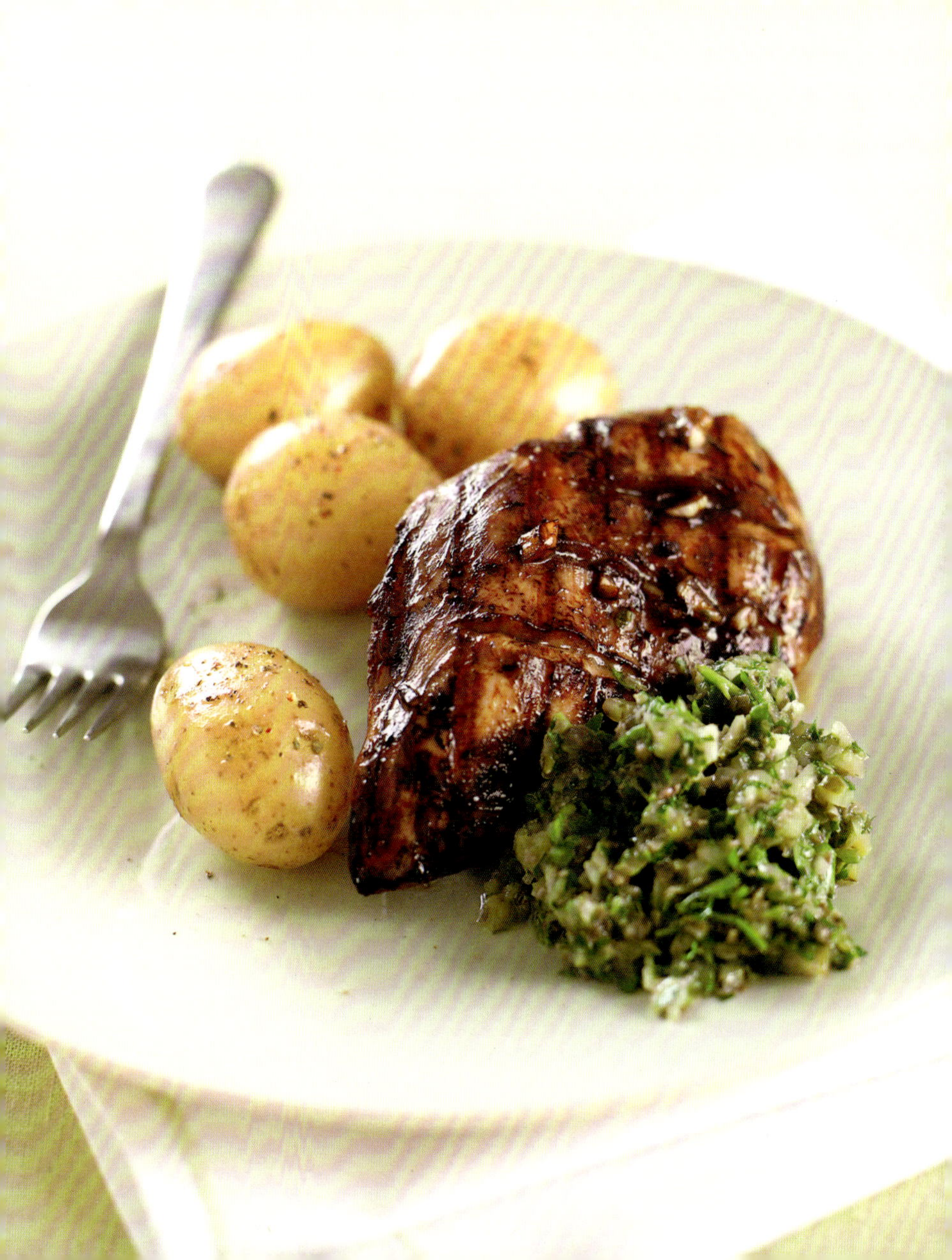

salada de alcachofra e feijão-branco

2 porções
Preparo: **10 minutos**

400 g de **coração de alcachofra** em conserva escorrido
1 **cebola** pequena cortada
100 g de **muçarela** em bola cortada em cubos
250 g de **feijão-branco** cozido
75 g de **rúcula**

Para o molho
1 **pimenta-malagueta** picada finamente
1 colher (chá) de **vinagre de maçã**
1 colher (chá) de **mostarda de Dijon**
1 colher (chá) de **açúcar**
1 colher (sopa) de **azeite**
1 colher (sopa) de **ervas** frescas (salsa, coentro, manjericão)

Prepare o molho. Bata a pimenta, o vinagre, a mostarda, o açúcar, o azeite e as ervas. Reserve.

Misture a alcachofra, a cebola, a muçarela e o feijão--branco. Acrescente a rúcula.

Regue a salada com o molho e sirva.

Variação: salada de feijão e feta. Corte em cubos 2 fatias grossas de pão italiano ou de fôrma. Pincele com 1 colher (sopa) de azeite, transfira para uma assadeira e asse em forno preaquecido a 200°C por 10-15 minutos, até dourar. Misture 200 g de feijão cozido e escorrido com 50 g de feta picado. Tempere a gosto. Sirva com alface-romana picada e os cubos de pão torrado.

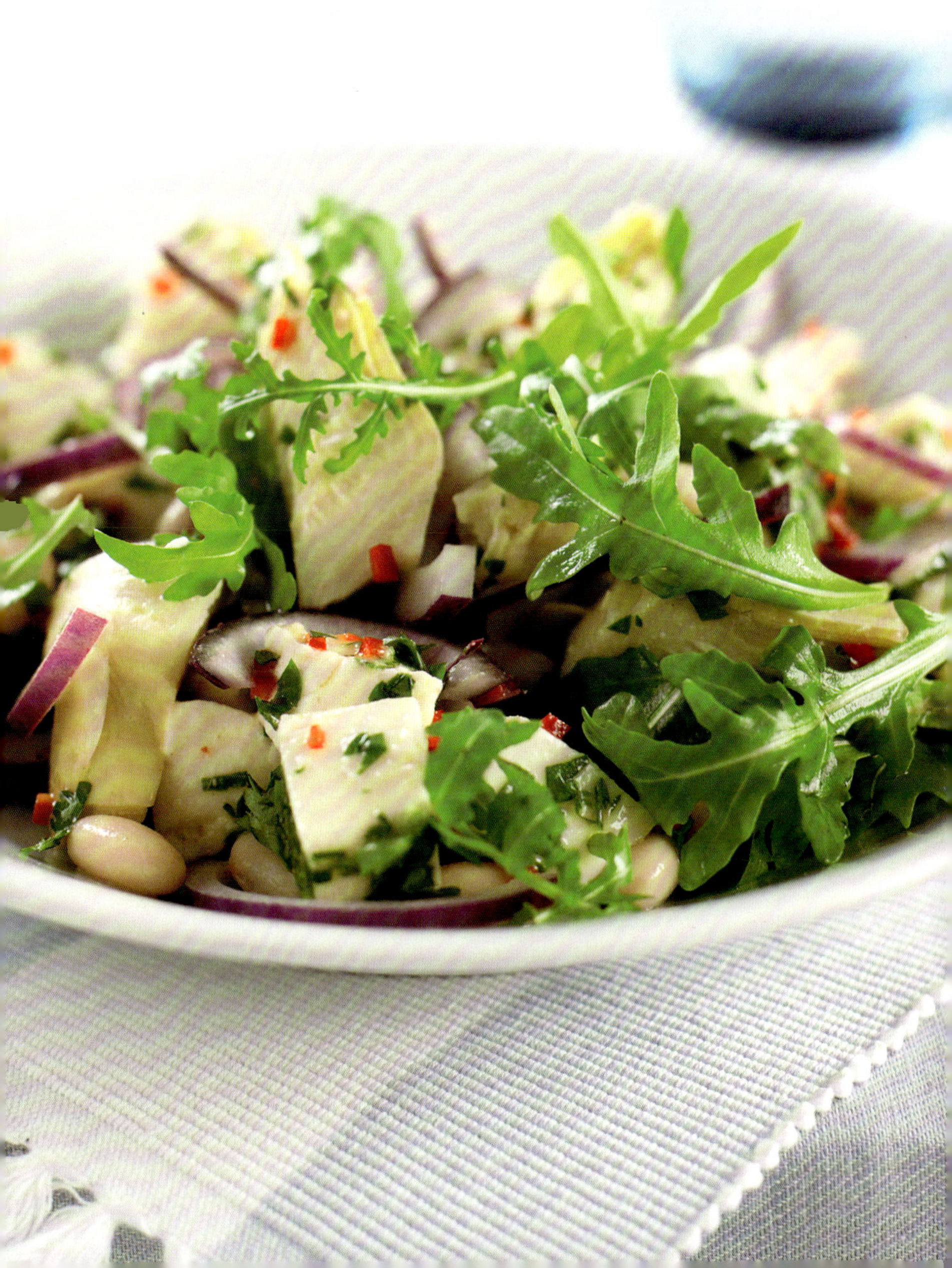

salada de endívia, cavalinha e laranja

2 porções
Preparo: **10 minutos**

2 pés de **endívia**
2 filés de **cavalinha** desfiados
2 **laranjas** cortadas em gomos
um punhado de **agrião**

Para o molho
suco de 1 **laranja**
1 colher (sopa) de **azeite**
1 colher (chá) de **mostarda extraforte**
1 colher (chá) de **mel**

Separe as endívias em folhas individuais e misture com a cavalinha, a laranja e o agrião. Reserve.

Misture o suco de laranja, o azeite, a mostarda e o mel.

Distribua o molho sobre a salada e sirva com pão crocante.

Variação: salada de sementes e gruyère. Misture as folhas de 2 pés de endívia com 75 g de gruyère picado e 25 g de mix de sementes torradas, além da laranja e do agrião, como indicado acima. Cubra com o molho e sirva.

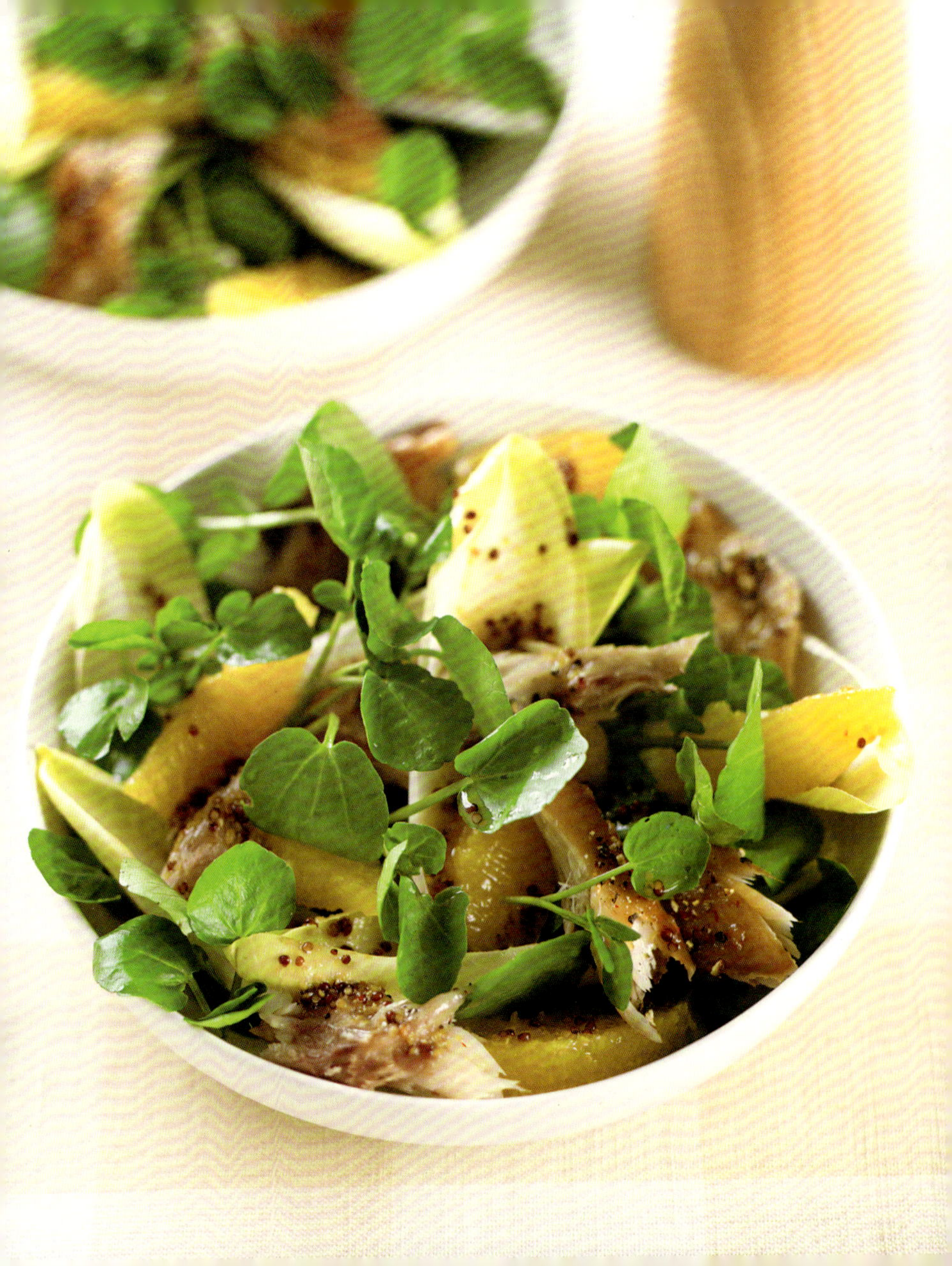

panini de queijo de cabra e aspargo

2 unidades
Preparo: **5 minutos**
Cozimento: **18-20 minutos**

150 g de **aspargo** cortado
2 colheres (sopa) de **azeite**
125 g de **queijo de cabra cremoso**
4 fatias de **pão de fôrma** ou **pita**
75 g de **queijo de cabra firme** com casca, fatiado
1 colher (chá) de **tomilho** picado
sal e **pimenta-do-reino** moída na hora

Para servir
um punhado grande de folhas de **rúcula**
2 colheres (chá) de **azeite trufado**

Misture o aspargo e o azeite. Disponha em uma assadeira e leve ao forno preaquecido a 180°C por cerca de 15 minutos, ou até dourar.

Espalhe o queijo de cabra cremoso sobre duas fatias de pão. Cubra com o aspargo assado e o queijo de cabra firme.

Salpique o tomilho, cubra com as fatias de pão restantes e torre em uma sanduicheira por 3-4 minutos, até o pão dourar e o queijo derreter. Sirva com um fio de azeite trufado.

Variação: panini de queijo, bacon e maple syrup.
Espalhe 50 g de cream cheese sobre 2 fatias de pão. Cubra cada uma delas com 2 fatias de bacon grelhado e 1 colher (chá) de maple syrup. Cubra com as demais fatias de pão e toste em uma sanduicheira, como indicado.

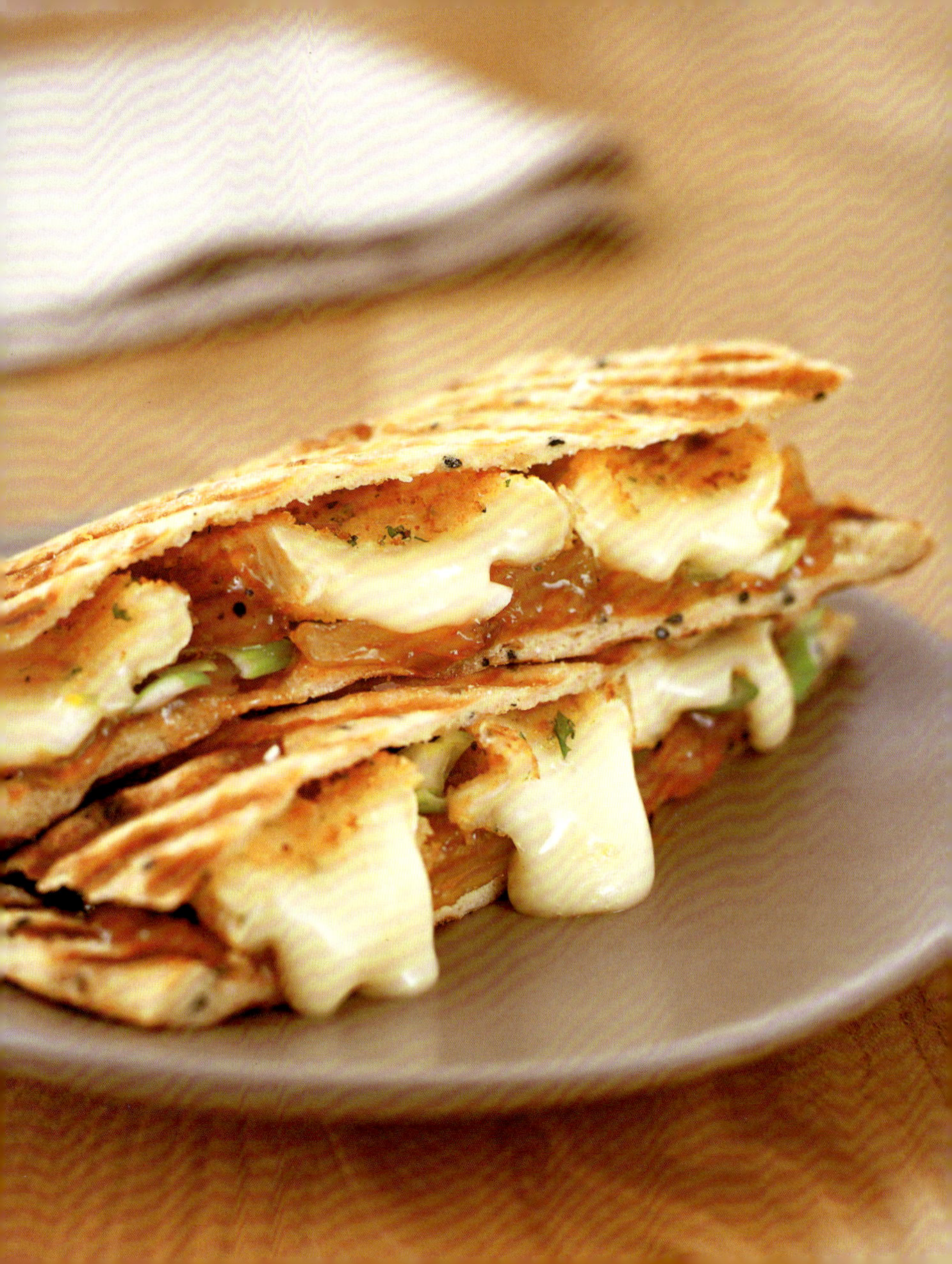

pizza de gorgonzola e pera

2 unidades
Preparo: **10 minutos**
Cozimento: **20 minutos**

1 sachê de **fermento biológico** seco
1 colher (sopa) de **leite em pó desnatado**
½ colher (chá) de **sal**
325 g de **farinha de trigo**
1 colher (chá) de **açúcar**
1 colher (sopa) de **azeite**
200 ml de **água** morna

Para a cobertura
1 colher (chá) de **azeite**
175 g de **peras** cortadas em fatias
100 g de **gorgonzola** amassado
um punhado de **rúcula**, para decorar

Misture o fermento, o leite em pó, o sal, a farinha e o açúcar. Coloque o azeite na água e despeje na mistura de farinha. Misture até formar uma massa macia. Adicione um pouco mais de água ou farinha se necessário.

Sove sobre uma superfície ligeiramente enfarinhada por 5 minutos. Transfira para uma tigela levemente untada com azeite, cubra com um pano úmido e deixe em um lugar quente até a massa dobrar de volume.

Divida a massa em duas porções e sove mais um pouco cada uma. Abra um círculo de cerca de 20 cm de diâmetro e disponha em uma assadeira. Pincele com 1 colher (chá) de azeite, acrescente camadas de fatias de pera e espalhe o gorgonzola.

Asse em forno preaquecido a 220°C por 15-20 minutos, até a massa dourar e a cobertura borbulhar. Sirva imediatamente com salada de rúcula.

Variação: pizza de gorgonzola, presunto e rúcula.
Prepare a massa de pizza como descrito acima. Refogue 1 cebola fatiada em 1 colher (sopa) de azeite até murchar. Espalhe o gorgonzola sobre as massas e asse como indicado. Distribua 6 fatias de presunto cru picado sobre as pizzas, cubra com um punhado de rúcula, regue com um fio de azeite e sirva.

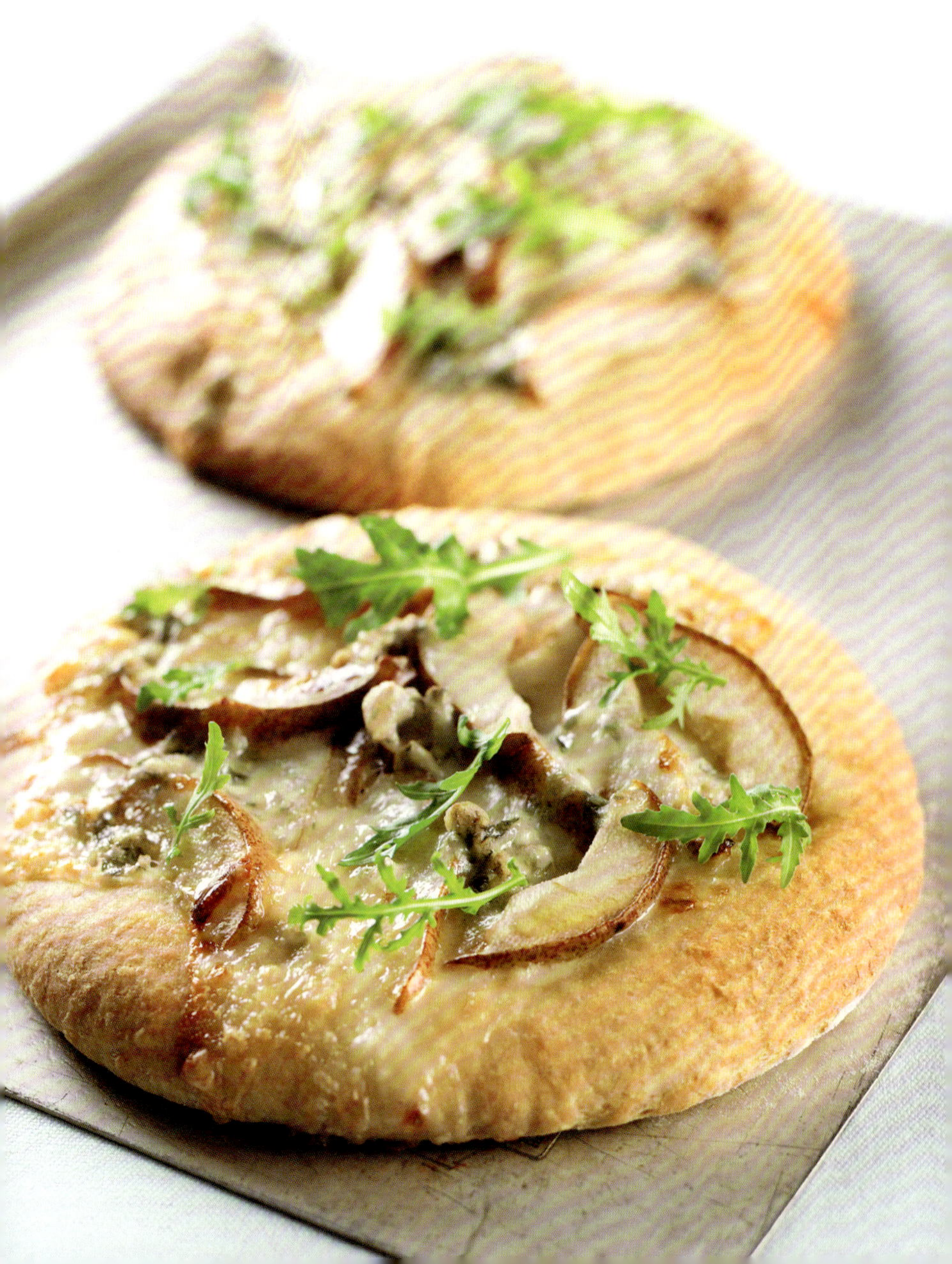

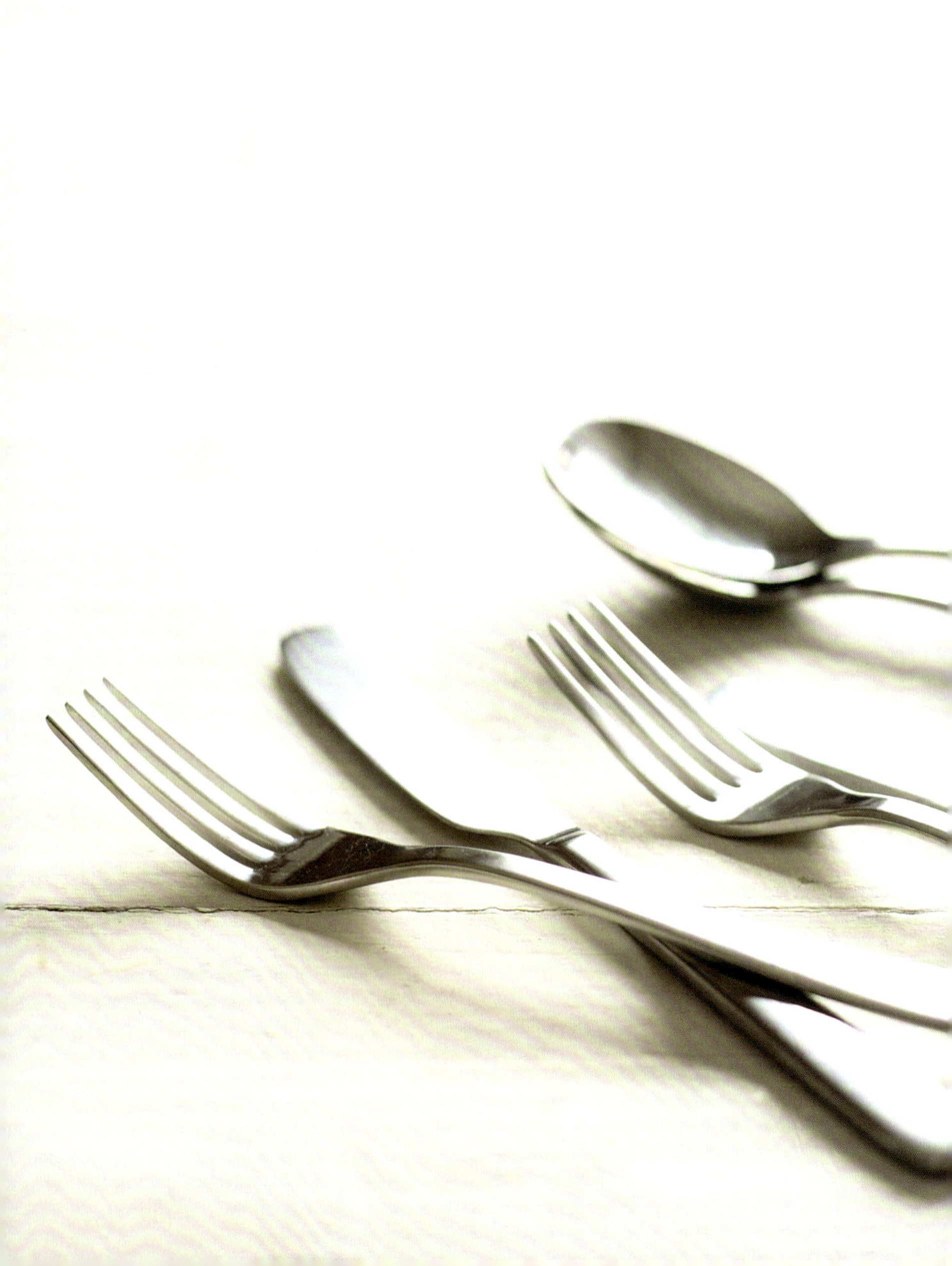

pratos rápidos

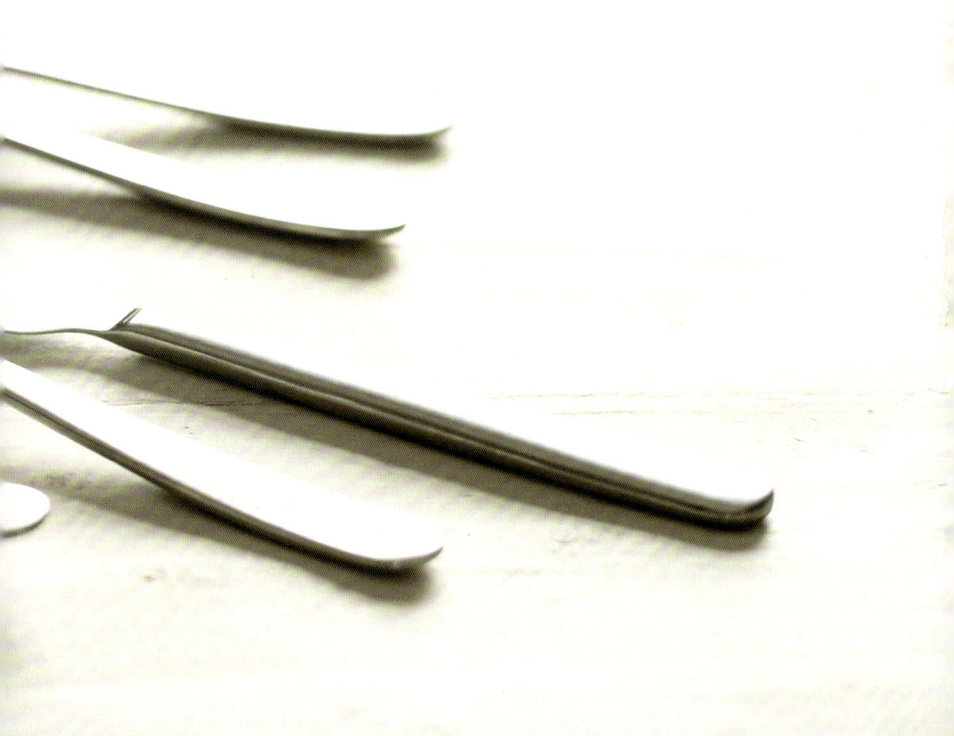

tortinha de feta, tomate e azeitona

2 unidades
Preparo: **10 minutos**
Cozimento: **15 minutos**

175 g de **massa folhada** descongelada
125 g de **tomate-cereja** cortado ao meio
12 **azeitonas** sem caroço cortadas ao meio
75 g de **feta** amassado
2 colheres (chá) de **azeite**

Para o pesto
um punhado de folhas de **manjericão**
1 colher (sopa) de **pinhole** tostado
1 colher (sopa) de **parmesão** ralado na hora
1 dente de **alho** pequeno, picado
2 colheres (sopa) de **azeite**
sal e **pimenta-do-reino** moída na hora

Divida a massa em duas porções e abra dois quadrados com cerca de 15 x 15 cm. Com uma faca, marque levemente uma borda de 1 cm em cada pedaço de massa e transfira para uma assadeira.

Prepare o pesto. Bata no processador ou liquidificador o manjericão, o pinhole, o parmesão, o alho e o azeite. Tempere com sal e pimenta-do-reino e bata até misturar, mas conservando alguma textura (o pesto conserva-se na geladeira por 2 dias).

Misture o tomate-cereja, a azeitona, o feta e o azeite, tempere e espalhe sobre os quadrados de massa, dentro do limite da borda.

Distribua 2 colheres (chá) de pesto sobre o recheio e asse em forno preaquecido a 220°C, por cerca de 15 minutos, até dourar e crescer. Se desejar, sirva com uma salada de folhas.

Variação: tortinha de pimentão e brie. Prepare os quadrados de massa como descrito acima. Distribua 1 colher (chá) de pesto sobre cada um, disponha 1 pimentão vermelho assado e fatiado dentro do limite das bordas e cubra com 2 fatias de brie. Salpique orégano fresco picado, regue com azeite e asse como indicado.

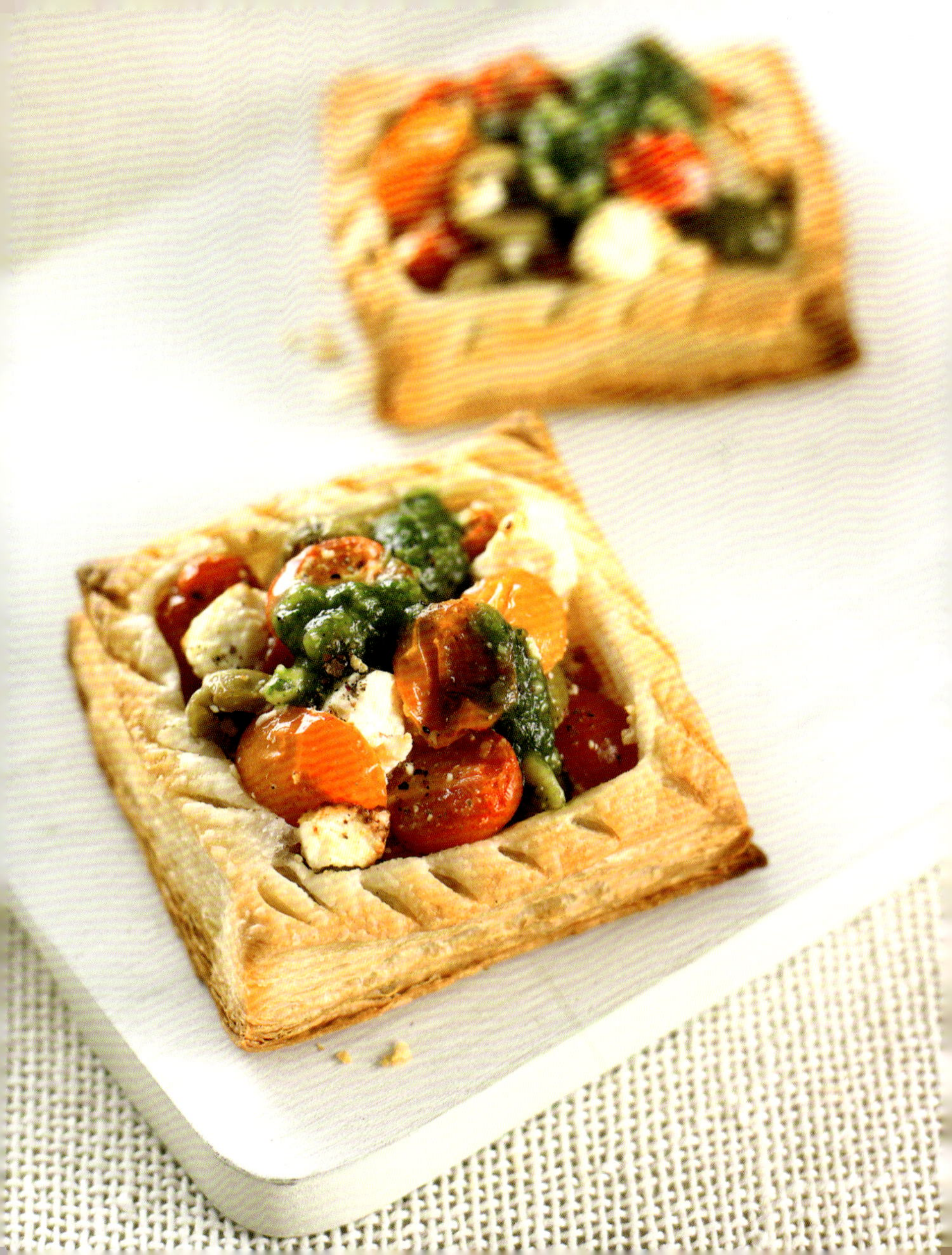

penne com presunto e ricota

2 porções
Preparo: **10 minutos**
Cozimento: **15 minutos**

175 g de **penne**
1 colher (sopa) de **azeite**
1 **cebola** pequena picada finamente
1 dente de **alho** amassado
75 g de **presunto cru** cortado em pedaços pequenos
125 g de **ricota**
75 g de **rúcula**
2 colheres (sopa) de **parmesão** ralado na hora
2 colheres (sopa) de **vinho branco**
sal e **pimenta-do-reino** moída na hora

Cozinhe o penne em água fervente, segundo as instruções da embalagem. Escorra e reserve.

Refogue no azeite a cebola e o alho, por 3 minutos, até murchar. Adicione o presunto e refogue por mais 1 minuto.

Acrescente a ricota, a rúcula, o parmesão e o vinho e aqueça por 1 minuto. Misture o molho com o macarrão cozido, tempere a gosto com sal e pimenta-do-reino e sirva quente.

Variação: massa ao forno sofisticada. Cozinhe 175 g de massa à sua escolha. Refogue a cebola e o alho no azeite. Adicione 125 g de ricota, 125 g de coração de alcachofra escorrido, 75 g de presunto cru e 2 colheres (sopa) de parmesão ralado. Acrescente à massa 4 colheres (sopa) de creme de leite fresco, misture com o conteúdo da frigideira e coloque em uma fôrma refratária. Cubra com 125 g de muçarela picada e 50 g de ciabatta esfarelada. Asse em forno preaquecido a 180°C, por 10-15 minutos, até dourar e borbulhar.

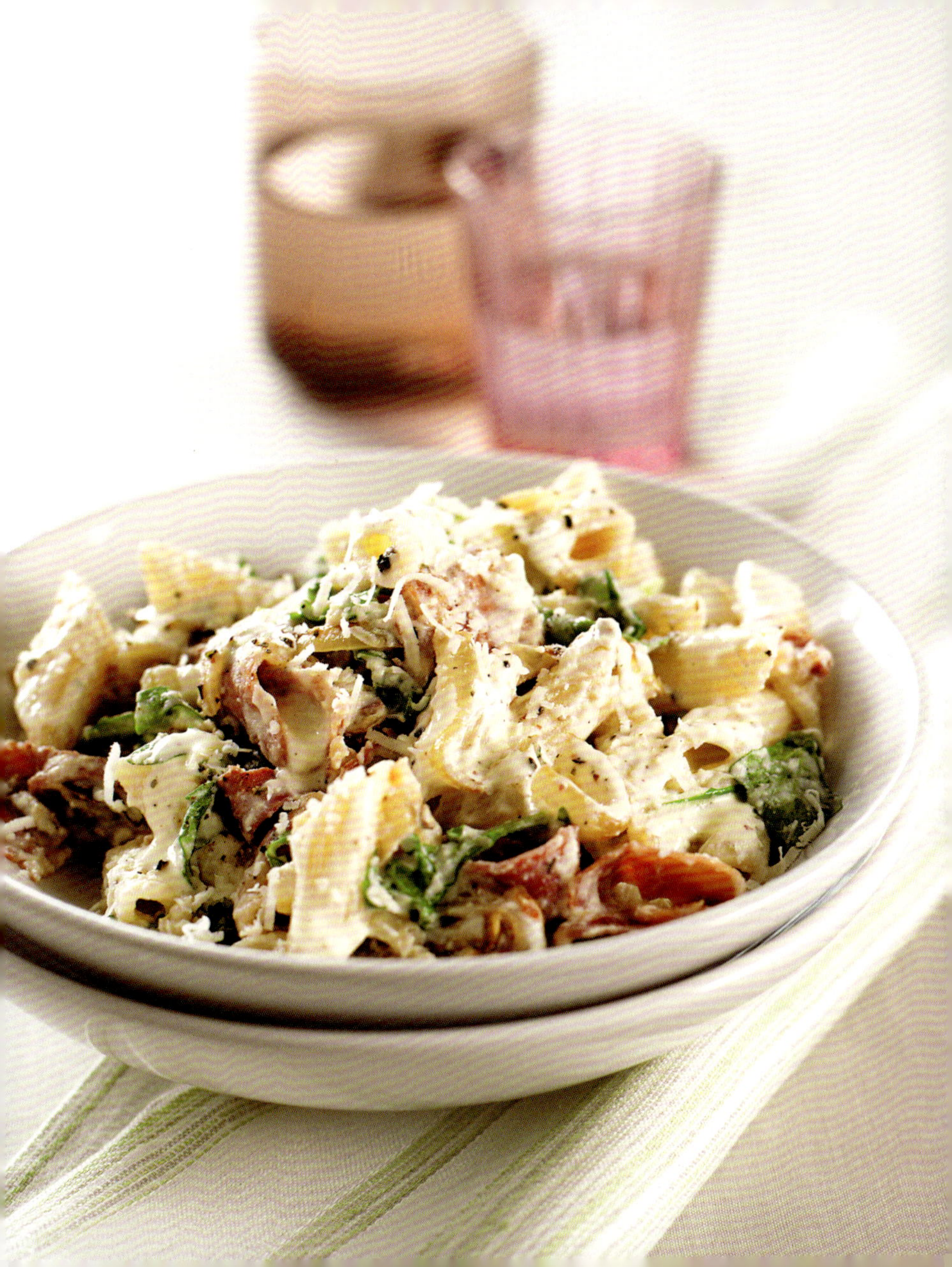

salteado de legumes

2 porções
Preparo: **10 minutos**
Cozimento: **20 minutos**

½ **cebola** em cubos
1 colher (sopa) de **azeite**
½ **pimentão vermelho** sem sementes em cubos
1 talo de **aipo** fatiado
1 colher (sopa) de **molho de soja light**
1 colher (sopa) de **ketchup**
uma pitada de **pimenta vermelha em pó**
50 g de **cogumelo** aparado e fatiado
5 **tomates-cereja** cortados ao meio
50 g de **ervilha-torta** ou **vagem**
50 g de **broto de feijão**
1 **cenoura** grande cortada em tiras
cebolinha, para decorar (opcional)

Refogue a cebola no azeite por 2 minutos.

Acrescente o pimentão vermelho e o aipo e mantenha por mais alguns minutos. Adicione o molho de soja, o ketchup e a pimenta vermelha em pó.

Misture o restante dos legumes e frite em fogo médio, por 10-15 minutos, até murchar. Se necessário, acrescente um pouco de água.

Decore com fatias de cebolinha (se desejar) e sirva com pão pita integral.

Variação: salteado de macarrão oriental e frango.
Corte em fatias finas 2 peitos de frango pequenos, desossados e sem pele, e refogue com 1 cebola grande em cubos. Siga a receita como indicado e, quando os legumes estiverem quase macios, adicione 100 g de macarrão oriental cozido. Acrescente 2 colheres (sopa) de amendoim picado e sirva.

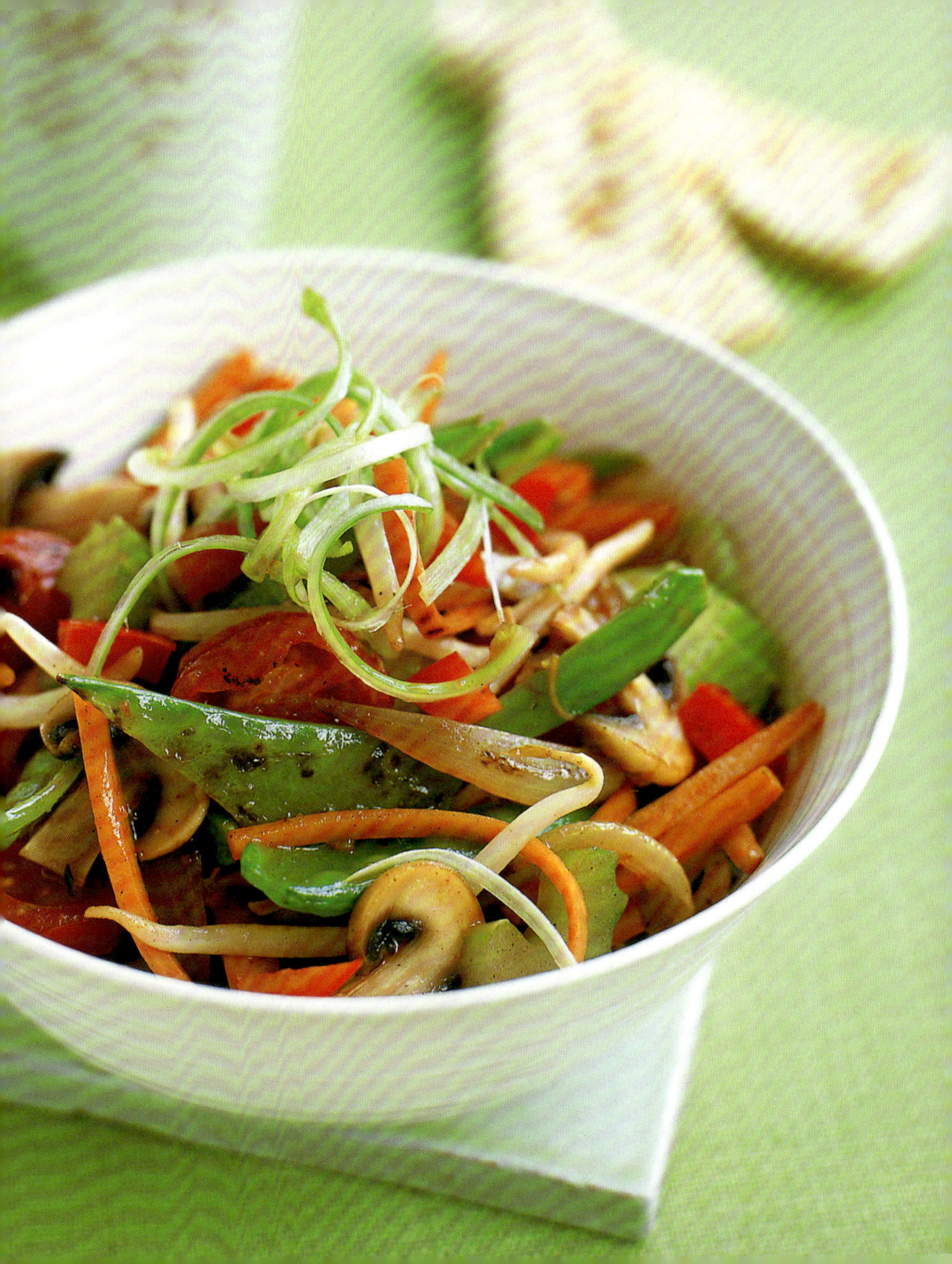

fritada de feta, rúcula e ervas

2 porções
Preparo: **5 minutos**
Cozimento: **10 minutos**

4 **ovos** batidos
2 colheres (sopa) de **ervas** picadas (como cebolinha, cerefólio, salsinha)
1 colher (sopa) de **creme de leite fresco**
1 colher (sopa) de **azeite**
1 **cebola roxa** pequena fatiada finamente
½ **pimentão vermelho** sem sementes fatiado finamente
100 g de **feta**
um punhado de folhas de **rúcula**
sal e **pimenta-do-reino** moída na hora

Bata os ovos com as ervas e o creme de leite.

Aqueça o azeite em uma frigideira antiaderente refratária. Adicione a cebola e o pimentão e refogue por 3-4 minutos, até murchar. Despeje a mistura de ovos e frite por cerca de 3 minutos, até ficar quase firme.

Espalhe o queijo por cima e leve ao forno preaquecido até dourar. Cubra com as folhas de rúcula e sirva.

Variação: fritada de queijo de cabra e batata.
Bata os ovos com as ervas e o creme de leite, como descrito acima. Adicione 150 g de batata cozida e cortada em fatias à mistura de ovos e frite como indicado. Disponha 4 fatias de queijo de cabra firme sobre a fritada e asse em forno preaquecido. Sirva com folhas de rúcula.

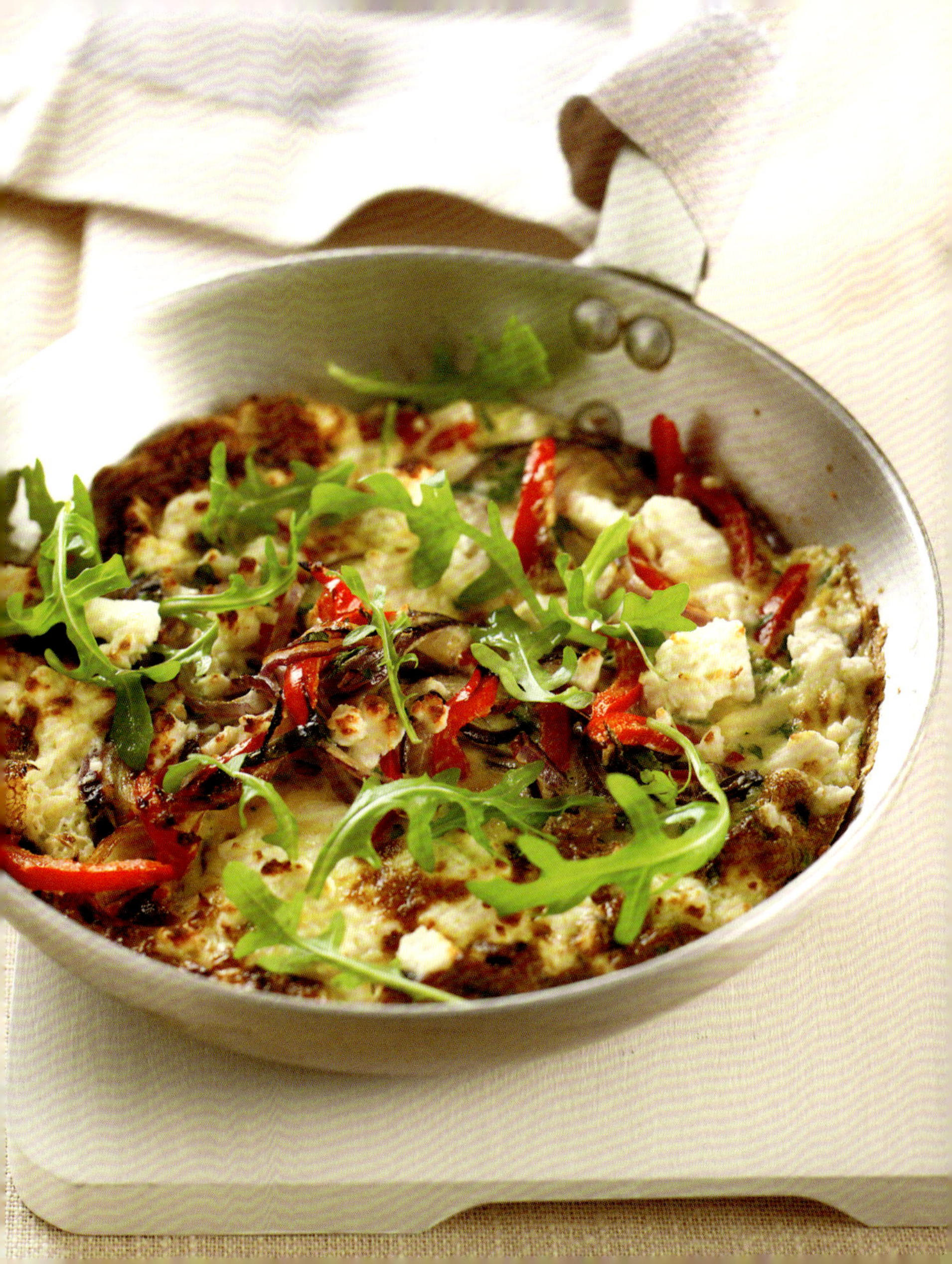

fusilli com aliche e repolho

2 porções
Preparo: **5 minutos**
Cozimento: **15 minutos**

175 g de **fusilli**
1 colher (sopa) de **azeite**
1/4 de **repolho** fatiado finamente
1 dente de **alho** fatiado finamente
4 filés de **aliche** picados
2 colheres (sopa) de **pinhole**
2 colheres (sopa) de **parmesao** ralado na hora

Cozinhe o macarrão em água fervente de acordo com as instruções da embalagem. Escorra e mantenha aquecido.

Refogue no azeite o repolho e o alho por 5-6 minutos, até murchar. Acrescente o aliche, o pinhole e o parmesão.

Misture o repolho refogado com o macarrão e sirva imediatamente.

Variação: massa com molho cremoso de espinafre.
Cozinhe 175 g de massa à sua escolha, como descrito acima. Aqueça 1 colher (sopa) de azeite e refogue 175 g de folhas pequenas de espinafre, por 5-6 minutos. Não use o aliche e acrescente 2 colheres (sopa) de mascarpone e 1 colher (sopa) de parmesão ralado. Junte a mistura de espinafre à massa e sirva.

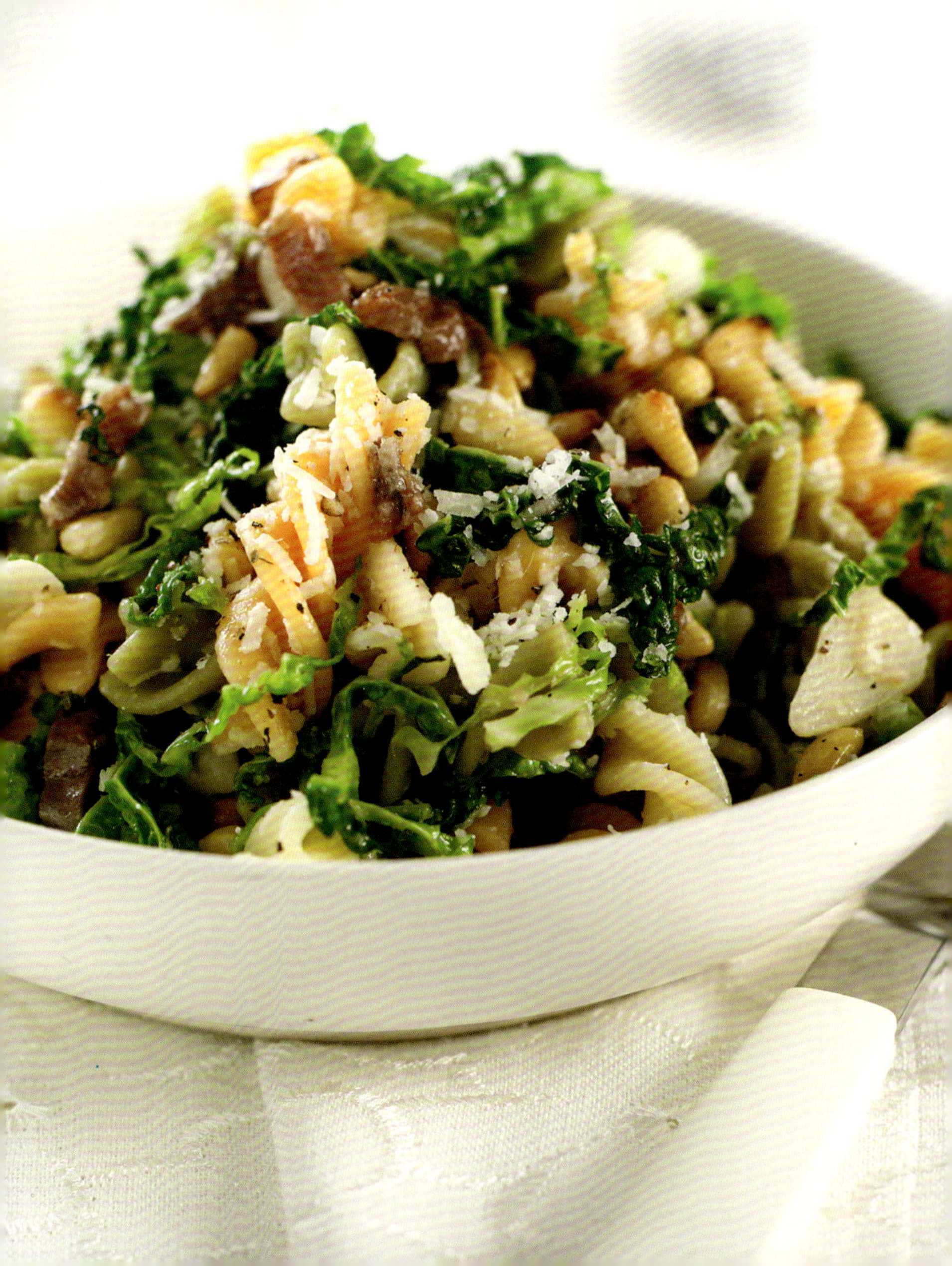

frango com batata e vagem

2 porções
Preparo: **10 minutos**, mais o tempo para marinar
Cozimento: **15 minutos**

2 **peitos de frango** desossados e sem pele
1 colher (sopa) de **pesto** (pp. 12-3)
2 colheres (sopa) de **mascarpone**

Para a batata
250 g de **batatinha** descascada
2 colheres (sopa) de **creme de leite fresco**
1 colher (sopa) de **mostarda extraforte**
4 **cebolinhas** picadas

Para a vagem
150 g de **vagem**
1 dente de **alho** amassado
1 colher (chá) de **azeite**
15 g de **manteiga**

Faça três cortes profundos em cada peito de frango e coloque-os em uma vasilha não metálica. Misture o pesto com o mascarpone, despeje sobre o frango e deixe marinar por 10 minutos.

Grelhe o peito de frango em uma frigideira canelada por 3-4 minutos de cada lado. Despeje o restante da marinada e mantenha por 1 minuto.

Cozinhe a batatinha em água fervente com sal. Escorra e misture com o creme de leite fresco, a mostarda e a cebolinha. Amasse delicadamente com um garfo.

Cozinhe a vagem em água fervente por 2 minutos e escorra. Refogue o alho no azeite e na manteiga por 1 minuto. Acrescente a vagem e mantenha por 1 minuto. Sirva o frango com batatinhas e vagem.

Variação: tortilha de frango ao pesto. Prepare uma marinada com 1 colher (sopa) de pesto e 2 colheres (sopa) de mascarpone. Deixe o frango na mistura por pelo menos 10 minutos e prepare como descrito acima. Espere esfriar um pouco e corte em fatias de 1 cm. Enrole as fatias de frango em tortilhas quentes, regue com o restante da marinada e sirva com uma salada de folhas.

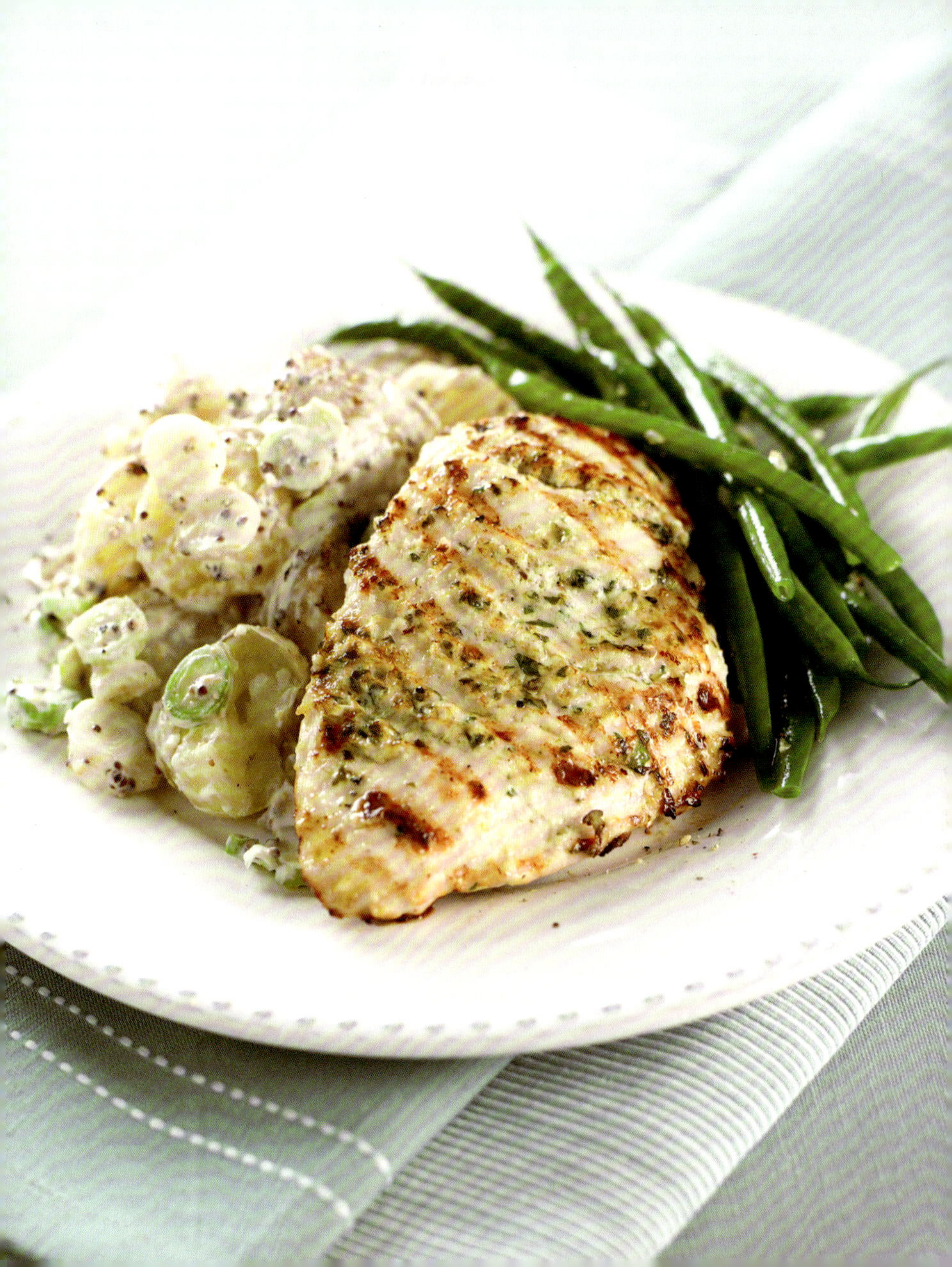

ravióli aberto de frango e espinafre

2 porções
Preparo: **5 minutos**
Cozimento: **10 minutos**

1 **peito de frango** grande cortado em fatias finas
1 colher (sopa) de **azeite**
1 dente de **alho** amassado
200 g de folhas pequenas de **espinafre**
150 g de **ricota**
uma pitada de **noz-moscada** ralada
1 colher (sopa) de **parmesão** ralado na hora, mais um pouco para servir
3 lâminas de massa fresca para **ravióli** (ou lasanha) cortadas ao meio
sal e **pimenta-do-reino** moída na hora

Frite o frango em metade do azeite por 2-3 minutos. Adicione o alho e o espinafre e cozinhe até que as folhas murchem e todo o líquido evapore.

Acrescente a ricota, a noz-moscada e o parmesão. Tire do fogo. Tempere com sal e pimenta-do-reino.

Cozinhe a massa em água fervente por cerca de 5 minutos. Escorra. Disponha em cada prato três camadas de massa intercaladas com a mistura de frango. Finalize com uma lâmina de massa. Salpique o parmesão, regue o restante do azeite e sirva.

Variação: ravióli aberto vegetariano. Distribua legumes variados fatiados (pimentão sem sementes, abobrinha, cogumelos, berinjela, cebola picada) em uma assadeira. Regue com azeite e salpique um punhado de ervas frescas. Asse em forno preaquecido a 180°C por 15-20 minutos. Acomode os legumes sobre as lâminas de ravióli (ou lasanha) cozidas, com 75 g de muçarela fatiada. Cubra com lâminas de massa, como descrito acima, e salpique parmesão ralado na hora para servir.

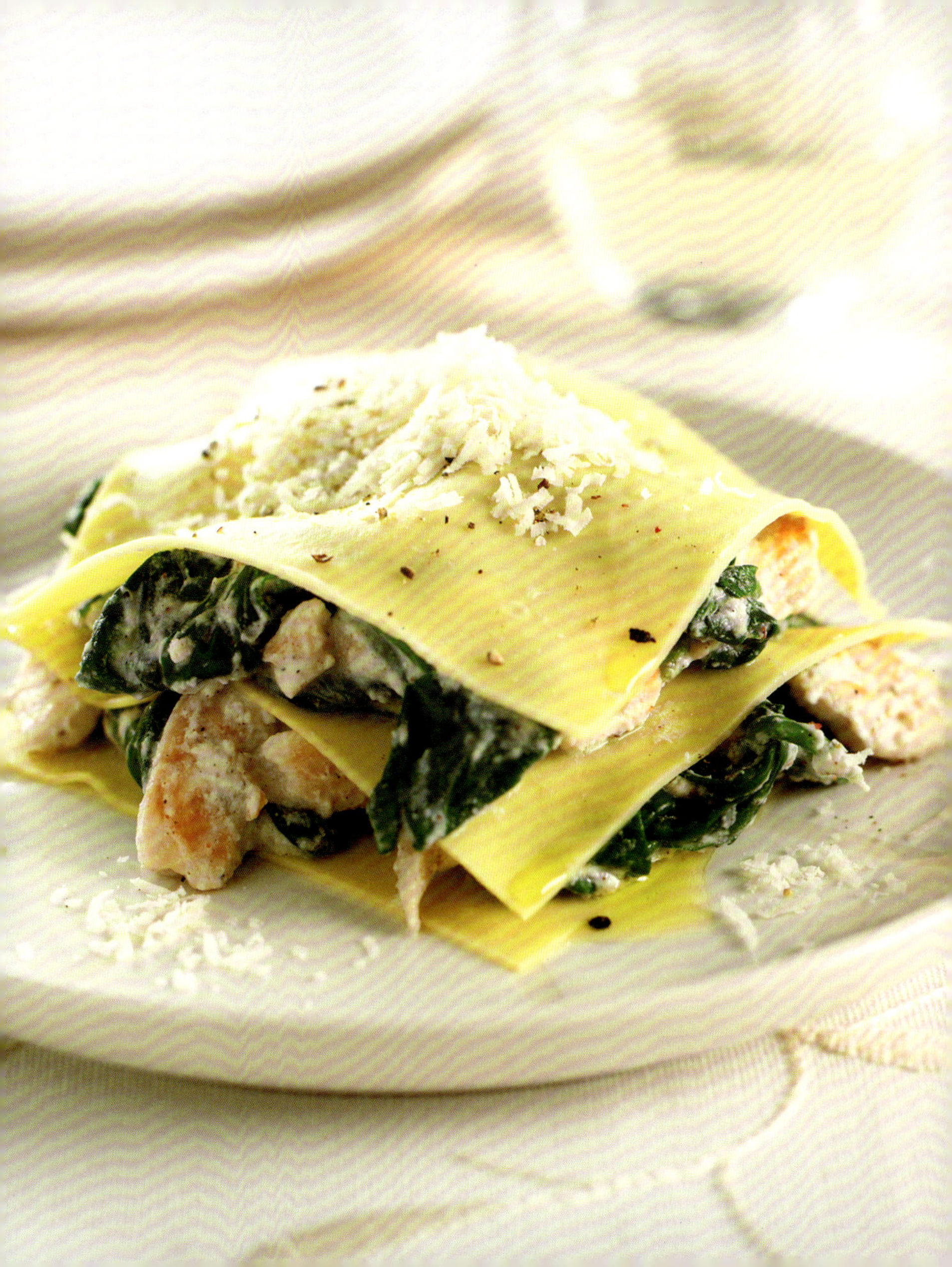

frango cítrico com salada de arroz

2 porções
Preparo: **10 minutos**, mais o tempo para marinar
Cozimento: **15 minutos**

2 colheres (sopa) de **leitelho** (p. 50)
raspas e suco de ½ **limão-taiti**
uma pitada de **coentro moído**
1 dente de **alho** amassado
2 **peitos de frango** desossados, sem pele, e cortados em tiras
1 colher (sopa) de **coentro fresco** picado, para decorar

Para a salada de arroz
100 g de **arroz basmati** e **arroz selvagem** misturados
1 colher (sopa) de **azeite**
4 **cebolinhas** fatiadas
25 g de **castanha de caju** picada grosseiramente
um punhado de folhas pequenas de **espinafre**
raspas e suco de 1 **laranja**
1 colher (sopa) de **shoyu**

Misture o leitelho, as raspas e o suco de limão, o coentro moído e o alho. Despeje sobre o frango, vire para cobrir uniformemente e deixe descansar por pelo menos 10 minutos, em uma tigela não metálica (ou coloque o frango na marinada pela manhã e deixe na geladeira durante o dia).

Prepare a salada de arroz. Cozinhe o arroz de acordo com as instruções da embalagem. Escorra.

Refogue a cebolinha no azeite por 1 minuto. Misture ao arroz e adicione a castanha, o espinafre, as raspas e o suco de laranja e o shoyu. Reserve.

Distribua os pedaços de frango em quatro espetos e asse em grill elétrico preaquecido, por 4-5 minutos, virando de vez em quando. Sirva com a salada de arroz, decorado com o coentro fresco.

Variação: espetinho de badejo e camarão. Não use o frango. Prepare uma marinada com 2 colheres (sopa) de iogurte, raspas e suco de ½ limão-taiti, 1 dente de alho amassado e 1 pitada de coentro. Coloque para marinar 200 g de badejo, cortado em cubos, e 12 camarões médios (rosa ou tigre) crus, por 20 minutos pelo menos. Prepare a salada de arroz como indicado, antes de arrumar o peixe e os camarões em quatro espetos de bambu molhados. Asse em uma grelha ou grill elétrico preaquecido, virando de vez em quando.

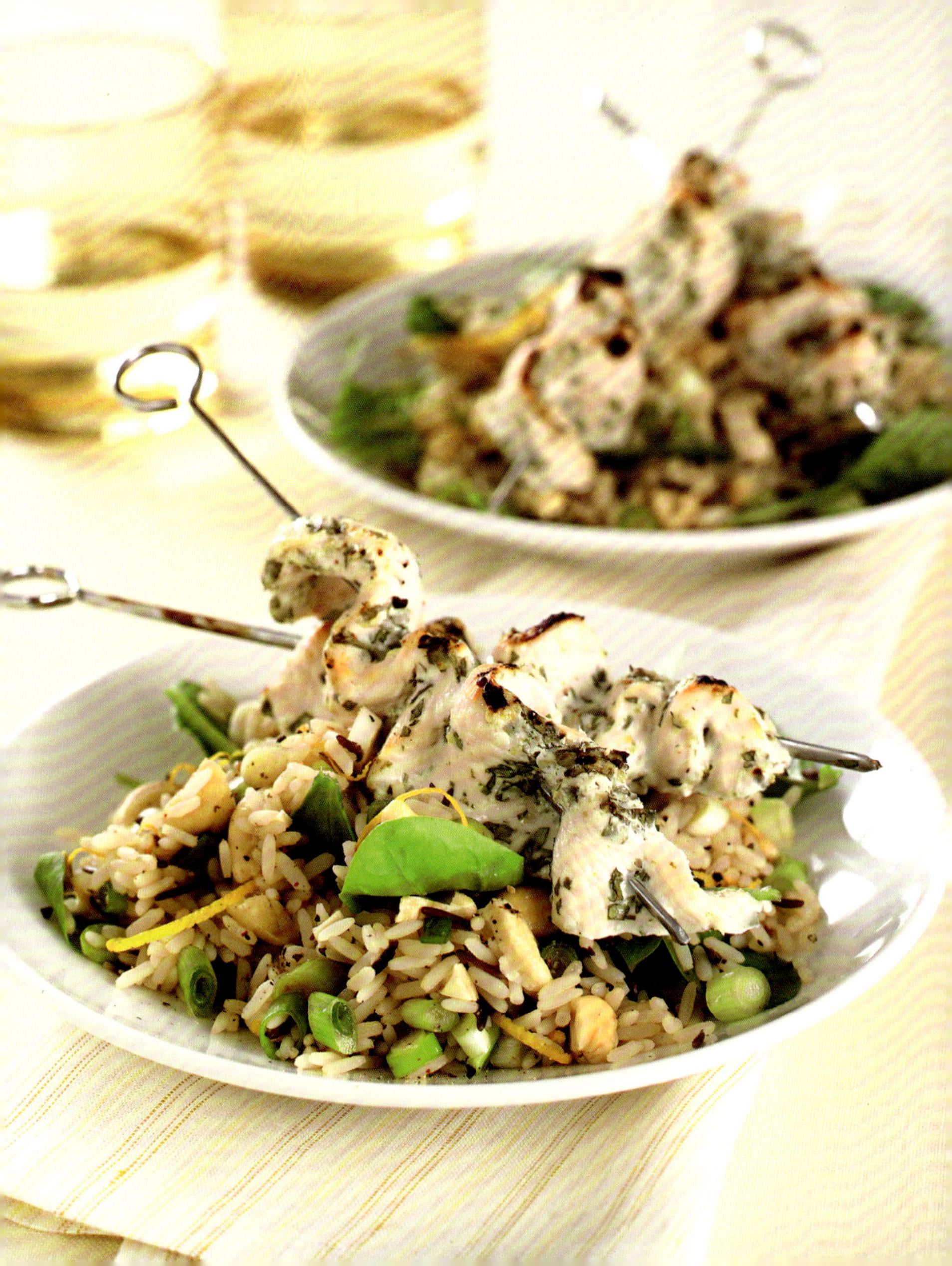

ratatouille de frango

2 porções
Preparo: **20 minutos**
Cozimento: **20-25 minutos**

300 g de **peito de frango**
   desossado e sem pele
   cortado em pedaços
   de 3 cm
2 colheres (sopa) de **azeite**
60 g de **abobrinha** fatiada
   finamente
75 g de **berinjela** em cubos
150 g de **cebola** fatiada
   finamente
50 g de **pimentão verde** sem
   sementes e fatiado
75 g de **cogumelo** fatiado
400 g de **tomate pelado**
   em lata cortado
2 dentes de **alho** bem picados
1 colher (chá) de **caldo**
   de legumes em pó
1 colher (chá) de **manjericão**
   seco triturado
1 colher (chá) de **salsinha**
   desidratada
½ colher (chá) de **pimenta-**
   -do-reino moída na hora
folhas frescas de **manjericão**,
   para decorar

Refogue o frango no azeite por cerca de 2 minutos. Acrescente a abobrinha, a berinjela, a cebola, o pimentão e o cogumelo. Refogue, mexendo de vez em quando, por cerca de 15 minutos, até murchar.

Acrescente o tomate delicadamente. Junte o alho, o caldo de legumes em pó, o manjericão, a salsinha e a pimenta-do-reino. Cozinhe destampado em fogo baixo, por cerca de 5 minutos ou até o garfo entrar facilmente na carne.

Sirva com as folhas de manjericão fresco.

Variação: pimentão recheado com ratatouille.
Prepare o ratatouille como indicado, mas não use o frango. Corte 2 pimentões vermelhos ao meio e retire as sementes. Acomode-os em uma fôrma refratária. Disponha o ratatouille nas metades de pimentão e cubra com 100 g de muçarela picada. Asse em forno preaquecido a 180°C por 20 minutos ou até o pimentão ficar macio.

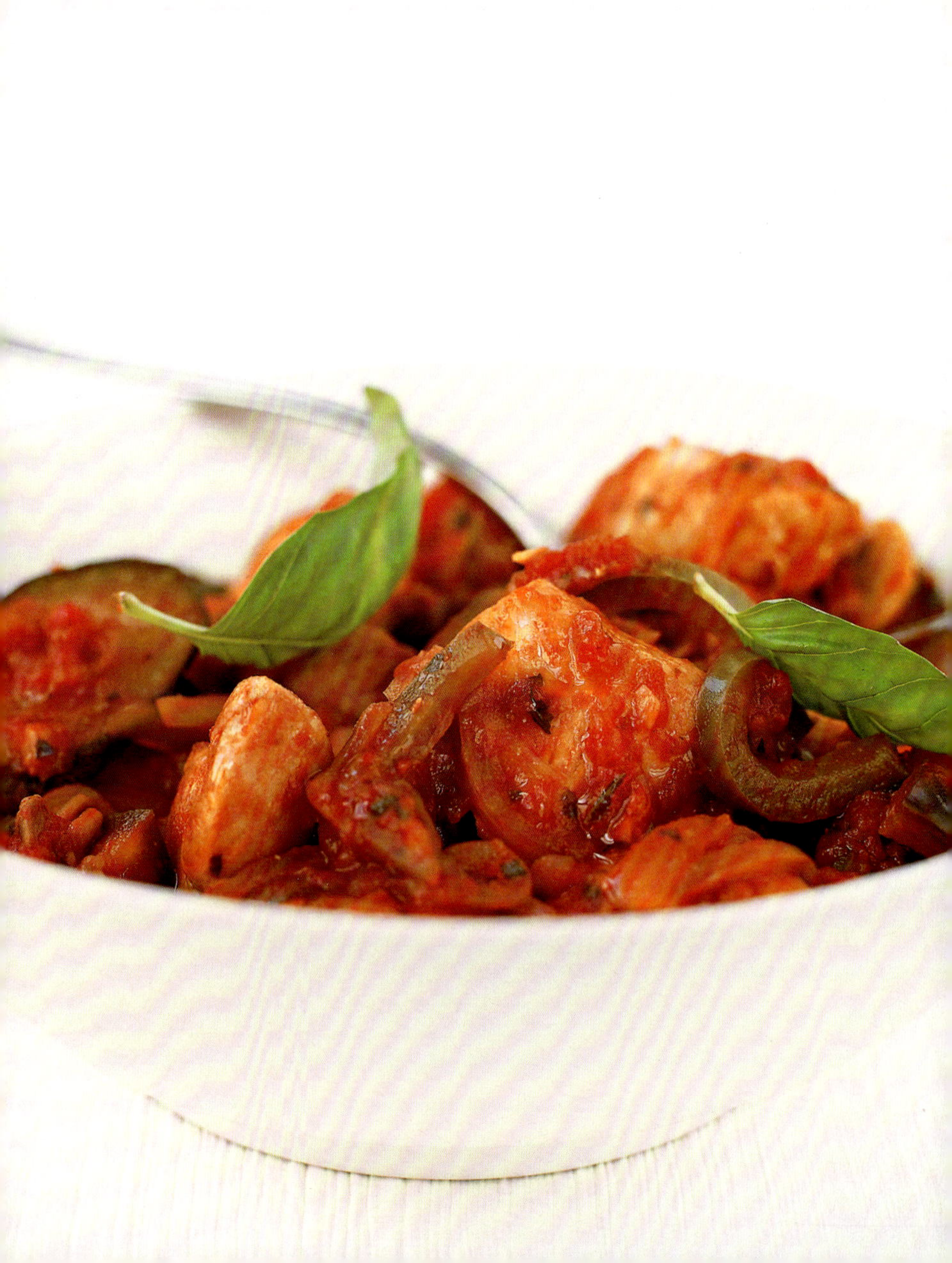

kebab de cordeiro com tzatziki

2 porções
Preparo: **10 minutos**
Cozimento: **5 minutos**

250 g de **carne de cordeiro** moída
½ colher (chá) de **cominho** moído
½ colher (chá) de **coentro moído**
2 colheres (sopa) de **coentro fresco** picado grosseiramente
1 dente de **alho** cortado ao meio
½ **cebola** pequena picada grosseiramente
2 **pães pita**, para servir

Para o tzatziki

4 colheres (sopa) de **iogurte natural**
1 dente de **alho** amassado
¼ de **pepino** finamente picado
1 colher (sopa) de **salsinha** picada

Prepare o tzatziki. Misture o iogurte, o alho, o pepino e a salsinha. Reserve.

Bata no processador ou liquidificador a carne de cordeiro, o cominho, o coentro moído e o fresco, o alho e a cebola, até misturar bem, mas conservando alguma textura.

Divida a mistura em quatro porções. Com as mãos umedecidas, modele os kebabs em quatro espetos de metal ou bambu molhados. Grelhe em uma frigideira ou grill elétrico preaquecido, por 3-4 minutos, virando de vez em quando, até dourar.

Sirva 2 kebabs em cada pão pita tostado, com salada de folhas e 1 colher (sopa) de tzatziki.

Variação: hambúrguer de carne de porco e tzatziki.
Coloque no processador 250 g de carne de porco moída, ½ colher (chá) de cominho moído, ½ colher (chá) de coentro moído, 2 colheres (sopa) de coentro fresco picado, 1 dente de alho e ½ cebola pequena. Bata rapidamente para a mistura não perder a textura. Modele 2 hambúrgueres. Grelhe em uma frigideira ou grill elétrico preaquecido por 2-3 minutos de cada lado. Sirva no pão francês com salada e 1 colher (sopa) de tzatziki.

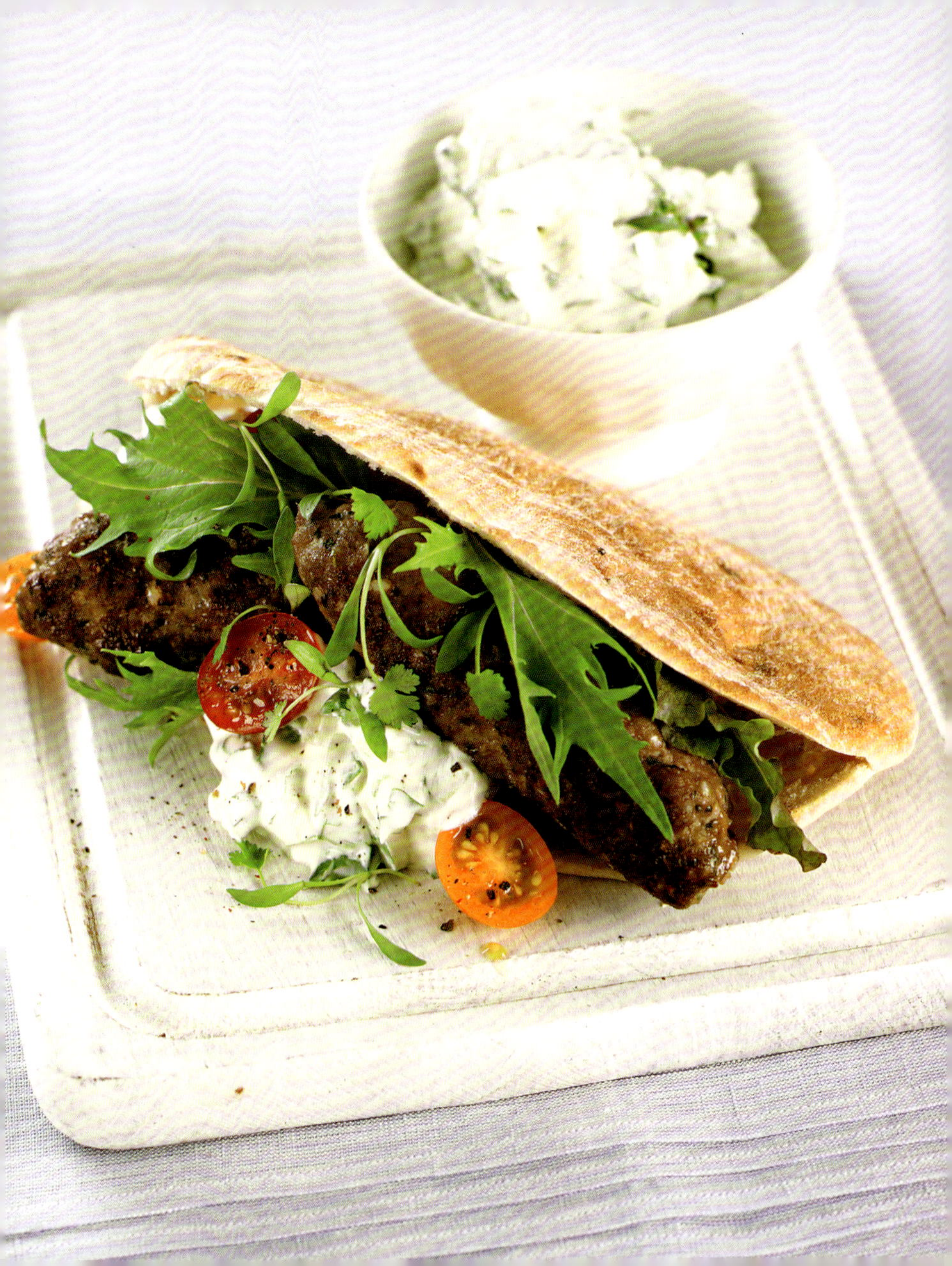

bolinho de hadoque defumado

2 porções
Preparo: **10 minutos**,
 mais o tempo para refrigerar
Cozimento: **40 minutos**

200 g de **hadoque** defumado
200 ml de **leite**
2 **cebolinhas** fatiadas
1 colher (sopa) de **maionese**
1 colher (sopa) de **endro** picado, mais alguns raminhos para decorar
500 g de **batata** cozida amassada
óleo vegetal, para fritar

Para empanar
1 colher (sopa) de **farinha de trigo** temperada com **sal** e **pimenta-do-reino** moída na hora
1 **ovo** batido
100 g de **farinha de rosca**

Para a batata assada
2 **batatas** grandes cortadas em cunhas e cozidas
1 colher (sopa) de **azeite**
3 dentes de **alho** com casca
sal e **pimenta-do-reino** moída na hora

Cozinhe o peixe no leite em fogo baixo por 5 minutos. Coe e descarte o líquido. Retire a pele do peixe, desmanche-o em lascas e misture com a cebolinha, a maionese, o endro e a batata amassada.

Modele quatro bolinhos. Passe cada um na farinha de trigo temperada, depois no ovo e, finalmente, na farinha de rosca, de modo que fiquem cobertos uniformemente. Leve à geladeira por pelo menos 30 minutos.

Distribua a batata cozida em uma assadeira com o óleo e o alho. Tempere com sal e pimenta-do-reino. Asse no forno preaquecido a 200°C, por 30-40 minutos, até dourar.

Frite os bolinhos em um pouco de óleo, 1-2 minutos de cada lado, até dourar. Sirva com os raminhos de endro, a batata e fatias de limão-siciliano, para regar.

Variação: bolinho de caranguejo ou siri. Refogue ½ cebola picada e 1 pimentão verde picado finamente em 1 colher (sopa) de azeite, por 3-4 minutos. Adicione 1 dente de alho amassado e 2-3 cebolinhas bem picadas. Refogue por mais 3-4 minutos e reserve. Misture 50 g de farinha de rosca com 125 g de carne de caranguejo ou siri, 1 colher (sopa) de molho inglês, uma boa pitada de pimenta-de-caiena, 1-2 colheres (sopa) de salsinha picada e 1 ovo ligeiramente batido. Tempere com sal. Misture a cebola refogada com pimentão e modele duas bolas. Achate-as para fazer dois bolinhos grandes. Frite em um pouco de óleo de girassol por 4-5 minutos de cada lado.

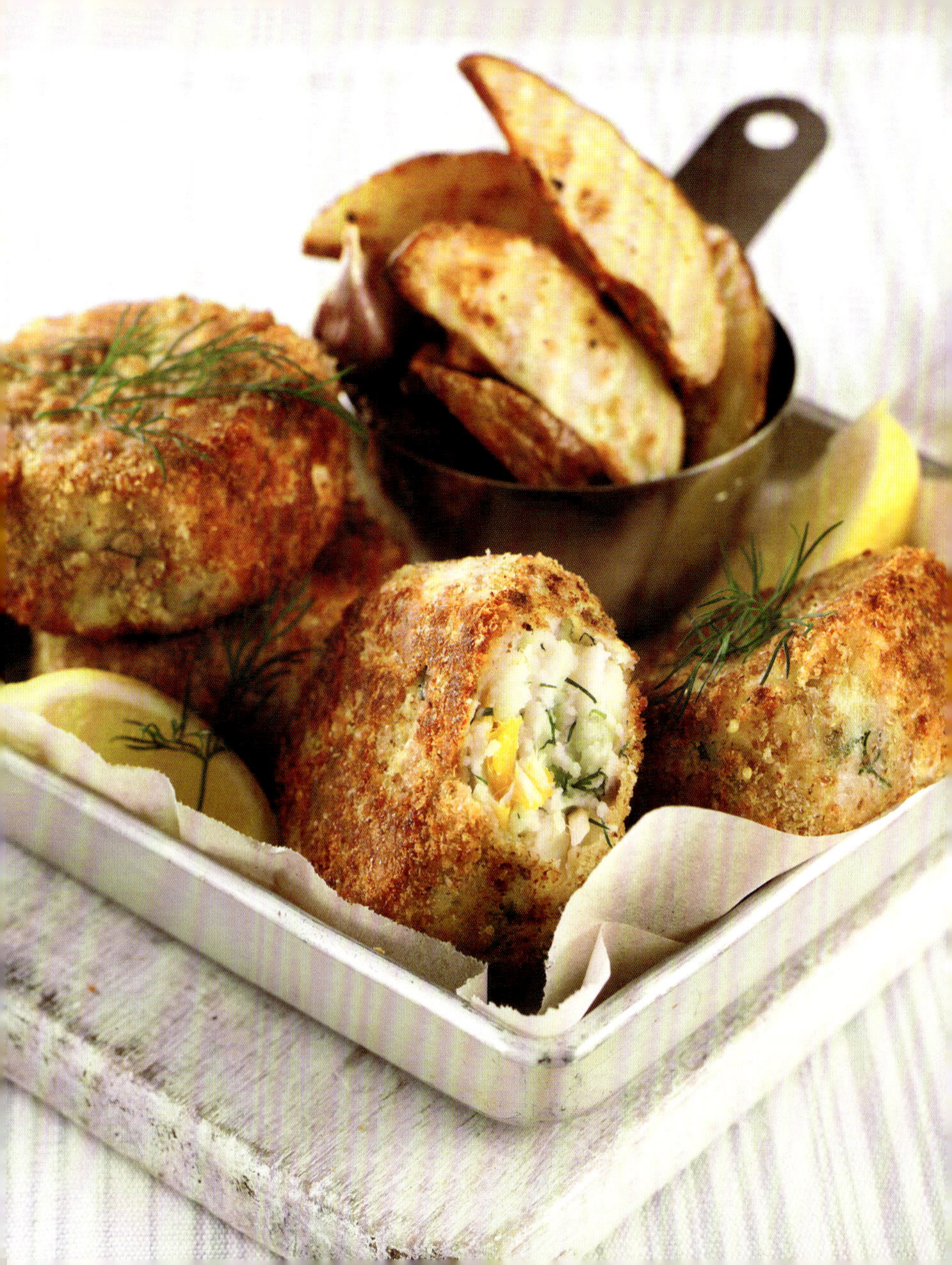

badejo empanado e molho tártaro

2 porções
Preparo: **10 minutos**
Cozimento: **10 minutos**

2 filés de **badejo** sem pele
1 **ovo** batido
2 colheres (sopa) de **fubá**
2 colheres (sopa) de **parmesão** ralado na hora
uma pitada de **pimenta-de--caiena**
óleo vegetal, para fritar

Para o molho tártaro
1 colher (sopa) de **maionese**
1 colher (sopa) de **creme de leite fresco**
1 **pepino em conserva** picado finamente
1 colher (sopa) de **alcaparra** lavada e picada grosseiramente
1 colher (chá) de **endro** picado
raspas e suco de ½ **limão-taiti**

Prepare o molho tártaro. Misture a maionese, o creme de leite fresco, o pepino em conserva, a alcaparra, o endro e as raspas e o suco de limão. Reserve.

Corte o badejo em tiras e mergulhe uma a uma no ovo batido. Misture o fubá, o parmesão e a pimenta-de-caiena. Empane o peixe com a mistura, cobrindo uniformemente.

Frite em um pouco de óleo, em porções, se necessário, por 2-3 minutos, virando de vez em quanto para não queimar.

Sirva em um pão com salada e uma colherada de molho tártaro.

Variação: frango empanado com batata-doce.
Descasque 2 batatas-doces grandes e corte em palitos. Passe-os em 1 colher (sopa) de óleo, polvilhe uma pitada de pimenta-de-caiena e um pouco de sal. Asse no forno preaquecido a 200°C, por 30 minutos. Salpique um punhado de ervas frescas picadas. Corte 2 filés de frango sem pele em tiras e empane com a mistura de ovo batido, fubá, parmesão e pimenta-de--caiena. Frite em um pouco de óleo vegetal por 4-5 minutos. Sirva o frango com os palitos de batata-doce e uma salada de folhas.

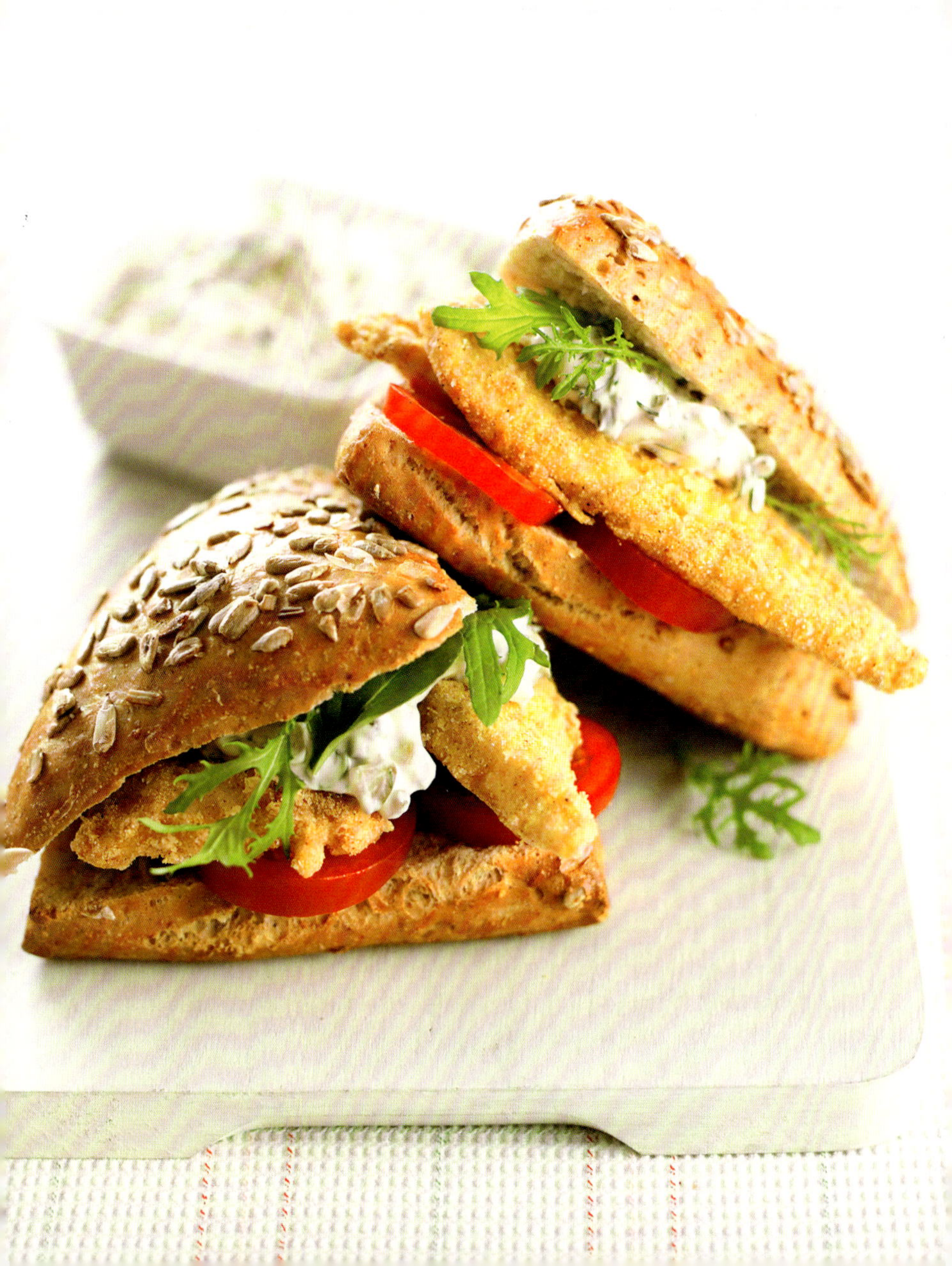

marisco com pesto de rúcula

2 porções
Preparo: **20 minutos**, mais o tempo para preparar os mariscos
Cozimento: **15-20 minutos**

1 kg de **mariscos** lavados e limpos
2 colheres (sopa) de **pesto de rúcula** (veja receita ao lado)

Para a farinha de rosca com limão-siciliano
40 g (aproximadamente) de **baguete amanhecida** (ou outro pão crocante)
raspas de ½ **limão-siciliano**
1 dente de **alho** picado finamente
1 colher (sopa) de **azeite**
1 colher (sopa) de **salsinha** picada
¼ de colher (chá) de **pimenta-malagueta seca** triturada (opcional)

Prepare a farinha de rosca. Esmigalhe o pão no processador ou liquidificador. Adicione as raspas de limão-siciliano, o alho, o azeite, a salsa e a pimenta-malagueta (se utilizar).

Toste a mistura em uma frigideira antiaderente no fogo baixo, delicadamente, por cerca de 5 minutos, mexendo para não queimar, até dourar e ficar crocante. Despeje em uma vasilha forrada com papel-toalha para absorver o excesso de gordura e deixe esfriar.

Misture os mariscos com o molho pesto, cobrindo-os completamente. Distribua em dois pedaços de papel-alumínio. Dobre as extremidades e sele. Disponha os pacotes em uma frigideira canelada preaquecida e asse por 15-20 minutos, em fogo médio, até os mariscos abrirem. Descarte os que continuarem fechados.

Transfira os pacotes para pratos aquecidos. Abra, espalhe a farinha de rosca sobre os mariscos e regue com o molho pesto a gosto. Sirva com aspargo cozido e pão crocante.

Acompanhamento: pesto de rúcula. Bata no liquidificador 300 g de rúcula picada grosseiramente, 1 dente de alho bem picado, 75 ml de azeite e 1½ colher (sopa) de pinhole ligeiramente tostado, até ficar homogêneo. Despeje em uma tigela e misture 1 colher (sopa) de parmesão ralado na hora, 1 colher (sopa) de suco de limão-siciliano e 50 ml de creme de leite fresco com gotas de limão-siciliano. Tempere a gosto com sal e pimenta-do-reino. Rende 300 ml.

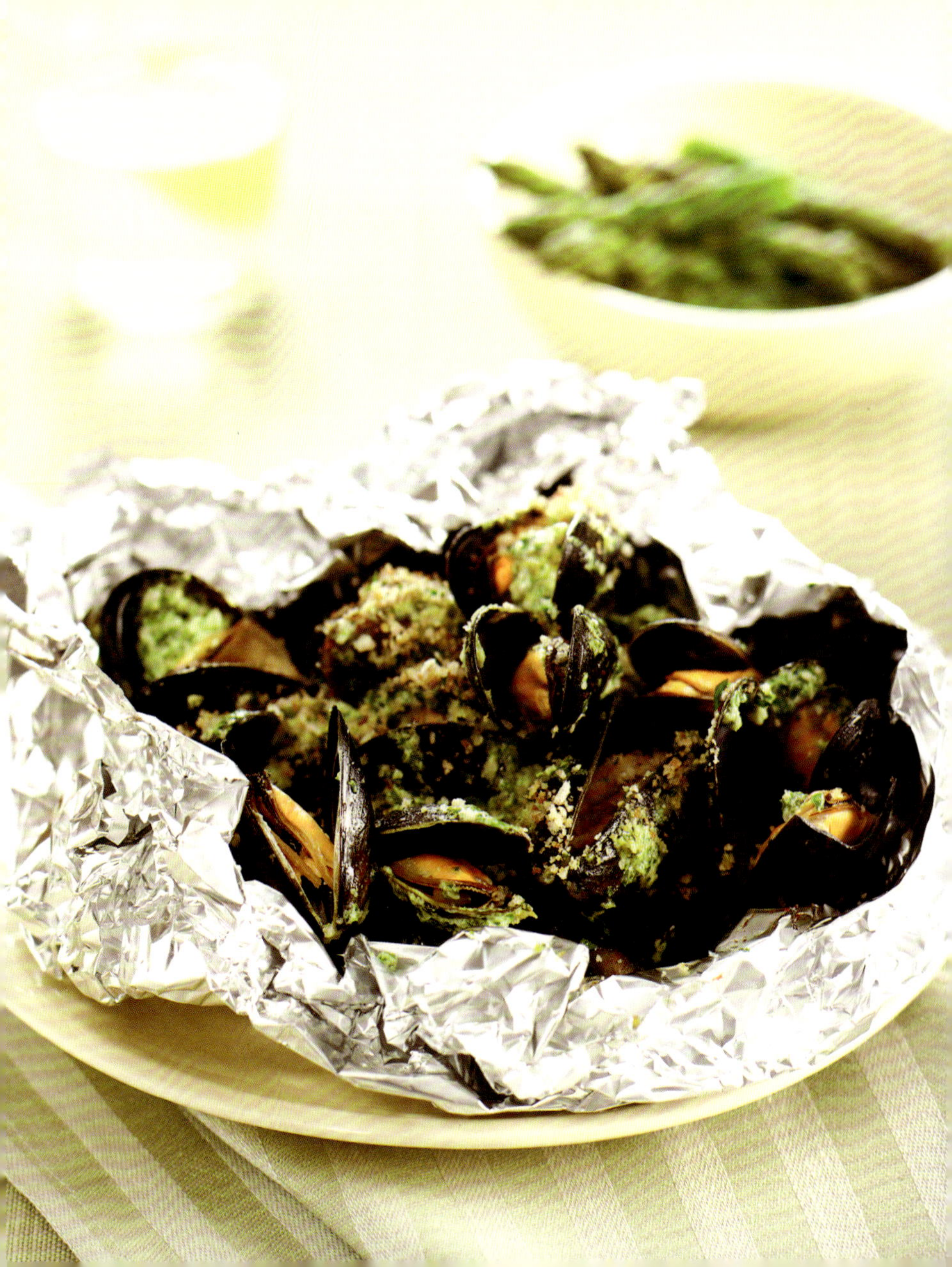

sanduíche de roquefort e batata-doce

2 unidades
Preparo: **5 minutos**
Cozimento: **12 minutos**

50 ml de **mel**
1 colher (chá) de **pimenta-calabresa em flocos** triturada
50 ml de **óleo de gergelim**
100 ml de **azeite**
1 **batata-doce** grande descascada e cortada em fatias grossas
50 g de **ervilha** com a vagem
2 **pães de batata** (veja receita ao lado) ou **pão pita**
50 g de queijo **roquefort** amassado
sal e **pimenta-do-reino** moída na hora

Misture o mel, a pimenta-malagueta, o óleo de gergelim e o azeite. Coloque a batata-doce e a ervilhas em outra tigela e misture com metade do molho de mel, até cobri-las de maneira uniforme. Tempere com sal e pimenta-do-reino.

Disponha os legumes em uma assadeira, em uma única camada. Asse em forno preaquecido a 200°C por 8 minutos, virando de vez em quando, até a batata dourar e ficar macia.

Distribua a batata e a ervilha sobre um dos pães e cubra com o roquefort.

Feche o sanduíche com o outro pão e toste na sanduicheira por 3-4 minutos, até o pão dourar e o queijo derreter. Corte ao meio e sirva imediatamente com o restante do molho de mel, se desejar.

Acompanhamento: pão de batata. Misture 50 g de manteiga sem sal com 250 g de farinha de trigo com fermento. Adicione 175 g de batata cozida amassada e 3-4 colheres (sopa) de leite. Abra a massa em uma superfície ligeiramente enfarinhada, até ficar com 2,5 cm de espessura, e corte doze círculos com um cortador. Transfira para uma assadeira levemente untada e asse no forno preaquecido a 200°C, por 15-18 minutos.

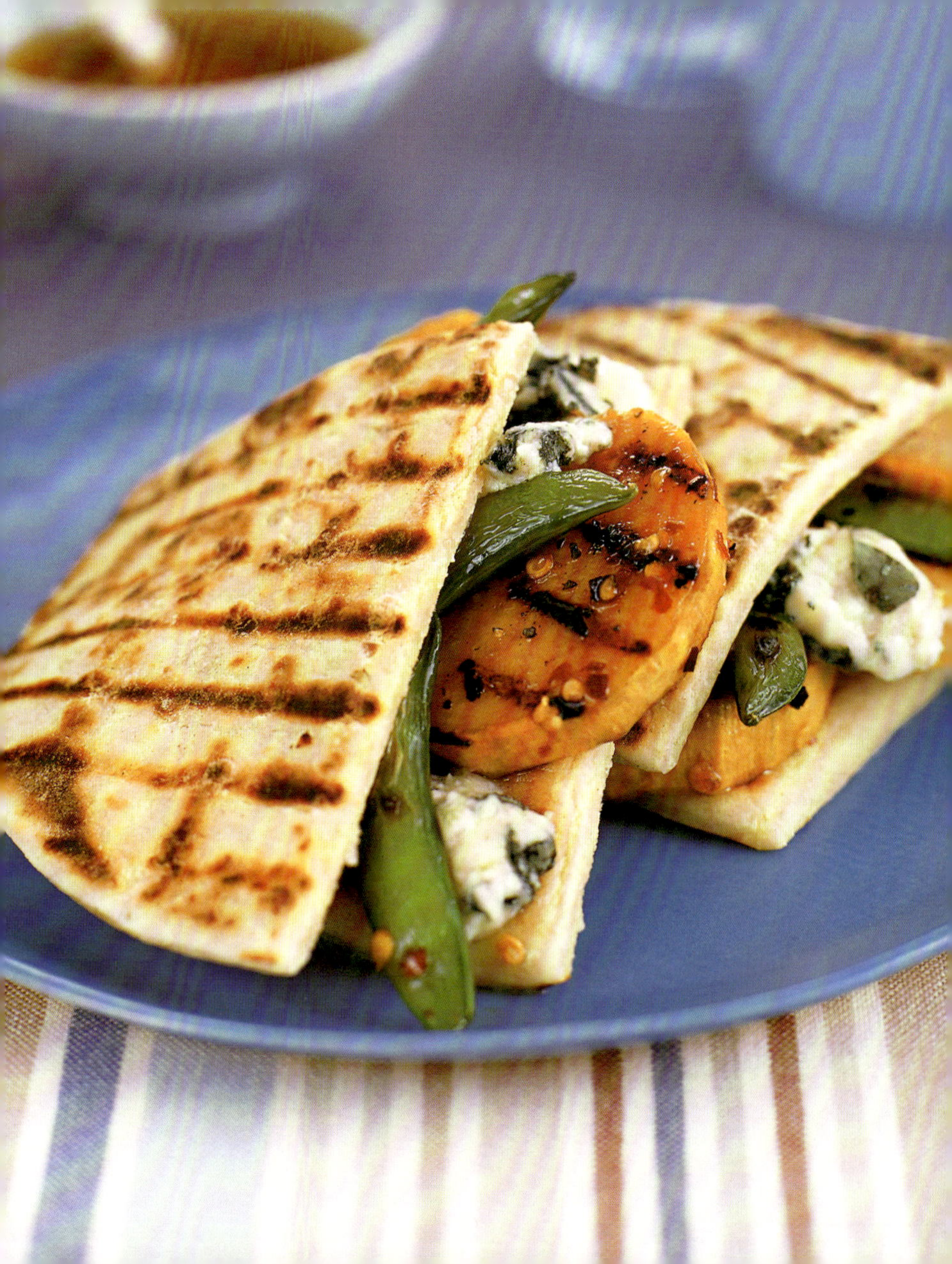

curry de salmão com salada de tomate

2 porções
Preparo: **10 minutos**
Cozimento: **20 minutos**

1 colher (chá) de **óleo vegetal**
15 g de **manteiga**
1 **cebola** pequena fatiada
1 dente de **alho** picado
1 colher (chá) de **tandoori**
1 **canela** em pau
150 g de **tomate-cereja**
4 colheres (sopa) de creme de leite fresco
raspas e suco de ½ **limão-taiti**
200 g de filé de **salmão** sem pele cortado em pedaços

Para a salada de tomate e cebola
150 g de **tomate** maduro fatiado finamente
1 **cebola roxa** pequena fatiada finamente
1 colher (sopa) de **hortelã** picada
um punhado de **coentro** fresco picado
1 colher (chá) de suco de **limão-siciliano**

Aqueça o óleo e a manteiga e refogue a cebola e o alho por 2-3 minutos, até murchar. Acrescente o tandoori e a canela em pau e refogue por mais 1 minuto. Misture o tomate cortado ao meio, o creme de leite, as raspas e o suco de limão e aqueça por 1 minuto.

Disponha o salmão em uma fôrma refratária. Cubra com o molho, tampe com papel-alumínio e asse no forno preaquecido a 200°C, por 15-20 minutos ou até o salmão ficar cozido.

Prepare a salada. Misture o tomate, a cebola, a hortelã e o coentro. Regue com o suco do limão-siciliano.

Sirva o salmão com arroz basmati e a salada.

Variação: curry de queijo de coalho. Prepare o molho como descrito acima. Corte 150 g de queijo de coalho em cubos e distribua os pedaços em uma vasilha refratária. Despeje o molho para cobrir uniformemente o queijo, tampe com papel-alumínio e asse como indicado. Sirva com arroz e a salada de tomate e cebola.

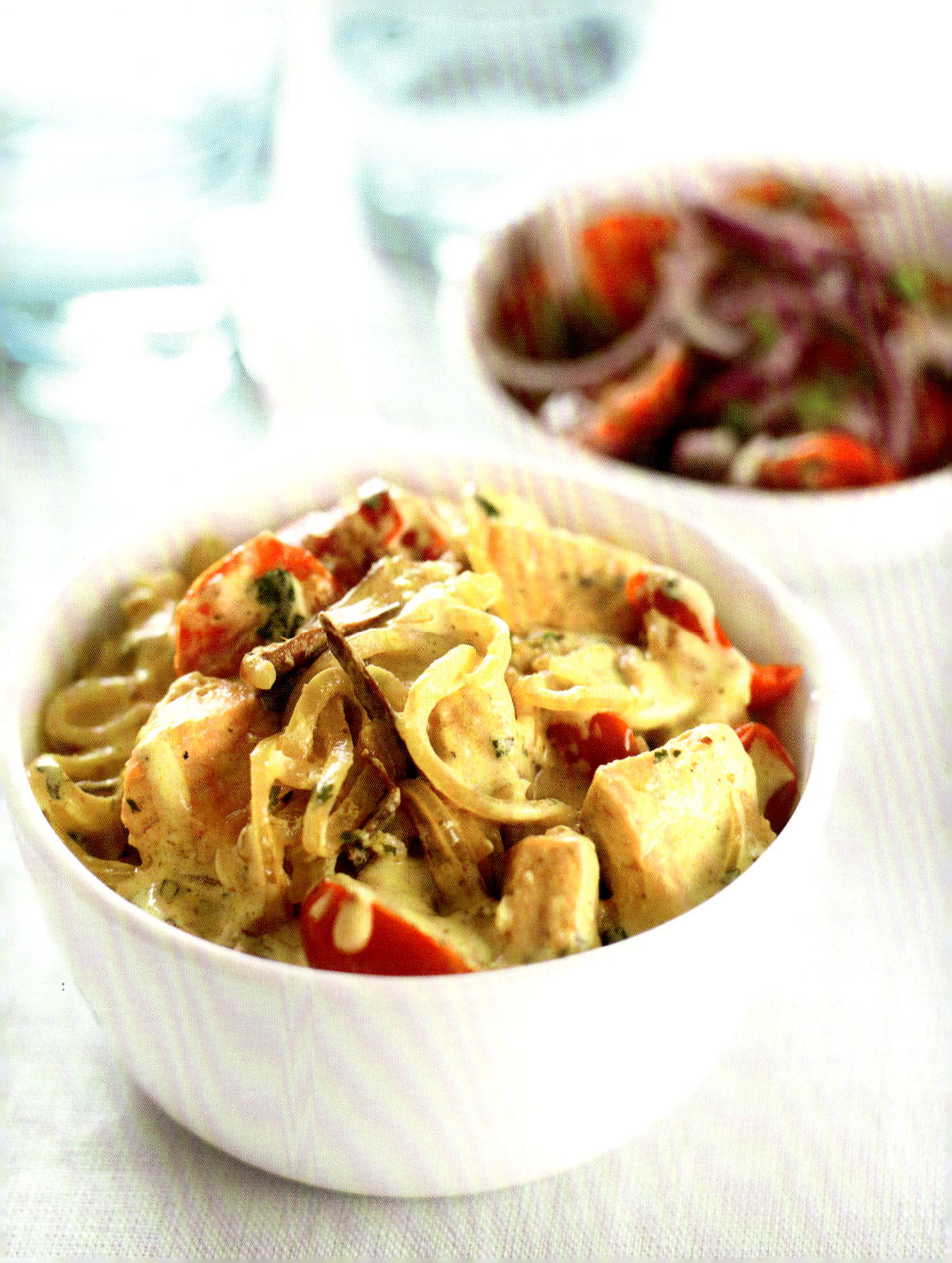

bolinho de camarão e molho de pimenta agridoce

12 unidades
Preparo: **10 minutos**
Cozimento: **5 minutos**

300 g de **camarão rosa**
  ou **tigre** sem casca
2 **cebolinhas** picadas
  grosseiramente
raspas de ½ **limão-taiti**
1 colher (sopa) de **coentro**
  fresco picado
1 colher (chá) de **molho de peixe** (nam pla)
1 colher (sopa) de **farinha de milho**
óleo de amendoim,
  para fritar

Para o molho de pimenta agridoce
2 colheres (sopa) de **vinagre de arroz**
1 colher (sopa) de **açúcar**
1 **pimenta-malagueta** picada finamente
½ **cebola roxa** picada finamente
1 colher (sopa) de **coentro** fresco picado

Coloque no processador ou liquidificador o camarão, a cebolinha, as raspas de limão, o coentro e o molho de peixe. Bata por cerca de 20 segundos, até misturar, mas conservando alguma textura.

Modele doze bolinhos e empane com farinha de milho. Frite em um pouco de óleo por 2-3 minutos, até dourar. Escorra em papel-toalha.

Prepare o molho. Aqueça o vinagre e o açúcar em uma panela pequena cuidadosamente, até dissolvê-lo. Aumente o fogo e deixe ferver por uns 2 minutos, até a mistura engrossar. Adicione a pimenta malagueta e a cebola e deixe esfriar. Misture o coentro.

Sirva os bolinhos de camarão acompanhados com o molho de pimenta agridoce e, se desejar, uma salada de folhas.

Variação: bolinho de bacalhau e molho de pimenta agridoce. Misture 300 g de filé de bacalhau sem pele com cebolinha, raspas de limão-taiti, coentro fresco picado e molho de peixe, como indicado. Modele doze bolinhos e empane com a farinha de milho. Frite no óleo vegetal e sirva com o molho de pimenta agridoce e arroz ou pão pita.

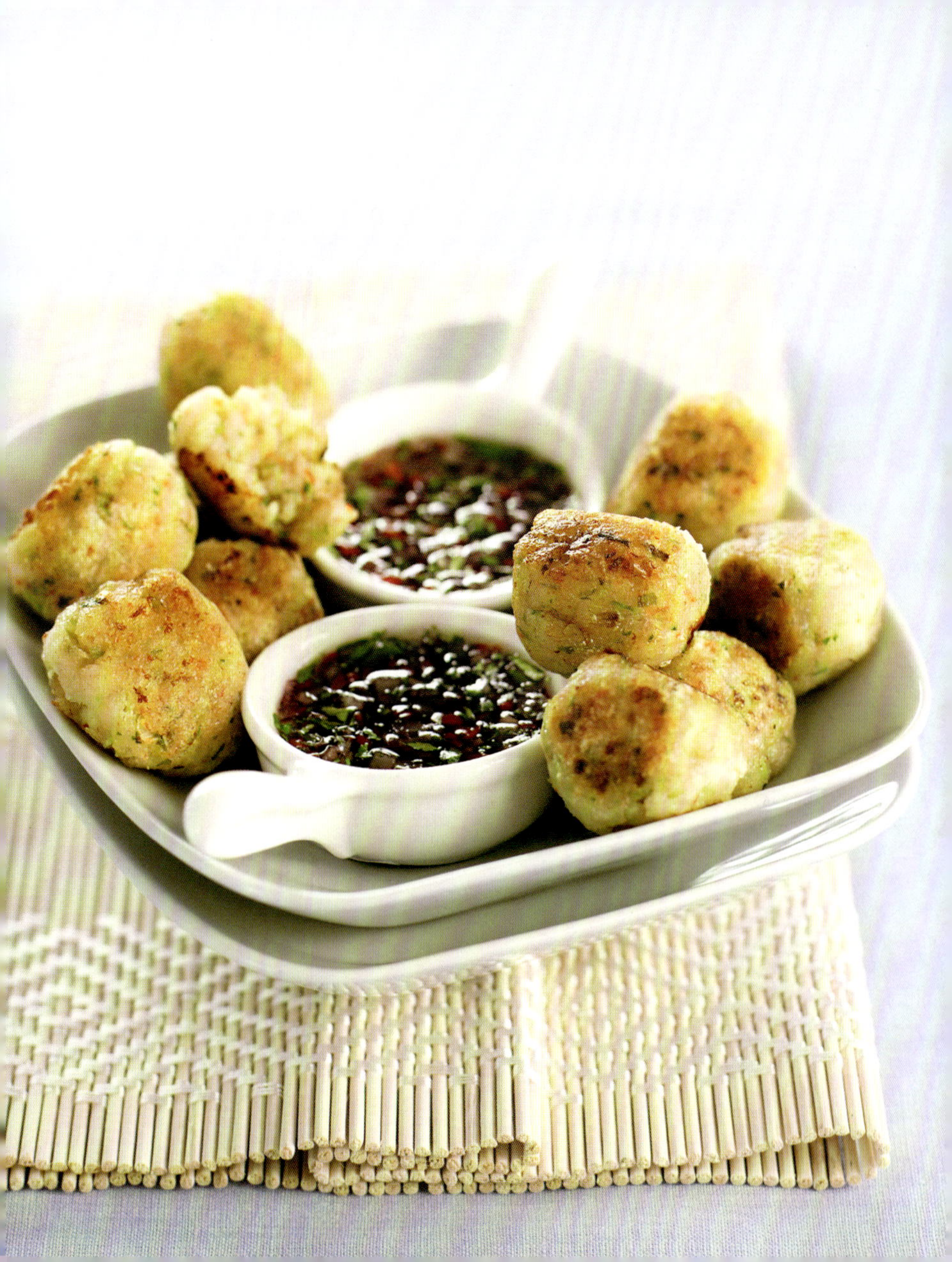

queijo de coalho com fatuche

2 porções
Preparo: **10 minutos**
Cozimento: **2-4 minutos**

250 g de **queijo de coalho**
  cortado em fatias grossas
2 colheres (chá) de **azeite**

Para o fatuche
75 g de **pimentão vermelho**
  fatiado finamente
75 g de **pimentão amarelo**
  fatiado finamente
75 g do **pepino** picado
75 g de **cebolinha** picada
  finamente
2 colheres (sopa) de **salsinha**
  picada
2 colheres (sopa) de **hortelã**
2 colheres (sopa) de **coentro**
  fresco picado

Para o molho
1 colher (chá) de **alho**
  amassado
2 colheres (sopa) de **azeite**
4 colheres (sopa) de suco
  de **limão-siciliano**
sal e **pimenta-do-reino** moída
  na hora

Frite o queijo de coalho no azeite, em fogo médio-alto, por 1-2 minutos de cada lado, até dourar. Mantenha aquecido.

Misture o pimentão vermelho e o amarelo, o pepino, a cebolinha, a salsinha, a hortelã e o coentro. Reserve.

Prepare o molho. Bata o alho com o azeite e o suco de limão e tempere com sal e pimenta-do-reino.

Regue a salada com o molho e misture. Sirva com o queijo de coalho quente.

Variação: frango com fatuche. Substitua o queijo de coalho por 2 peitos de frango desossados e sem pele cortados ao meio. Refogue o frango em 1 colher (chá) de azeite por 2 minutos de cada lado, até cozinhar. Mantenha aquecido enquanto prepara a salada e o molho. Sirva o frango quente sobre a salada.

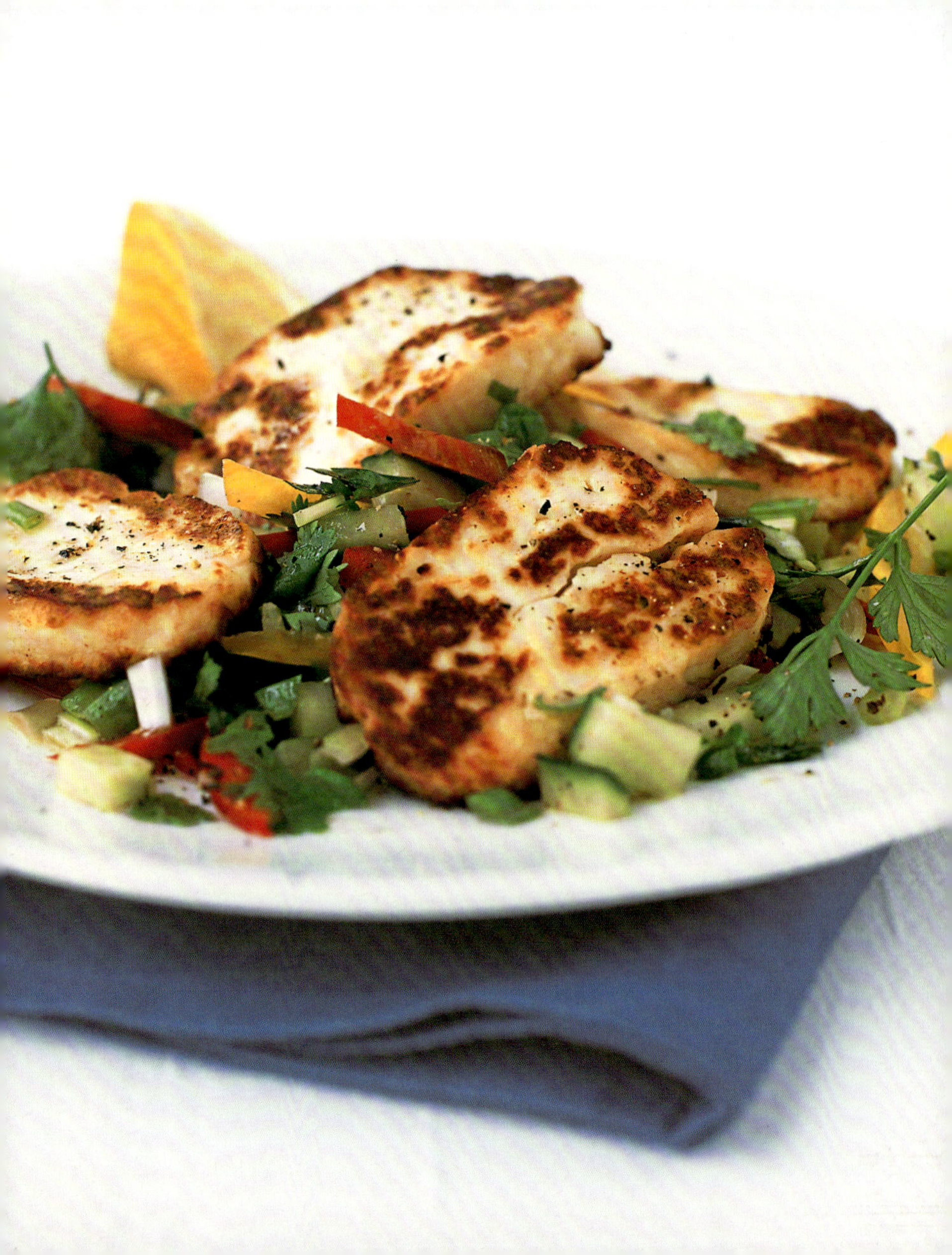

hadoque com alface e ervilha

2 porções
Preparo: **5 minutos**
Cozimento: **10 minutos**

2 lombos de **hadoque** sem pele
1 colher (sopa) de **azeite**
1 **alface-romana** pequena cortada em quatro
100 ml de **caldo de peixe**
200 g de **ervilha** cozida
1 colher (sopa) de **hortelã** picada
4 colheres (sopa) de **creme de leite fresco**

Frite o peixe no azeite por 1 minuto de cada lado e adicione a alface, o caldo de peixe e a ervilha. Tampe e cozinhe por 4 minutos.

Junte a hortelã e o creme de leite. Aqueça novamente e, se desejar, sirva com batatinhas cozidas no vapor.

Variação: frango com alface e ervilha. Prepare um caldo de galinha em uma panela grande de fundo grosso. Misture 1 carcaça de frango grande, mais as aparas e os miúdos (com exceção do fígado), se disponíveis, 1 cebola cortada em quatro, 1 talo de aipo picado grosseiramente, 1 buquê garni (p. 94) ou 3 folhas de louro e 1 colher (chá) de pimenta-do-reino em grãos. Adicione 1,8 litro de água fria e deixe ferver. Abaixe o fogo, cozinhe por 1h30 e, se necessário, use uma escumadeira para retirar a espuma que se forma na superfície. Coe em uma peneira grande, mas não aperte os legumes, para o caldo não ficar turvo. Deixe esfriar e leve à geladeira. Antes de usar, retire a camada de gordura da superfície. Rende cerca de 1 litro de caldo. Refogue em 1 colher (sopa) de azeite 300 g de peito de frango desossado e sem pele. Adicione a alface e a ervilha, como indicado, e 100 ml de caldo de galinha. Misture a hortelã e o creme de leite fresco, aqueça rapidamente e sirva.

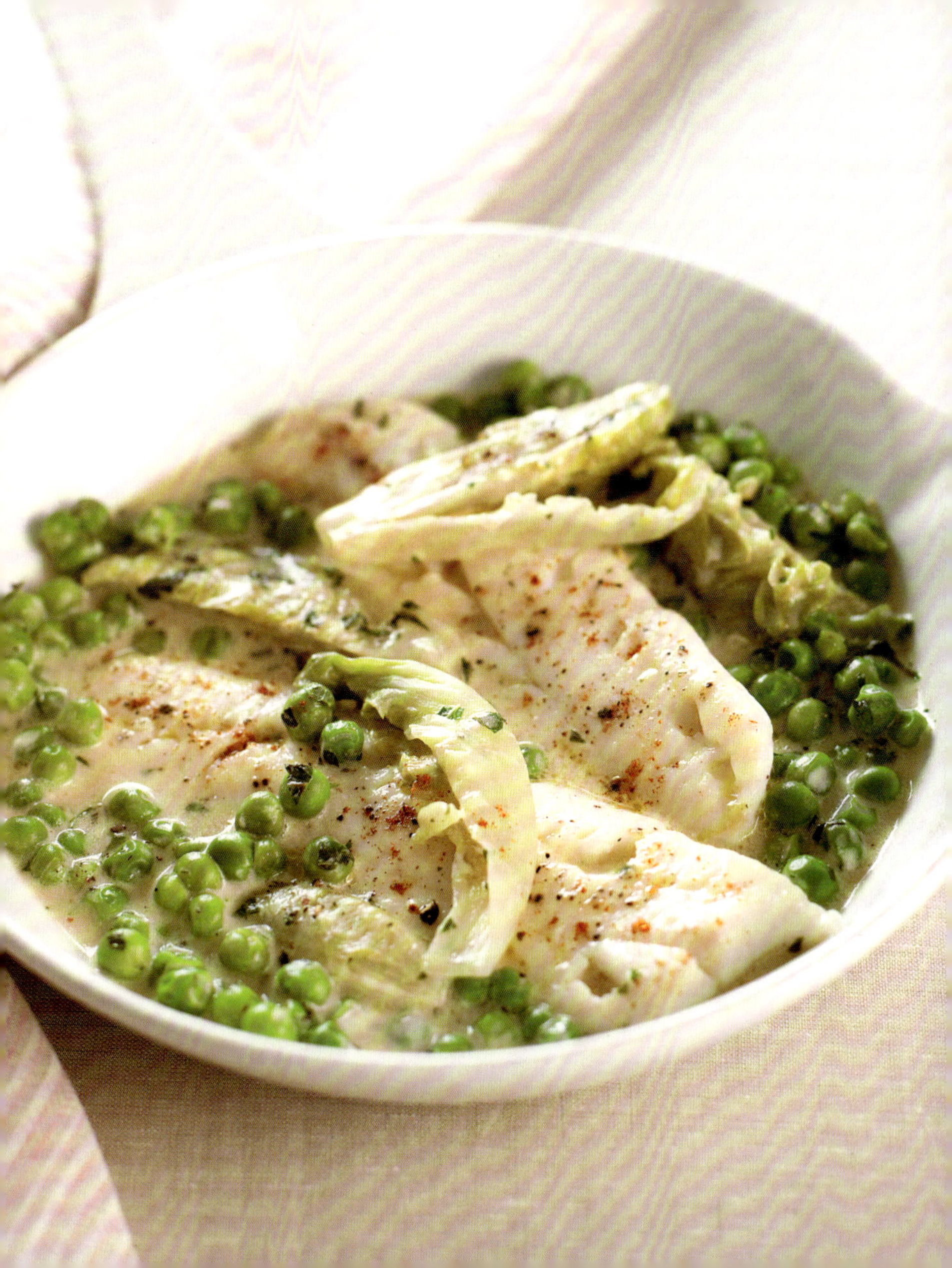

conchigliette com linguiça e brócolis

2 porções
Preparo: **5 minutos**
Cozimento: **10-15 minutos**

175 g de **conchigliette**
250 g de **brócolis** em buquês
4 **linguiças calabresas**
1 colher (sopa) de **azeite**
uma pitada de **pimenta-
 -calabresa** em flocos
6 colheres (sopa) de **caldo
 de legumes** (p. 94)
2 colheres (sopa) de
 parmesão ralado na hora

Cozinhe o macarrão em água fervente, de acordo com as instruções da embalagem, e adicione o brócolis cerca de 3 minutos antes do final do cozimento.

Frite as linguiças no azeite, por 4-5 minutos, em fogo médio, até dourar, enquanto cozinha a massa. Tire da frigideira e corte cada linguiça em quatro ou cinco pedaços. Leve de volta à panela, adicione a pimenta e o caldo. Cozinhe por mais 2 minutos.

Escorra a massa e o brócolis e incorpore a linguiça. Sirva com parmesão. Se desejar, gratine por 2-3 minutos.

Variação: massa com linguiça portuguesa e brócolis.
Cozinhe a massa à sua escolha como descrito acima e adicione o brócolis 3 minutos antes de finalizar o cozimento. Frite 150 g de linguiça portuguesa picada por cerca de 5 minutos em 1 colher (sopa) de azeite. Adicione 6 colheres (sopa) de caldo de carne ou de galinha e a pimenta-calabresa em flocos. Antes de servir, misture 100 g de tomate-cereja cortado ao meio.

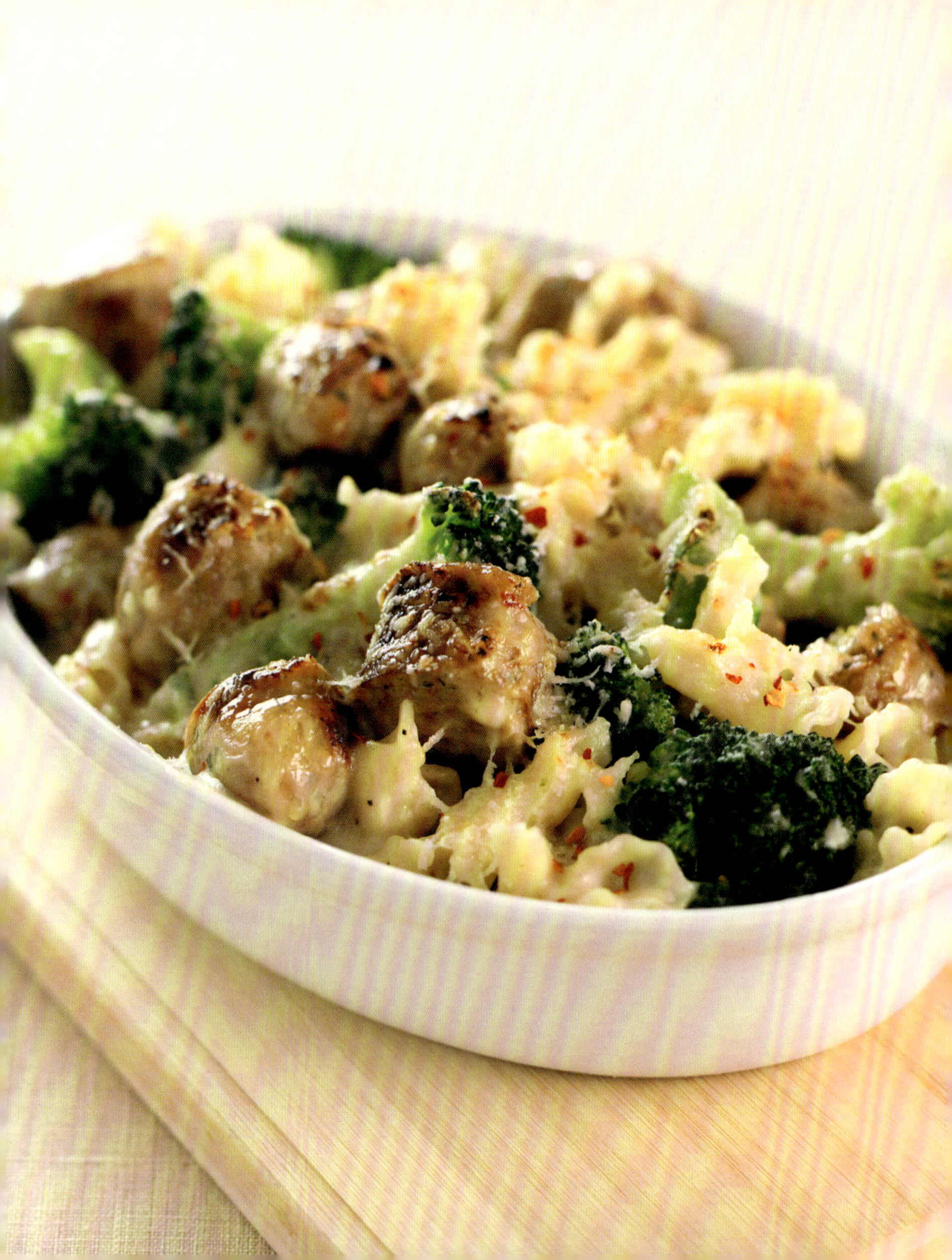

ensopado de linguiça e feijão-branco

2 porções
Preparo: **10 minutos**
Cozimento: **25 minutos**

1 colher (sopa) de **azeite**
75 g de **linguiça portuguesa** picada
1 **cebola** pequena fatiada
1 dente de **alho** fatiado
½ colher (chá) de **páprica doce**
200 g de **lInguIça calabresa** fatiada
200 g de **tomate-cereja**
200 ml de **caldo de carne**
400 g de **feijão-branco** cozido
1 colher (sopa) de **salsinha** picada, para decorar

Para a ciabatta de alho
2 bisnagas pequenas de **ciabatta**
40 g de **manteiga** em temperatura ambiente
1 dente de **alho** amassado
1 colher (sopa) de **ervas** picadas (salsinha, cerefólio, tomilho)
½ **pimenta-malagueta** pequena picada finamente

Aqueça o azeite em uma panela que possa ir ao forno. Frite a linguiça portuguesa, a cebola, o alho e a páprica por 2 minutos, até a cebola começar a murchar. Tire da panela e reserve.

Refogue a linguiça calabresa por 2-3 minutos, até dourar. Volte a mistura de cebola à panela e junte o tomate, o caldo de carne e o feijão escorrido. Deixe ferver, tampe e transfira para o forno preaquecido a 180°C. Cozinhe por 20 minutos.

Faça cinco cortes profundos em cada bisnaga de ciabatta. Misture a manteiga, o alho e as ervas e preencha os cortes. Embrulhe o pão em papel-alumínio e leve ao forno por 10-15 minutos, antes de terminar o cozimento do ensopado.

Salpique a salsinha sobre o ensopado e sirva com o pão de alho.

Variação: ensopado de feijão-branco e batata.
Não use as linguiças. Refogue a cebola, o alho e a páprica, como descrito acima. Misture o tomate, 200 ml de caldo de legumes (p. 94), o feijão-branco, 250 g de batatinha cozida e cortada ao meio e 125 g de vagem cortada ao meio. Cozinhe no forno, como indicado, e sirva com salsinha picada.

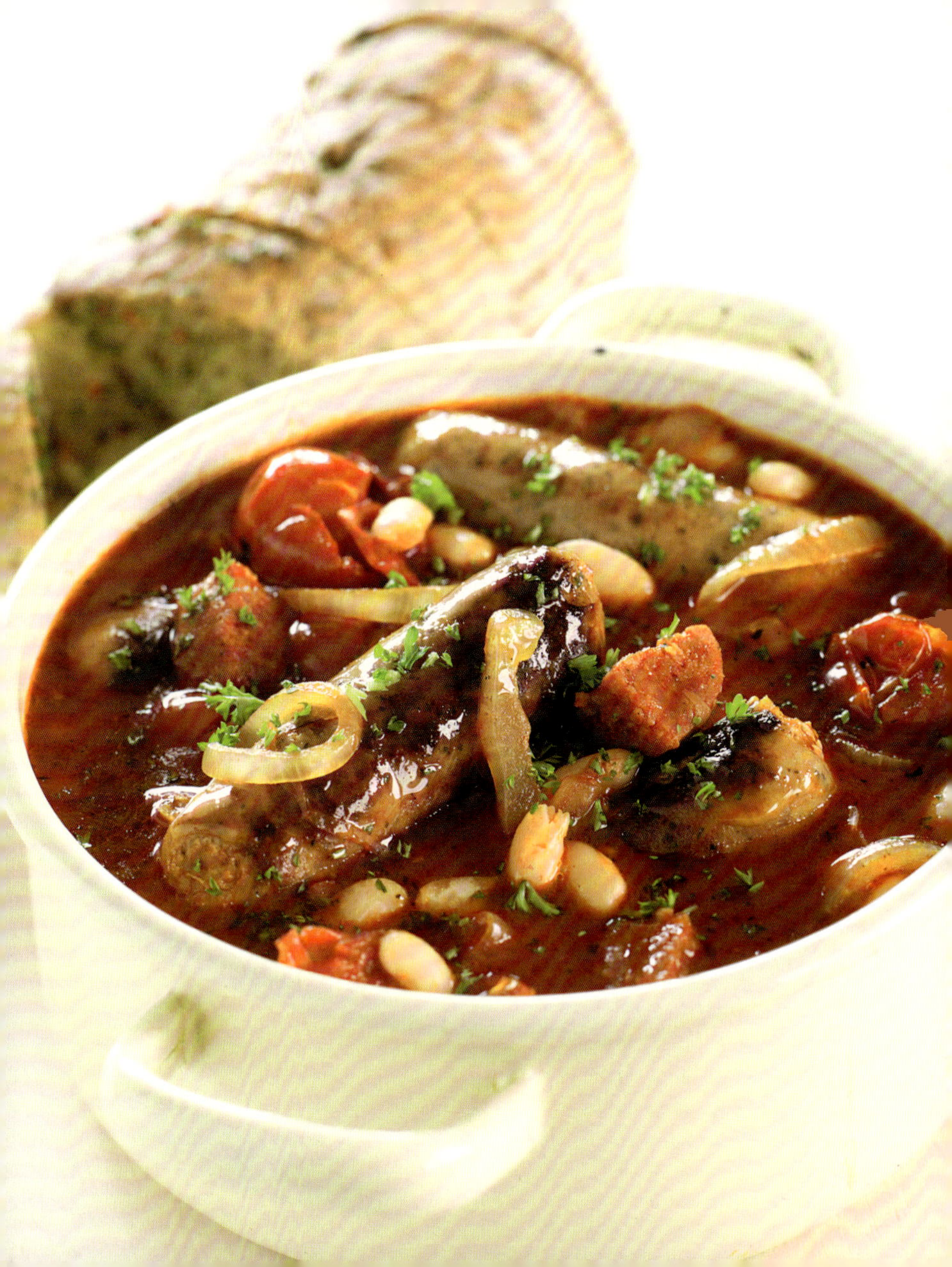

gratinado de alho-poró e presunto

2 porções
Preparo: **10 minutos**
Cozimento: **20 minutos**

12 **alhos-porós** pequenos aparados e limpos
6 fatias de **presunto cru**
15 g de **farinha de trigo**
15 g de **manteiga**
300 ml de **leite** integral
50 g de **pão torrado** esfarelado
50 g de **gruyère**
8 **tomates-cereja** cortados ao meio (opcional)

Cozinhe o alho-poró no vapor por 2-3 minutos ou até murchar. Embrulhe cada um com ½ fatia de presunto. Disponha em uma fôrma refratária.

Refogue a farinha de trigo na manteiga por 1 minuto. Acrescente o leite aos poucos, mexendo sem parar, até obter uma mistura homogênea. Cozinhe em fogo baixo por 1 minuto e despeje sobre o alho-poró.

Misture o pão torrado esfarelado e o gruyère e distribua sobre o alho-poró. Se utilizar o tomate, disponha por cima de tudo, com o lado cortado para cima. Asse no forno preaquecido a 200°C, por 20 minutos, até dourar e borbulhar.

Variação: brócolis gratinado. Cozinhe 100 g de brócolis no vapor. Distribua em uma fôrma refratária pequena. Prepare o molho como indicado e despeje sobre o brócolis. Misture 50 g de farinha de rosca com 50 g de gorgonzola. Distribua sobre o brócolis e asse como indicado.

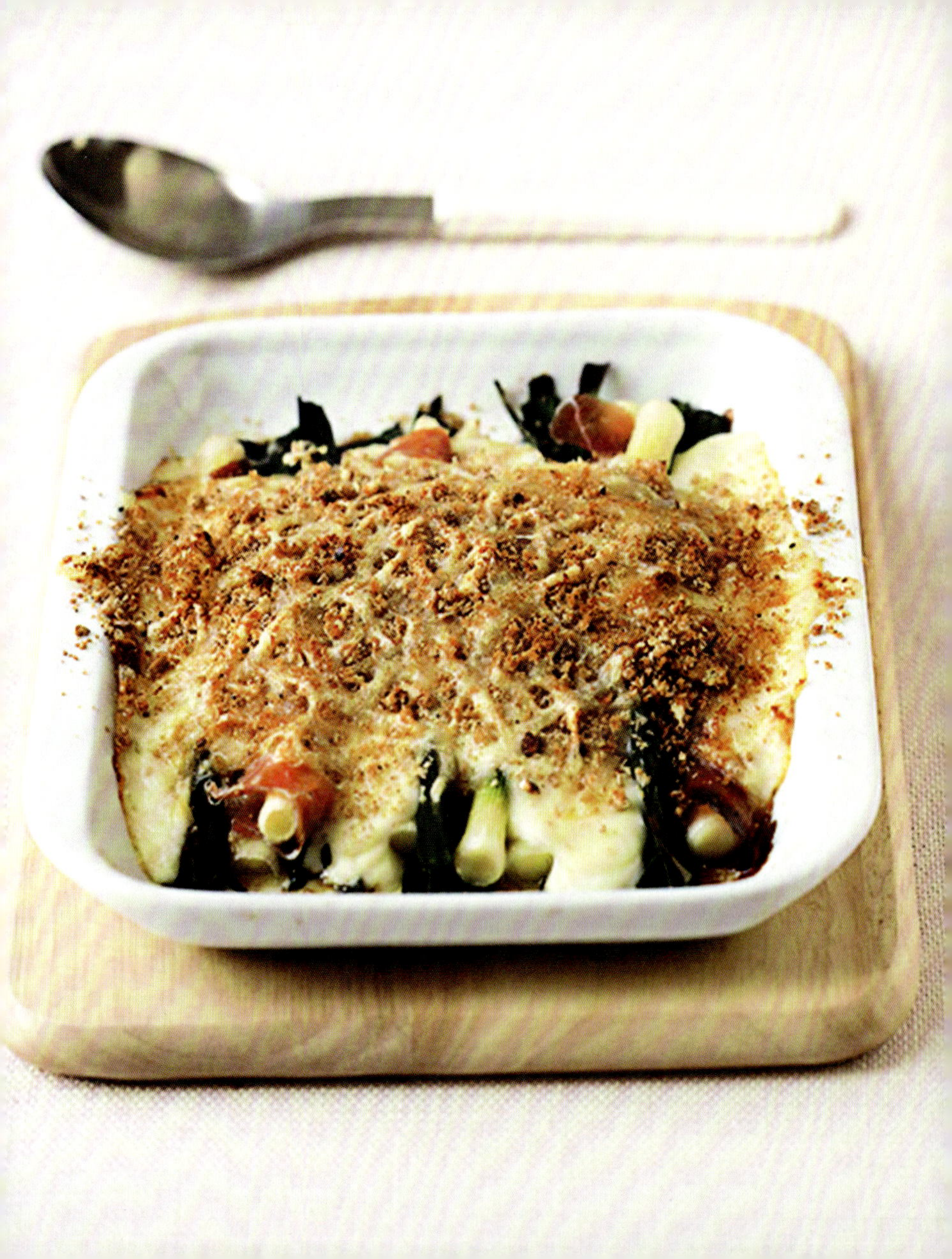

almôndega de carne com manjericão

2 porções
Preparo: **10 minutos**
Cozimento: **20 minutos**

Para a almôndega
250 g de **carne** magra moída
1 colher (sopa) de **parmesão** ralado na hora
1 colher (sopa) de **pesto** (pp. 12-3)
1 **gema**
1 colher (sopa) de **farinha de rosca**
1 colher (sopa) de **azeite**

Para o molho
1 **cebola roxa** pequena picada
1 dente de **alho** amassado
200 g de **tomate pelado** em lata picado
2 colheres (sopa) de **creme de leite** fresco
um punhado de **manjericão** picado

Misture a carne moída, o parmesão, o pesto, a gema e a farinha de rosca. Modele 20 almôndegas com as mãos umedecidas.

Frite as almôndegas no azeite por 2-3 minutos, até dourar. Retire da frigideira e disponha sobre o papel-toalha.

Prepare o molho. Refogue a cebola e o alho na frigideira por 2-3 minutos. Adicione o tomate, deixe ferver e cozinhe em fogo baixo por 5 minutos.

Misture as almôndegas e o creme de leite e cozinhe por mais 5 minutos. Acrescente as folhas de manjericão.

Sirva as almôndegas com o molho, acompanhadas por macarrão e, se desejar, uma salada de folhas.

Variação: almôndega de carne de porco picante.
Misture 250 g de carne de porco magra moída com o parmesão, o pesto, a gema e a farinha de rosca, para fazer 20 almôndegas. Cozinhe como descrito acima. Prepare o molho com 1 cebola e 1 dente de alho, o tomate picado e o creme de leite. Adicione 1 pimenta-malagueta, sem sementes e picada finamente. Cozinhe o molho como indicado. Sirva as almôndegas com arroz e, se desejar, uma salada de folhas.

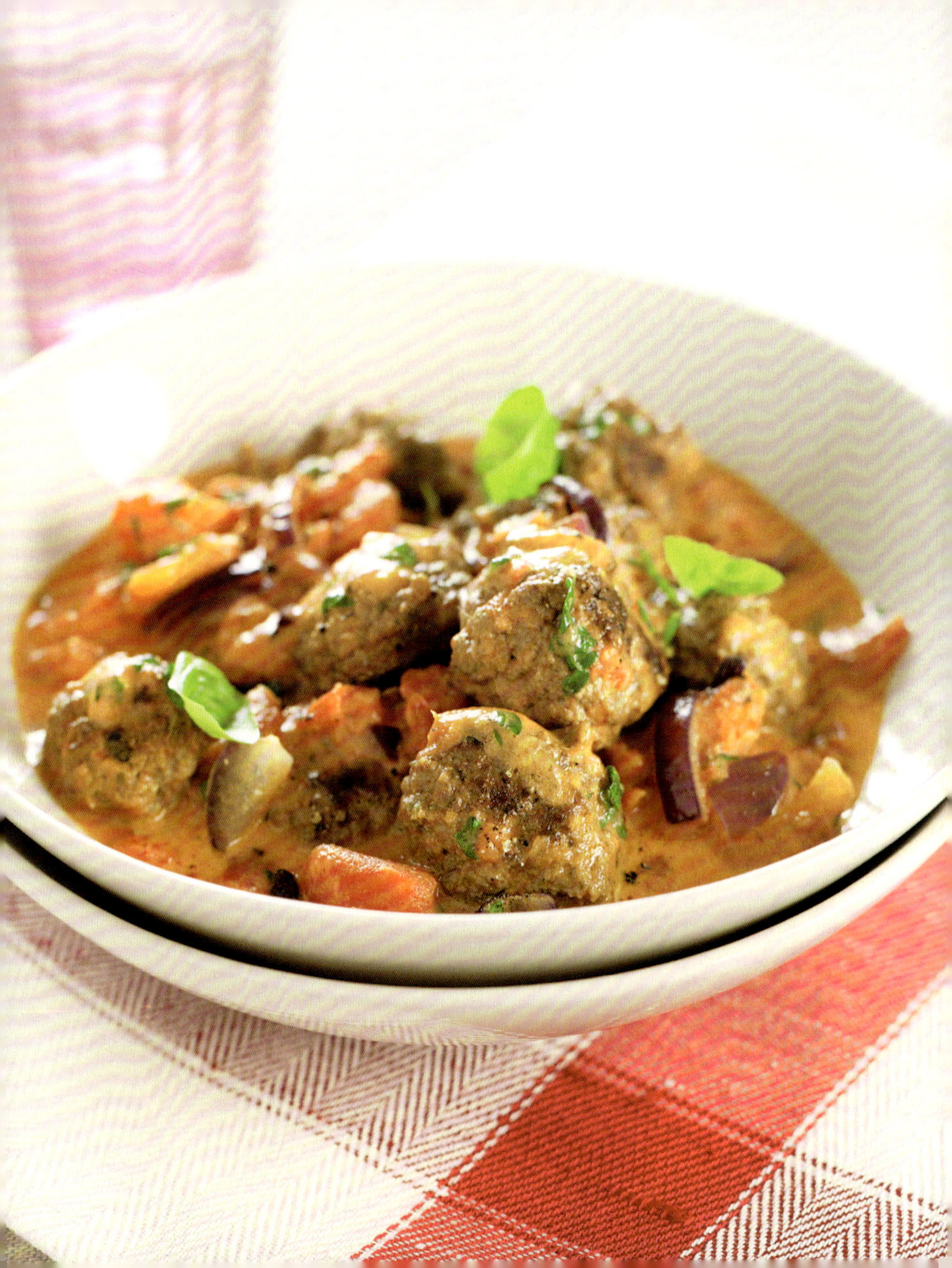

contrafilé com manteiga de ervas

2 porções
Preparo: **10 minutos**
Cozimento: **10 minutos**

2 bifes de **contrafilé**
sal e **pimenta-do-reino** moída na hora

Para a manteiga de ervas
25 g de **manteiga sem sal** em temperatura ambiente
3 filés de **aliche** escorridos e picados finamente
1 colher (sopa) de **ervas** picadas (cebolinha, salsinha e coentro)

Esfregue os filés com azeite e tempere com sal e pimenta-do-reino. Frite em uma frigideira canelada bem quente por 2 minutos de cada lado ou no ponto de sua preferência.

Misture a manteiga, o aliche e as ervas. Distribua metade da manteiga temperada sobre cada filé e sirva com uma salada de endívia e roquefort e, se desejar, batatinhas.

Acompanhamento: salada de endívia e roquefort.
Misture 2 pés de endívia, 75 g de roquefort amassado e 25 g de avelã tostada e picada grosseiramente. Regue com um pouco de azeite.

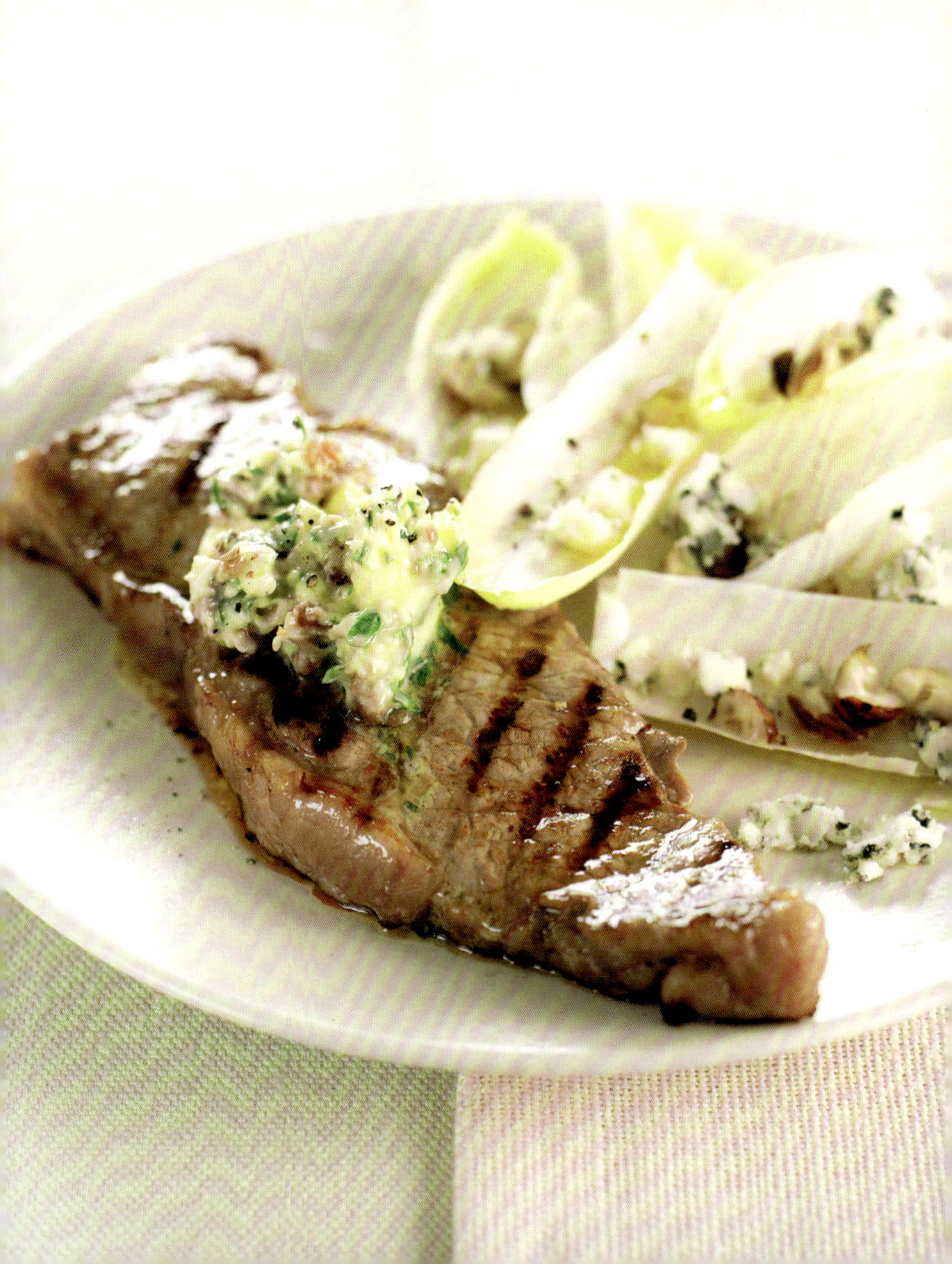

lula com maionese de alho

2 porções
Preparo: **10 minutos**
Cozimento: **10 minutos**

2 colheres (sopa) de **farinha de trigo**
uma pitada grande de **pimenta-calabresa** em flocos
8 **lulas** cortadas em anéis
óleo vegetal, para fritar
1 colher (sopa) de suco de **limão-siciliano**

Para a maionese de alho
1 dente de **alho** amassado
1 **gema**
raspas finas e suco de ½ **limão-taiti** ou **limão-siciliano**
100 ml de **azeite**
1 colher (sopa) de **ervas** frescas picadas (coentro, salsinha)

Misture a farinha de trigo e a pimenta. Empane os anéis de lula nessa mistura. Aqueça o óleo e frite a lula em porções, até dourar. Tempere com o suco de limão.

Prepare a maionese. Bata no processador ou liquidificador o alho, a gema e o suco e as raspas de limão. Despeje o azeite aos poucos, enquanto continua batendo, para obter uma maionese espessa. Adicione as ervas. Sirva como acompanhamento para a lula com uma salada verde.

Variação: camarão com maionese de alho.

Misture 1 dente de alho amassado, ½ colher (chá) de páprica, ½ pimenta-malagueta sem sementes e picada finamente, 1 colher (sopa) de azeite e um pouco de sal. Adicione 250 g de camarão grande, cru e inteiro. Grelhe os camarões em uma frigideira grande quente, em uma camada única, por 2-3 minutos. Vire e mantenha por mais 1-2 minutos. Sirva em uma travessa aquecida com a maionese de alho, como indicado.

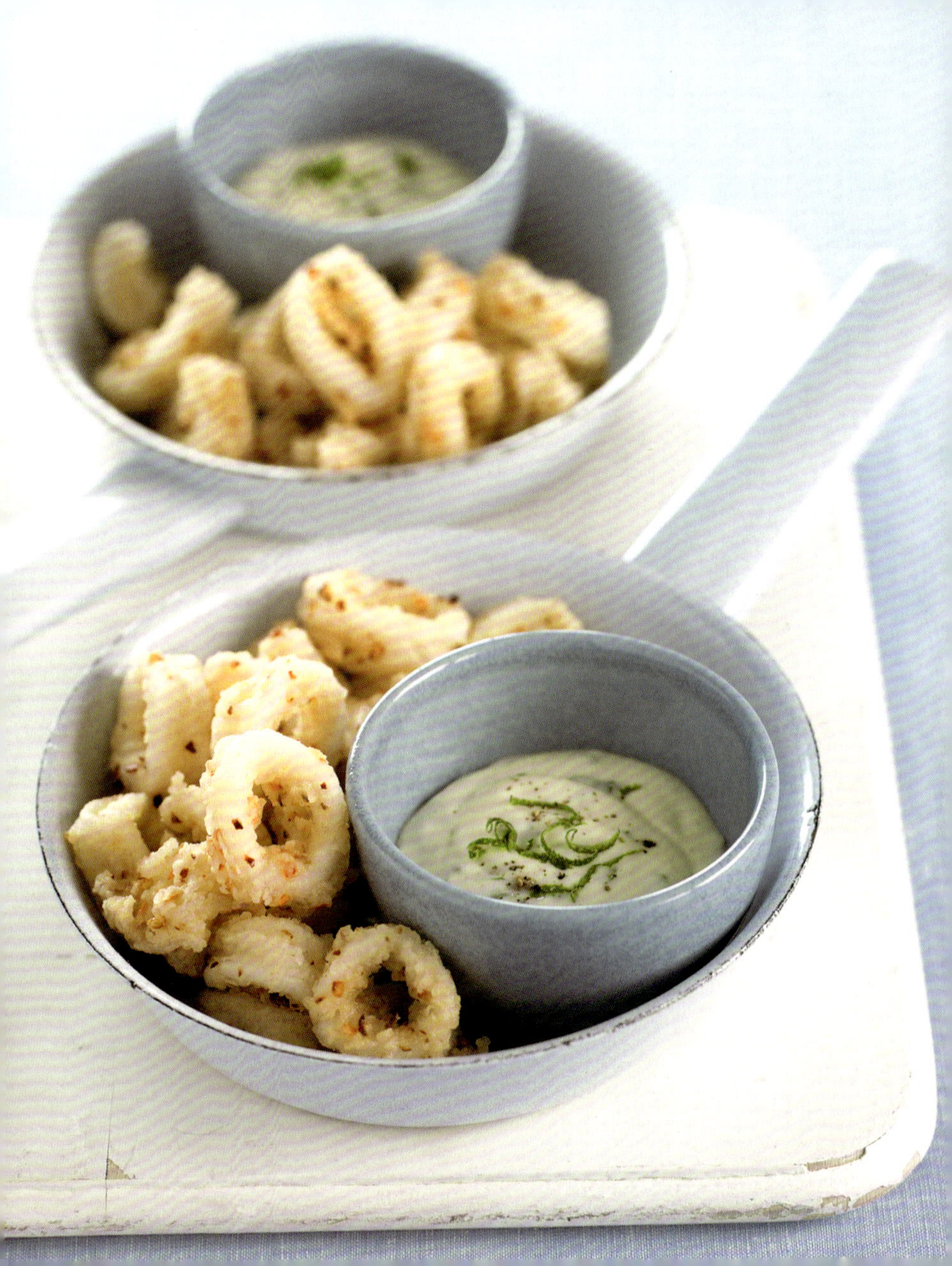

ocasiões especiais

hambúrguer de cordeiro com tomate assado

2 unidades
Preparo: **12 minutos**,
  mais o tempo para refrigerar
Cozimento: **1h15**

275 g de **carne de cordeiro**
  moída grosseiramente
40 g de **damasco** seco
  picado finamente
1 dente de **alho** amassado
1-2 colheres (sopa) de **coentro**
  fresco picado finamente
1 colher (sopa) de **salsinha**
  picada finamente
1 colher (chá) de **cominho**
  moído
uma pitada grande de
  pimenta-de-caiena
uma pitada grande de **cúrcuma**
sal e **pimenta-do-reino** moída
  na hora

Para o tomate assado
3 **tomates** médios
uma pitada grande de **páprica**
1 dente de **alho** picado
2 colheres (chá) de **azeite**

Para servir
2 **pães** de hambúrguer
folhas verdes

Prepare o tomate assado. Disponha o tomate com o lado cortado voltado para cima em uma assadeira antiaderente untada. Espalhe a páprica e o alho picado e tempere com sal e pimenta-do-reino. Regue com azeite e asse em forno preaquecido a 150°C, por 1 hora. Tire do forno e reserve.

Misture a carne, o damasco, o alho, as ervas e as especiarias e tempere com sal e pimenta-do-reino. Divida a mistura ao meio e modele duas bolas. Achate para obter dois hambúrgueres. Cubra e leve à geladeira por 30 minutos.

Aqueça uma frigideira canelada ou grill elétrico. Pincele os hambúrgueres com um pouco de azeite e grelhe por 5 minutos de cada lado, dependendo do ponto que desejar.

Corte os pães ao meio e toste-os. Distribua folhas verdes e coloque um hambúrguer. Complete com 3 tomates assados sobre cada hambúrguer e feche o sanduíche.

Variação: hambúrguer de cordeiro com muçarela.
Prepare 275 g de carne de cordeiro moída como indicado, divida a mistura ao meio e achate. Envolva 15 g de muçarela e 3 folhas de coentro fresco com cada porção. Modele os dois hambúrgueres recheados e grelhe como descrito acima.

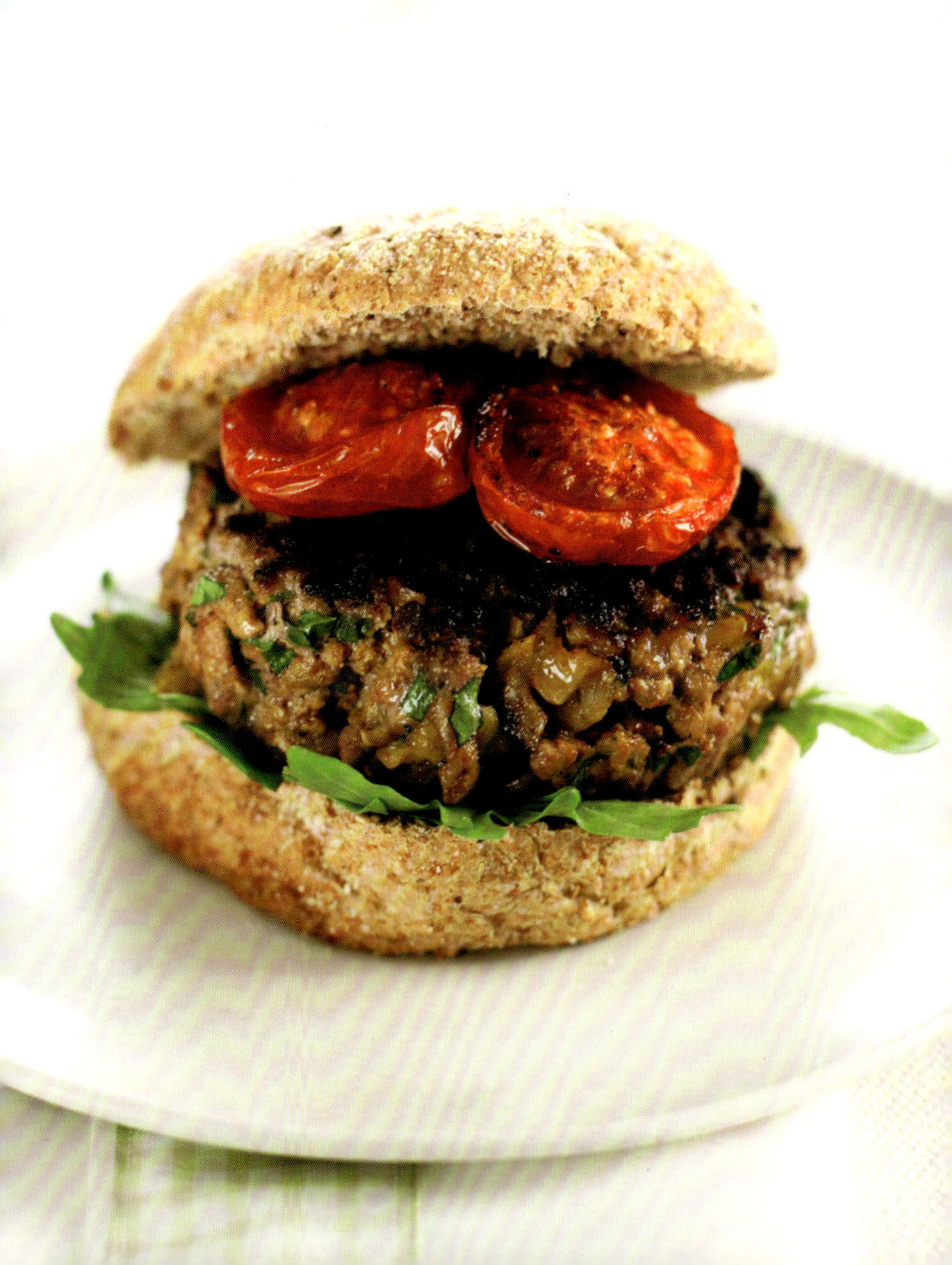

risoto de camarão, ervilha e limão

2 porções
Preparo: **10 minutos**
Cozimento: **20 minutos**

½ **cebola** pequena picada finamente
1 dente de **alho** picado finamente
1 colher (chá) de **azeite**
125 g de **arroz arbório**
1 colher (sopa) de **vinho branco**
400 ml de **caldo de peixe** quente
250 g de **camarão** grande cozido
150 g de **ervilha** cozida
raspas e suco de ½ **limão-siciliano**
15 g de **manteiga**
2 colheres (sopa) de **parmesão** ralado na hora
1 colher (sopa) de **salsinha** picada
sal e **pimenta-do-reino** moída na hora

Refogue a cebola e o alho no azeite por 2-3 minutos, até murchar. Acrescente o arroz e refogue por mais 1 minuto para cobrir todos os grãos com o azeite. Adicione o vinho e cozinhe por mais um minuto. Junte o caldo aos poucos, uma concha por vez, mexendo sem parar. Espere a absorção total do líquido antes de acrescentar mais caldo.

Adicione o camarão e a ervilha junto com a última concha de caldo e misture as raspas e o suco de limão-siciliano. Mexa até cozinhar o camarão e a ervilha. Tire a panela do fogo e incorpore a manteiga, o parmesão e a salsinha. Tempere com sal e pimenta-do-reino.

Variação: risoto de fava e brócolis. Cozinhe a cebola, o alho e o arroz como indicado. Adicione 1 colher (sopa) de vinho branco e 400 ml de caldo de legumes (p. 94). Quando o caldo for absorvido, acrescente 125 g de brócolis em buquês e 40 g de fava congelada. Após 4-5 minutos, quando o brócolis e a fava estiverem cozidos, tire o risoto do fogo e incorpore 15 g de manteiga, 2 colheres (sopa) de parmesão ralado e 1 colher (sopa) de salsinha picada.

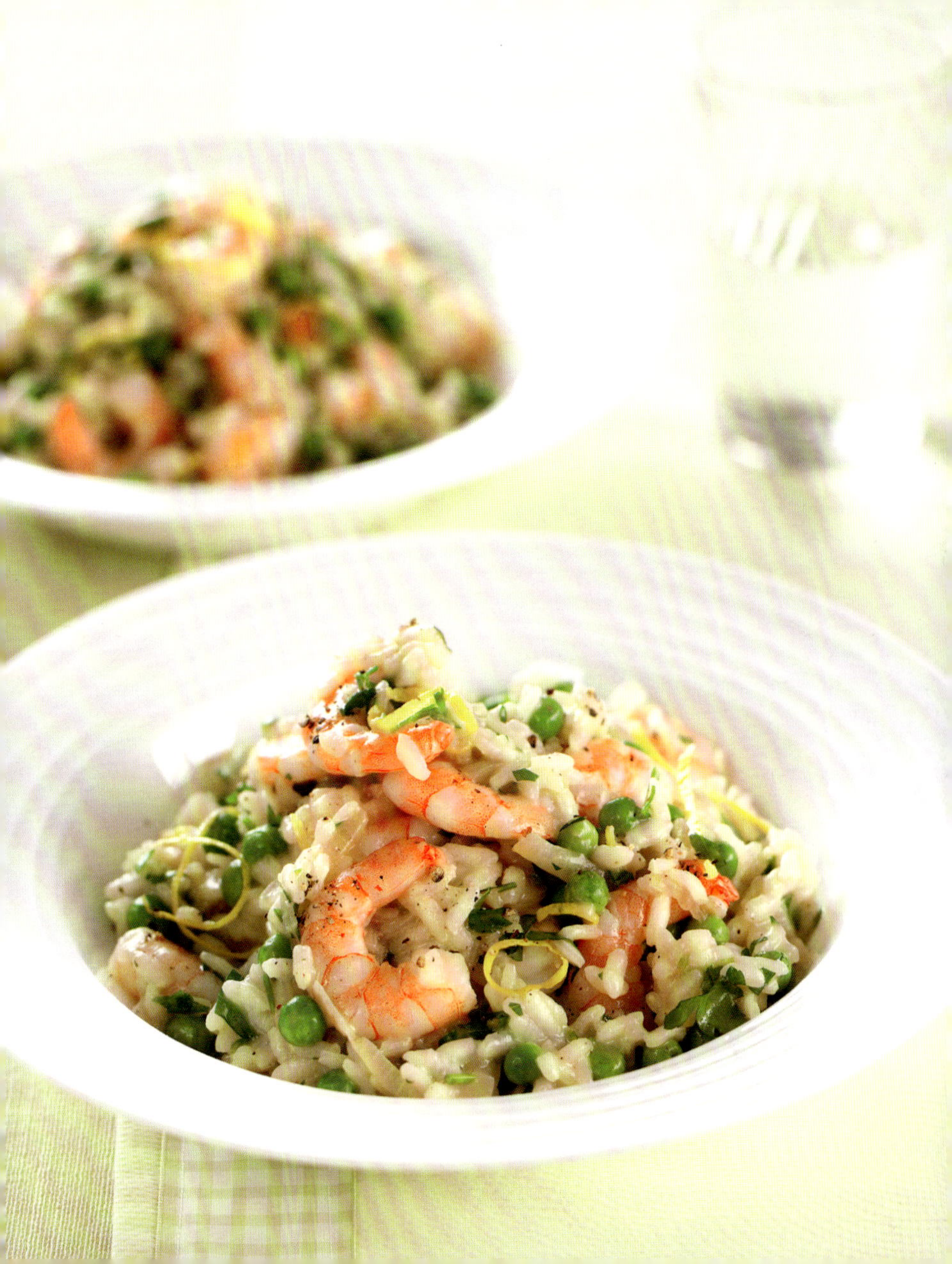

linguado ao forno com aspargo

2 porções
Preparo: **10 minutos**
Cozimento: **20 minutos**

15 g de **manteiga sem sal**
  em temperatura ambiente
1 colher (sopa) de **ervas**
  frescas picadas (salsinha,
  tomilho, cebolinha)
4 filés de **linguado** sem pele
4 **cebolinhas** picadas
1 **cenoura** cortada em palitos
1 colher (sopa) de **vinho**
  branco
raspas finas de ½ **limão-**
  -siciliano
sal e **pimenta-do-reino** moída
  na hora

Para o aspargo refogado
15 g de **manteiga sem sal**
  em temperatura ambiente
1-2 colheres (chá) de **azeite**
125 g de **aspargo**
lascas de **parmesão** ralado
  na hora

Misture a manteiga e as ervas e espalhe sobre um dos lados do filé de linguado. Enrole o peixe, com a manteiga de ervas do lado de dentro.

Corte quatro quadrados de papel-alumínio, com cerca de 25 cm x 25 cm. Coloque a cebolinha e a cenoura no centro de dois deles e, em cima, dois rolinhos de linguado. Regue com o vinho e espalhe as raspas de limão-siciliano. Tempere com sal e pimenta-do-reino. Cubra com os outros pedaços de papel-alumínio e feche os lados para fazer um pacote.

Transfira os pacotes para uma assadeira e asse no forno preaquecido a 200°C, por cerca de 20 minutos.

Prepare o aspargo. Aqueça a manteiga e o azeite em uma frigideira. Adicione o aspargo e refogue por 2-3 minutos, até ficar macio. Tempere a gosto. Disponha-os em pratos aquecidos e espalhe por cima as lascas de parmesão. Sirva como acompanhamento para o peixe.

Variação: aspargo ao molho de estragão e limão.

Misture 1 colher (sopa) de vinagre com estragão, raspas de ½ limão-siciliano, ¼ de colher (chá) de mostarda de Dijon, uma pitada de açúcar, 1 colher (sopa) de estragão picado e 2-3 colheres (sopa) de azeite. Tempere com sal e pimenta-do-reino. Aqueça 1 colher (sopa) de azeite em uma frigideira. Adicione 250 g de aspargo aparado e cozinhe por 5 minutos, virando de vez em quando. Transfira para uma travessa rasa, regue com o molho e deixe descansar por 5 minutos. Sirva com o linguado preparado como descrito acima.

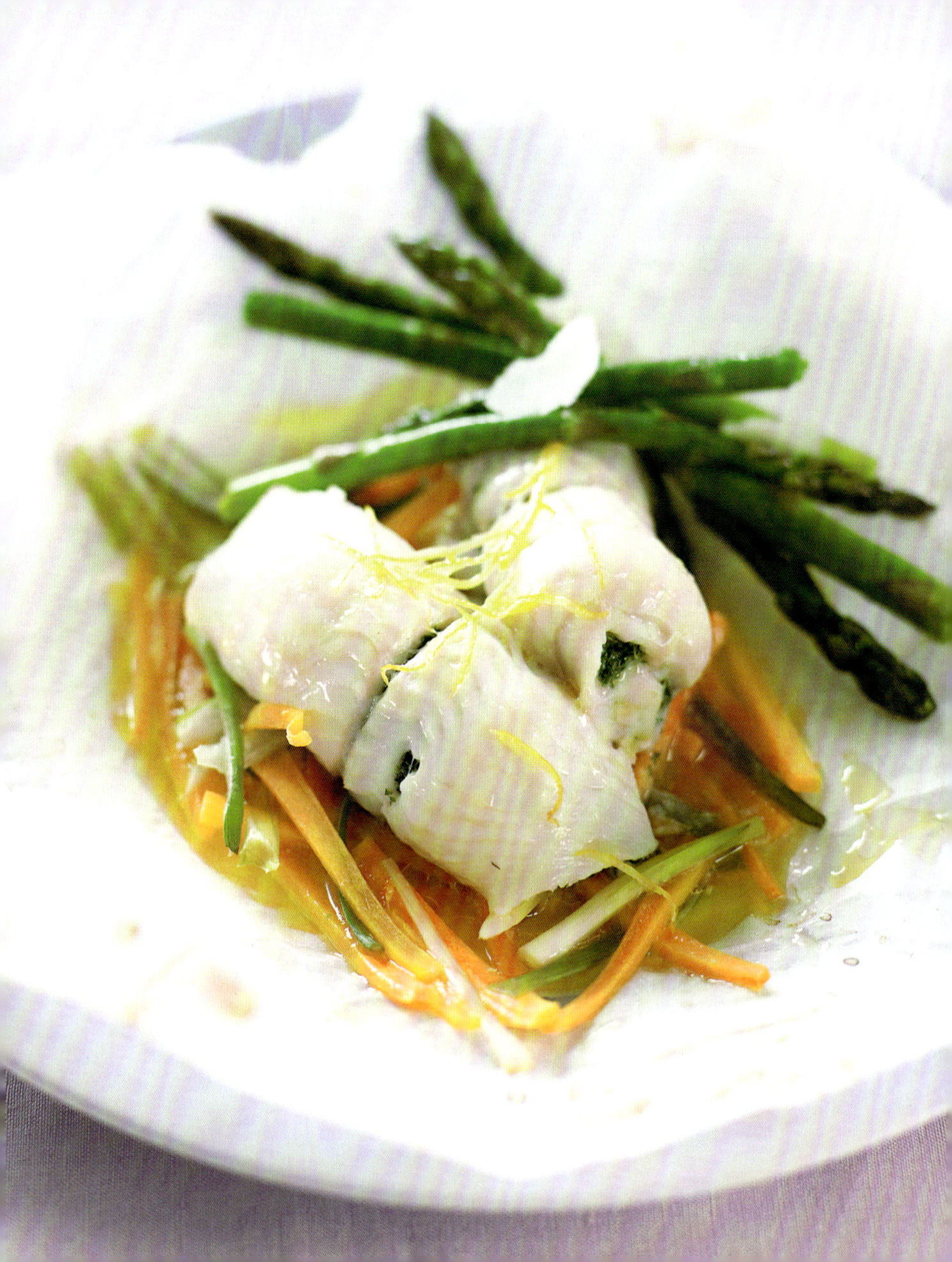

salmão oriental

2 porções
Preparo: **10 minutos**
Cozimento: **6-10 minutos**

3-4 **cebolinhas** picadas grosseiramente, mais um pouco para decorar
1 cm de **gengibre** fresco descascado e cortado em tiras, mais um pouco para decorar
1 colher (sopa) de **xarope de gengibre*** ou **água tônica**
1 colher (sopa) de **molho de soja** light
2 filés de **salmão** sem pele, com 125 g cada

* **Xarope de gengibre**
200 ml de água
360 g de açúcar
casca e suco de 1 limão-siciliano
cerca de 8 cm de gengibre descascado e picado
2 colheres (chá) de cremor de tártaro

Ferva a água, o açúcar, o cremor de tártaro, a casca de limão e o gengibre por 5 minutos, mexendo de vez em quando, até o açúcar dissolver. Acrescente o suco de limão e deixe ferver novamente. Coe em um recipiente de vidro e espere esfriar. Conserva-se na geladeira por até 2 semanas (pode ser misturado a água com gás gelada e servido como refresco).

Misture a cebolinha, o gengibre, o xarope ou a água tônica e o molho de soja.

Refogue o salmão nessa mistura em uma frigideira tampada por 3-5 minutos de cada lado. Se necessário, acrescente um pouco de água.

Transfira o salmão para um prato de servir e regue com o restante do molho. Decore com cebolinha e gengibre picados e sirva acompanhado de repolho e vagem refogados.

Variação: salmão apimentado cremoso. Tempere os filés de salmão com 1 colher (sopa) de pimenta-do-reino moída na hora. Frite o salmão em 1 colher (sopa) de azeite por 2 minutos de cada lado. Adicione 4 colheres (sopa) de creme de leite fresco, aqueça e sirva com batatinhas e legumes cozidos no vapor.

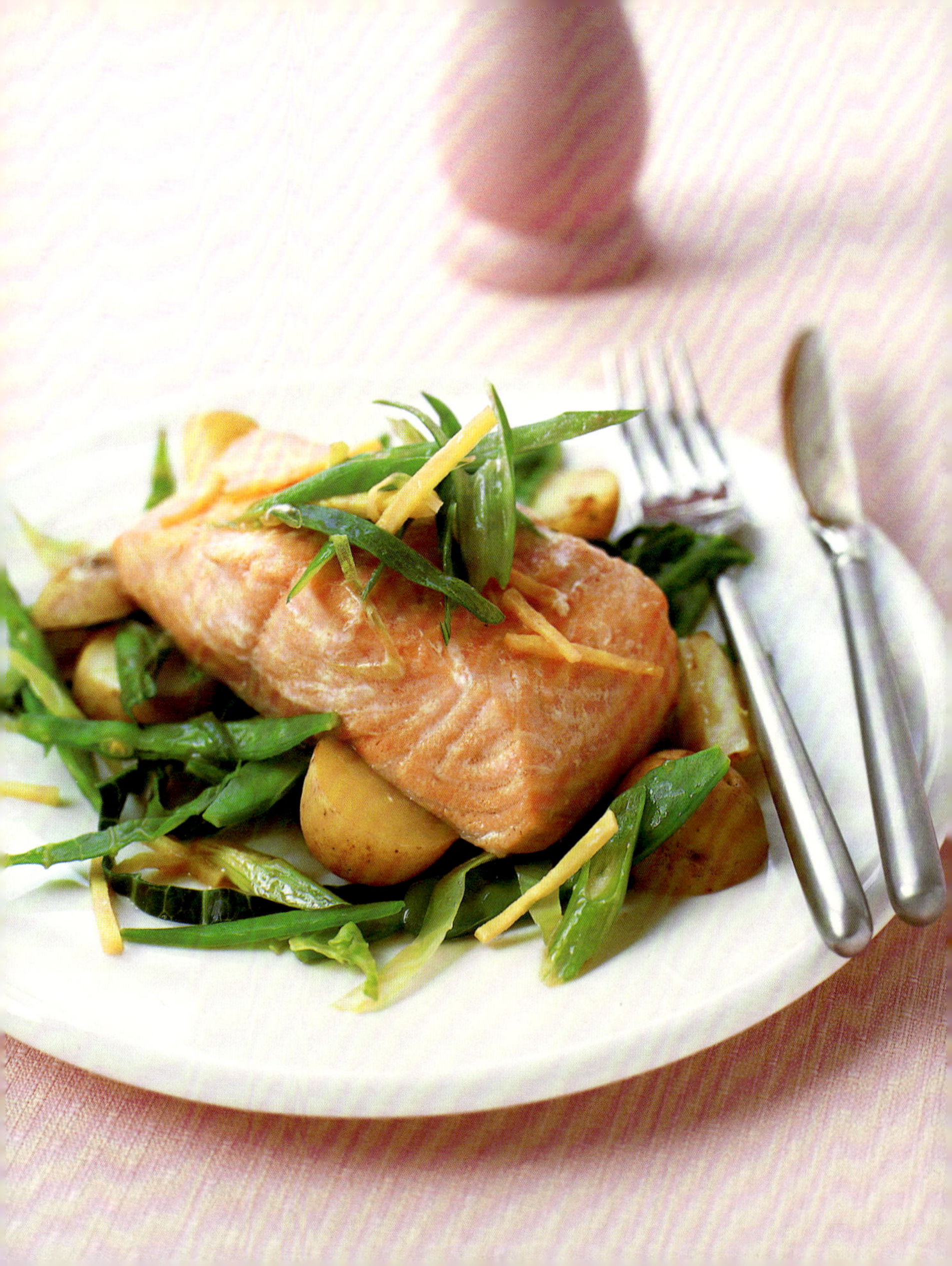

lombo de porco recheado

2 porções
Preparo: **10 minutos**
Cozimento: **20 minutos**

300 g de **lombo de porco**
1 **cebola** pequena fatiada finamente
1 colher (sopa) de **azeite**
6 **damascos** secos picados finamente
1 colher (sopa) de **sálvia** picada
1 colher (sopa) de **pinhole**
folhas frescas de **sálvia**, para decorar

Para o purê de feijão-branco
400 g de **feijão-branco** cozido
1 dente de **alho** fatiado
100 ml de **caldo de galinha** (p. 146)
2 colheres (sopa) de **creme de leite fresco**
sal e **pimenta-do-reino** moída na hora

Faça um corte raso no lombo no sentido do comprimento, para inserir o recheio.

Refogue a cebola no azeite por 2-3 minutos, até murchar. Acrescente o damasco, a sálvia e o pinhole. Refogue por mais 1 minuto.

Distribua o recheio ao longo do corte do lombo e prenda com palitos de dente ou com barbante.

Frite o lombo no restante do azeite por alguns minutos, até dourar. Transfira para uma assadeira e asse no forno preaquecido a 200°C, por 10-15 minutos.

Prepare o purê. Cozinhe o feijão, o alho e o caldo em fogo baixo por 5 minutos. Adicione o creme de leite e tempere com sal e pimenta-do-reino. Amasse a mistura de feijão e sirva com o lombo decorado com folhas de sálvia.

Variação: lombo com damasco e cebola roxa.
Corte 350 g de lombo de porco em seis fatias. Grelhe em uma frigideira canelada por 7-8 minutos, transfira para um recipiente refratário e mantenha aquecido. Corte 1 cebola roxa em quatro, mas deixe a raiz intacta. Divida 4 damascos ao meio. Grelhe a cebola e o damasco em uma frigideira canelada por 5 minutos de cada lado e acrescente um ramo de tomilho no último minuto. Sirva com o lombo. Regue com 2 colheres (sopa) de azeite e 2 colheres (chá) de vinagre de maçã.

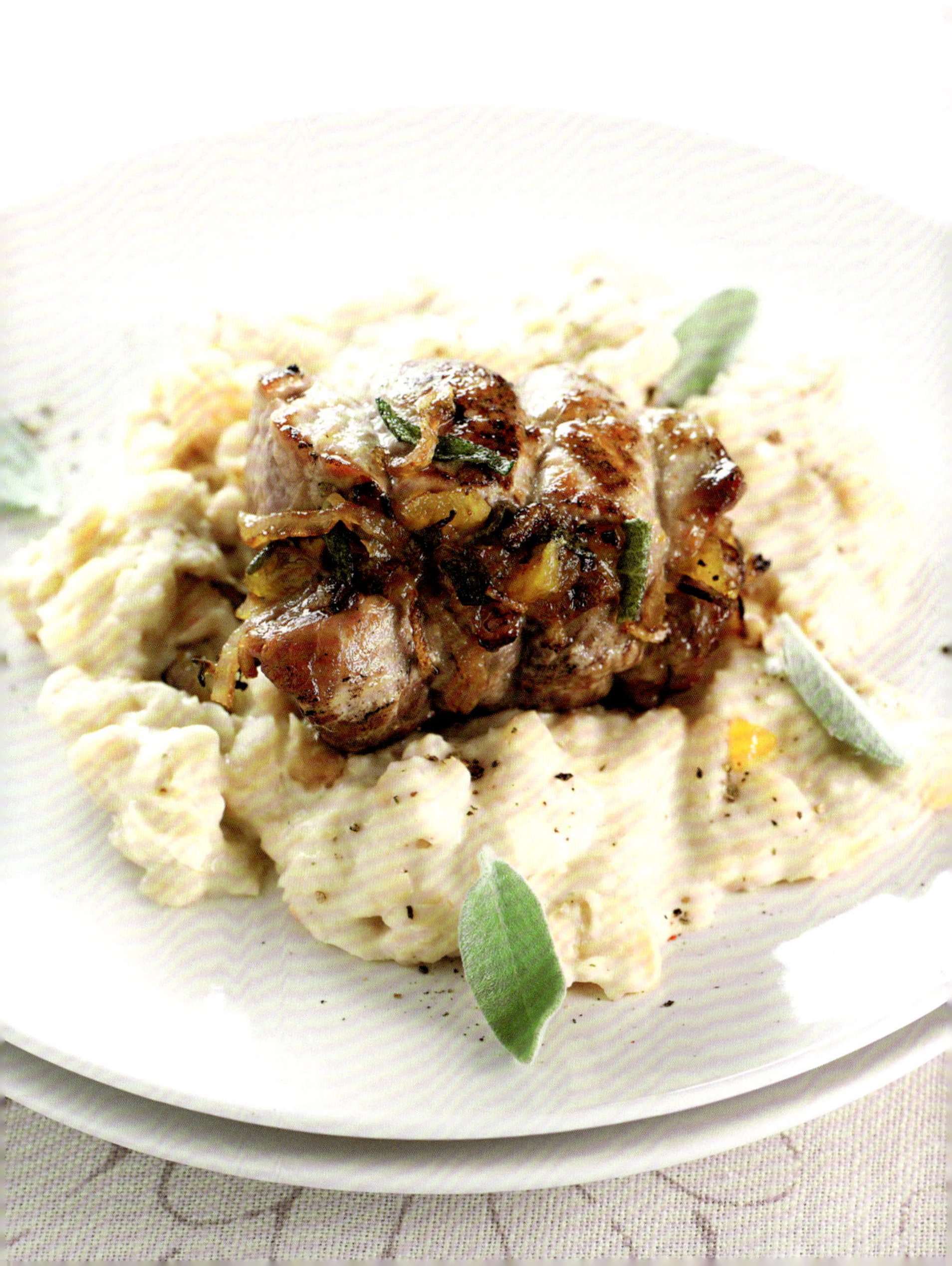

filé com pesto de nozes

2 porções
Preparo: **5 minutos**
Cozimento: **5 minutos**

2 bifes de **filé-mignon** com 200 g cada
50 g de **nozes** tostadas
3 colheres (sopa) de **ervas** mistas picadas (coentro, salsinha, manjericão)
2 colheres (sopa) de **parmesão** ralado na hora
1 dente de **alho**
2 colheres (sopa) de **azeite**
sal e **pimenta-do-reino** moída na hora

Tempere a carne com sal e pimenta-do-reino e grelhe em uma frigideira canelada ou grill elétrico por 2 minutos de cada lado, ou até chegar ao ponto desejado.

Bata no processador ou liquidificador as nozes, as ervas, o parmesão, o alho e o azeite, conservando um pouco da textura.

Sirva os filés com o molho e acompanhados por batatinha e ervilha-torta cozidas no vapor.

Variação: legumes grelhados com pesto de nozes.

Prepare o pesto de nozes como indicado. Aqueça a frigideira canelada e grelhe 1 pimentão vermelho sem sementes cortado ao meio, 1 abobrinha cortada ao meio, 2 cebolas roxas cortadas em quatro e 6 aspargos. Sirva os legumes com o pesto sobre uma camada de cuscuz cozido no vapor.

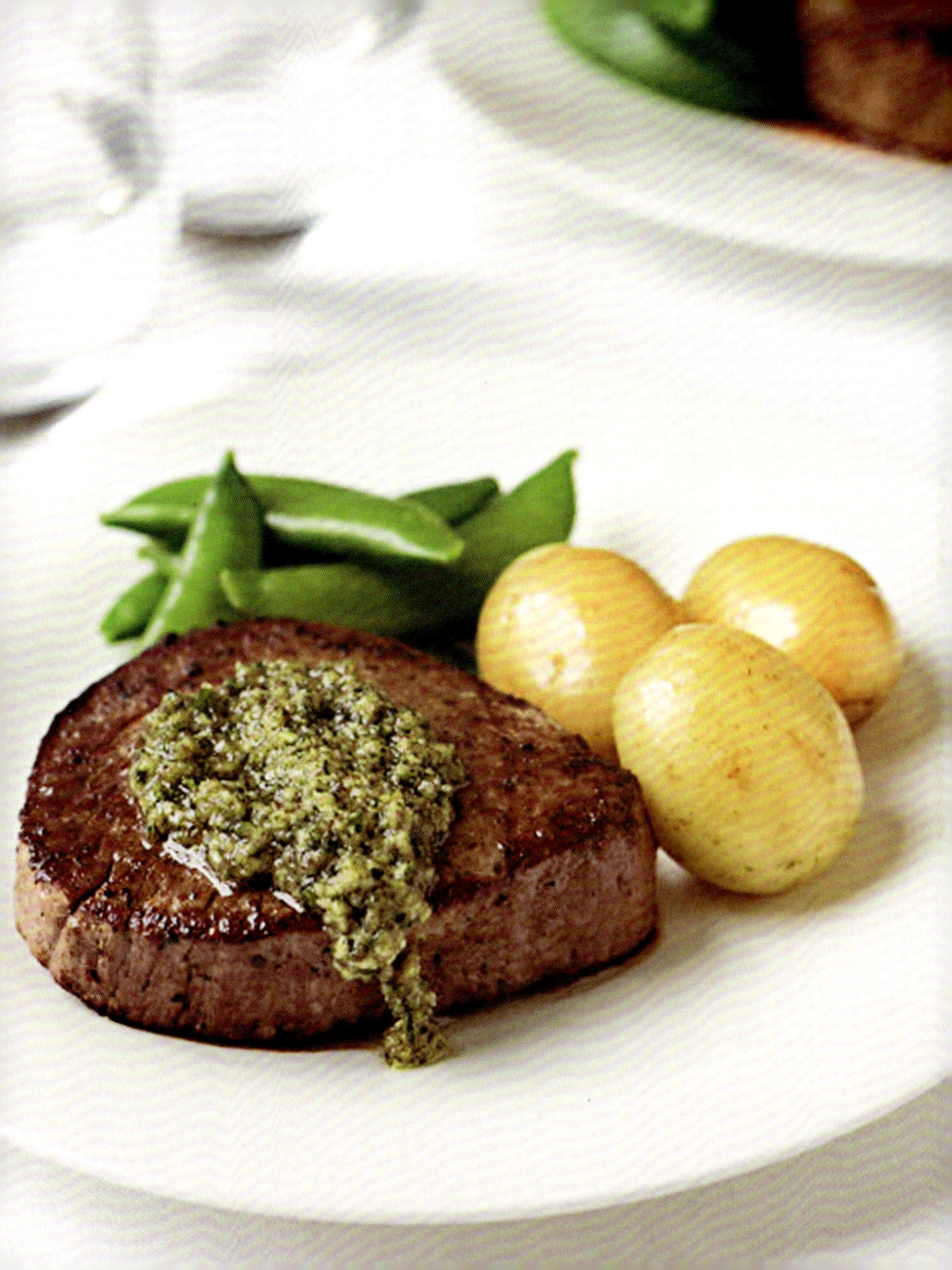

cogumelo recheado com tofu

2 porções
Preparo: **15 minutos**
Cozimento: **18-20 minutos**

2 colheres (chá) de **caldo de legumes** em pó
600 ml de **água** fervente
4 **cogumelos portobello** grandes sem o cabo
75 g de **cebola roxa** picada finamente
2 colheres (sopa) de **azeite**
2 colheres (sopa) de **pinhole**
250 g de **tofu** em cubos
½ colher (chá) de **pimenta- -de-caiena**
2 colheres (sopa) de **manjericão** picado
50 g de **parmesão** ralado fino na hora
175 g de folhas pequenas de **espinafre**
sal e **pimenta-do-reino** a gosto

Dissolva o caldo de legumes na água fervente. Adicione os cogumelos, escalde por 2-3 minutos, tire da panela e escorra no papel-toalha.

Refogue a cebola em um pouco de azeite, em fogo baixo, até murchar. Tire do fogo e deixe esfriar.

Toste o pinhole até dourar, tire do fogo e junte com a cebola, o tofu, a pimenta-de-caiena, o manjericão e o restante do azeite. Tempere com sal e pimenta-do-reino.

Polvilhe um pouco de parmesão sobre cada cogumelo e recheie com a mistura de cebola. Coloque-os em uma fôrma refratária e leve ao forno por 10 minutos, até aquecer e o queijo derreter.

Distribua as folhas de espinafre sobre dois pratos e cubra com o cogumelo quente (o calor do cogumelo vai fazer o espinafre murchar).

Variação: macarrão com tofu e cogumelo. Cozinhe 300 g de macarrão em água fervente, seguindo as instruções da embalagem. Escorra. Fatie 2 cogumelos portobello. Aqueça 1 colher (sopa) de azeite em uma frigideira e refogue o cogumelo com 40 g de cebola roxa picada. Misture o cogumelo e a cebola com o macarrão e acrescente o tofu, a pimenta-de-caiena, o manjericão, o restante do azeite e tempere com sal e pimenta-do-reino. Acrescente o parmesão, o espinafre e 3 colheres (sopa) de creme de leite fresco. Aqueça em fogo baixo e sirva.

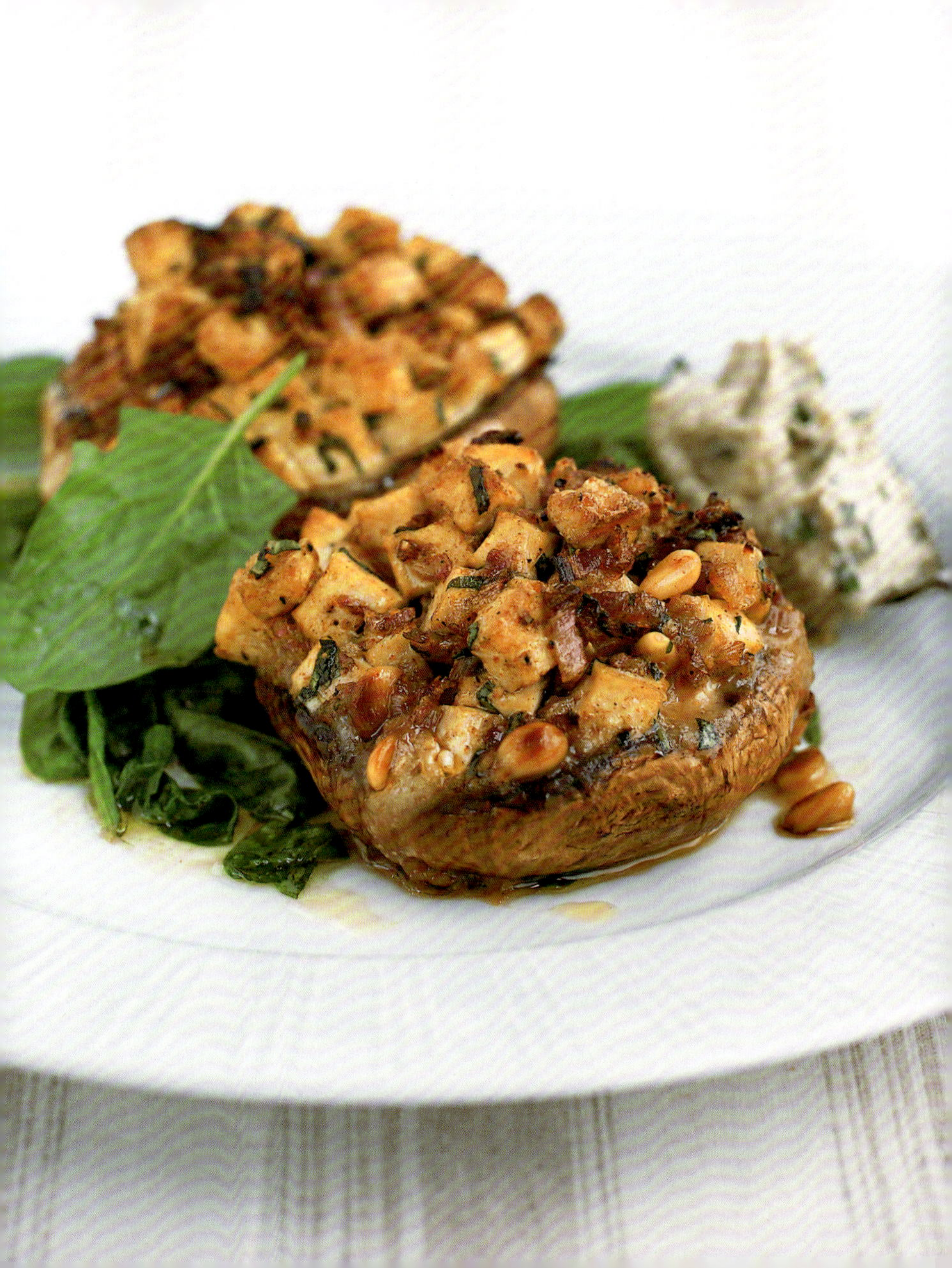

cordeiro com cuscuz marroquino

2 porções
Preparo: **10 minutos**,
   mais o tempo para marinar
Cozimento: **5 minutos**

4 costeletas de **cordeiro**
   ou 2 filés
2 colheres (chá) de **ras el hanout** (tempero marroquino)
raspas e suco de ½ **limão-siciliano**
1 dente de **alho** amassado
1 colher (sopa) de **azeite**
sal e **pimenta-do-reino** moída na hora

Para o cuscuz
300 ml de **caldo de galinha** (p. 146)
150 g de **cuscuz**
4 **damascos** secos picados
50 g de **amêndoa** sem casca e tostada, picada
2 colheres (sopa) de **coentro** fresco picado
sal e **pimenta-do-reino** moído na hora

Misture o ras el hanout, as raspas e o suco de limão, o alho, o azeite, sal e pimenta-do-reino. Esfregue a mistura na carne de cordeiro. Deixe marinar por pelo menos 1 hora.

Prepare a carne de cordeiro em uma frigideira canelada ou grill elétrico preaquecido, por cerca de 2 minutos de cada lado. Vire uma vez, até dourar e assar no ponto desejado.

Despeje o caldo fervente sobre o cuscuz, tampe e espere 5 minutos, até que os grãos absorvam o líquido. Solte o cuscuz com um garfo.

Incorpore o damasco, a amêndoa e o coentro ao cuscuz e sirva com a carne de cordeiro.

Variação: legumes grelhados com cuscuz marroquino. Misture 150 g de cuscuz com 300 ml de caldo de legumes fervente. Pique 1 pimentão vermelho e ½ pimentão amarelo. Corte 2 abobrinhas pequenas ao meio e 1 cebola roxa em rodelas. Coloque os legumes em uma assadeira com 12 tomates-cereja e 1 dente de alho fatiado. Regue com 1 colher (sopa) de azeite e asse no forno preaquecido, por 5-6 minutos, virando de vez em quando. Adicione 50 g de aspargo aparado e asse por mais 2-3 minutos. Use um garfo para misturar as raspas e o suco de ½ limão-siciliano ao cuscuz e sirva com os legumes.

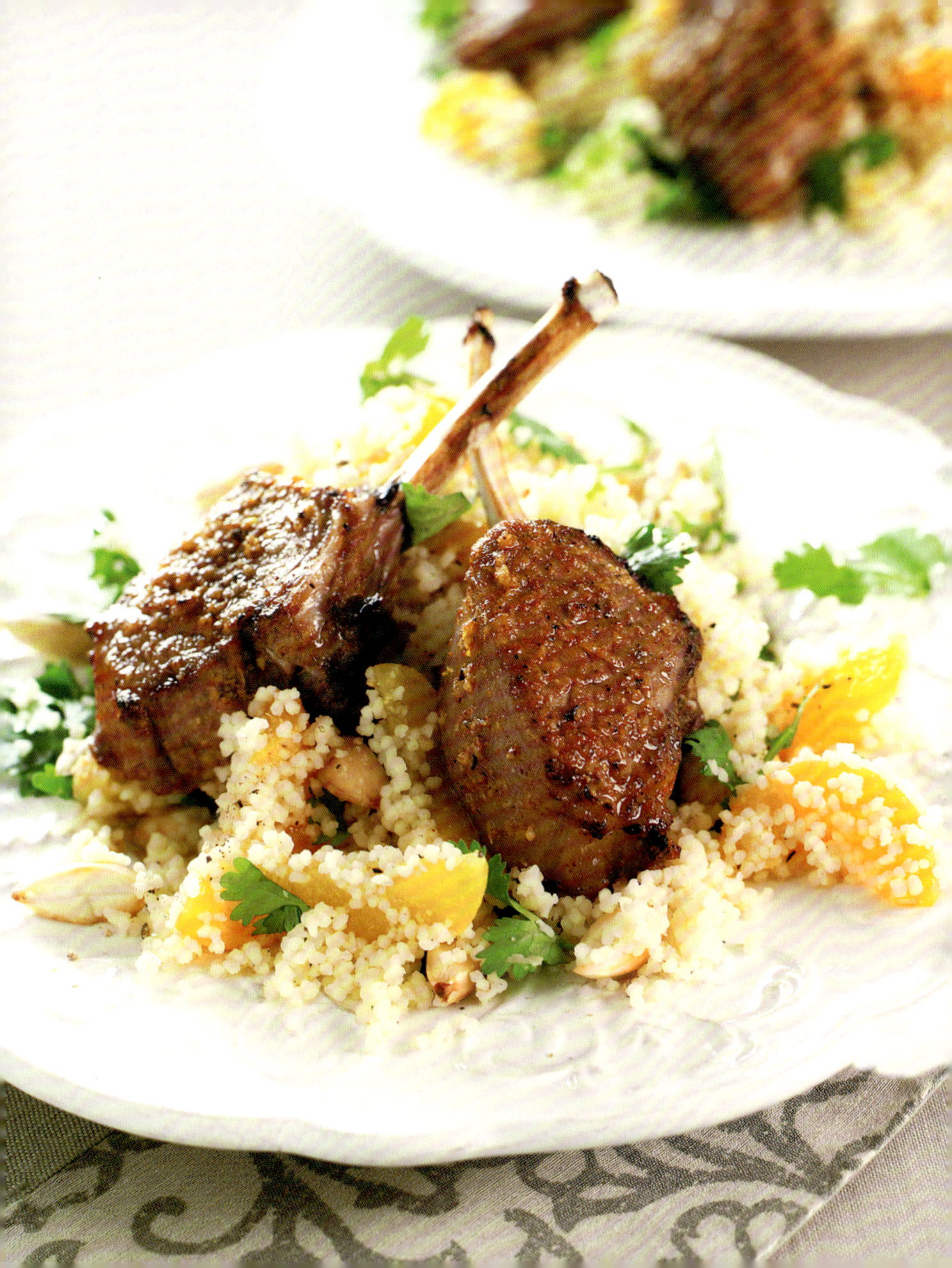

suflê de gorgonzola

2 unidades
Preparo: **10 minutos**
Cozimento: **15 minutos**

15 g de **manteiga**, mais um pouco para untar
1 colher (sopa) de **parmesão** ralado na hora
15 g de **farinha de trigo**
100 ml de **leite**
50 g de **gorgonzola** ou **roquefort** amassado
1 **ovo**, gema e clara separadas

Unte dois ramequins de 150 ml com a manteiga e cubra o fundo e as laterais com o parmesão ralado.

Derreta a manteiga em uma panela e adicione a farinha. Bata para obter uma mistura homogênea e adicione o leite aos poucos, mexendo sempre, até a mistura engrossar. Deixe esfriar um pouco e bata com o queijo e a gema.

Bata as claras em neve até formar picos firmes. Incorpore à mistura de queijo e transfira para os ramequins preparados. Asse em forno preaquecido a 200°C, por cerca de 15 minutos, até dourar e crescer. Sirva quente com salada de agrião e pão crocante.

Acompanhamento: salada de agrião e maçã.
Misture 2 colheres (sopa) de suco de limão-siciliano, ½ colher (chá) de mostarda de Dijon, 1 colher (chá) de mel e 1 colher (sopa) de azeite. Fatie 1 maçã finamente e misture com 50 g de agrião. Regue o agrião e a maçã com o molho, misture e sirva.

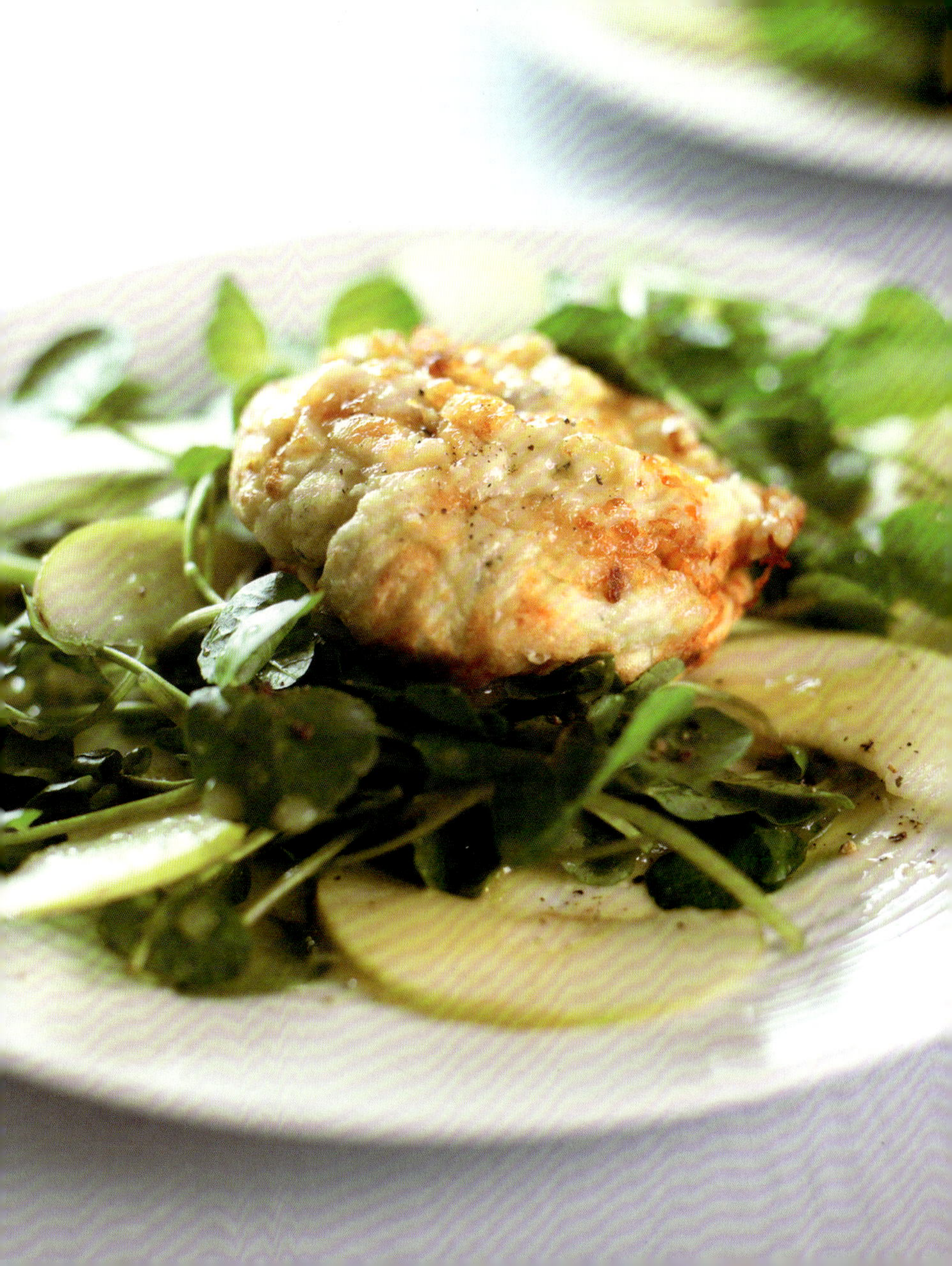

berinjela com pinhole

2 porções
Preparo: **30 minutos**,
  mais o tempo para gelar
Cozimento: **12-15 minutos**

1 colher (sopa) de **pinhole**
1 **berinjela** grande e comprida,
  cortada longitudinalmente
  em oito fatias
1 **tomate** grande ou
  2 pequenos, cortados
  em oito fatias
8 folhas grandes de
  manjericão, mais um
  pouco para decorar
125 g de **muçarela**, cortada
  em quatro fatias
1 colher (sopa) de **azeite**
sal e **pimenta-do-reino**
  moída na hora

Para o molho de tomate
2 colheres (sopa) de **azeite**
1 colher (chá) de **vinagre**
  balsâmico
1 colher (chá) de **pasta**
  de tomate seco
1 colher (chá) de suco
  de **limão-siciliano**

Prepare o molho. Bata o azeite, o vinagre, a pasta de tomate seco e o suco de limão-siciliano. Reserve.

Toste o pinhole, até dourar. Reserve.

Cozinhe a berinjela em água fervente com sal por 2 minutos. Escorra e seque no papel-toalha.

Disponha duas fatias de berinjela em uma vasilha refratária, em cruz. Cubra com uma fatia de tomate, tempere com sal e pimenta-do-reino, adicione uma folha de manjericão, uma fatia de muçarela e outra folha de manjericão. Tempere com mais sal e pimenta-do--reino e finalize com outra fatia de tomate. Dobre as extremidades da berinjela sobre o recheio, como se fosse um pacote. Prepare quatro unidades. Cubra e leve à geladeira por 20 minutos.

Pincele os pacotes de berinjela com azeite. Leve ao forno ou grill preaquecido e asse por 5 minutos de cada lado, até dourar. Sirva dois pacotes por pessoa, regados com o molho e decorados com o pinhole e folhas de manjericão.

Variação: berinjela com bruschetta de alho. Regue 4 fatias de ciabatta com 1 colher (sopa) de azeite e esfregue o alho. Toste o pão até dourar. Prepare os pacotes de berinjela como indicado e coloque-os sobre as fatias de pão. Distribua parmesão ralado na hora e 1 colher (sopa) de pinhole tostado e sirva.

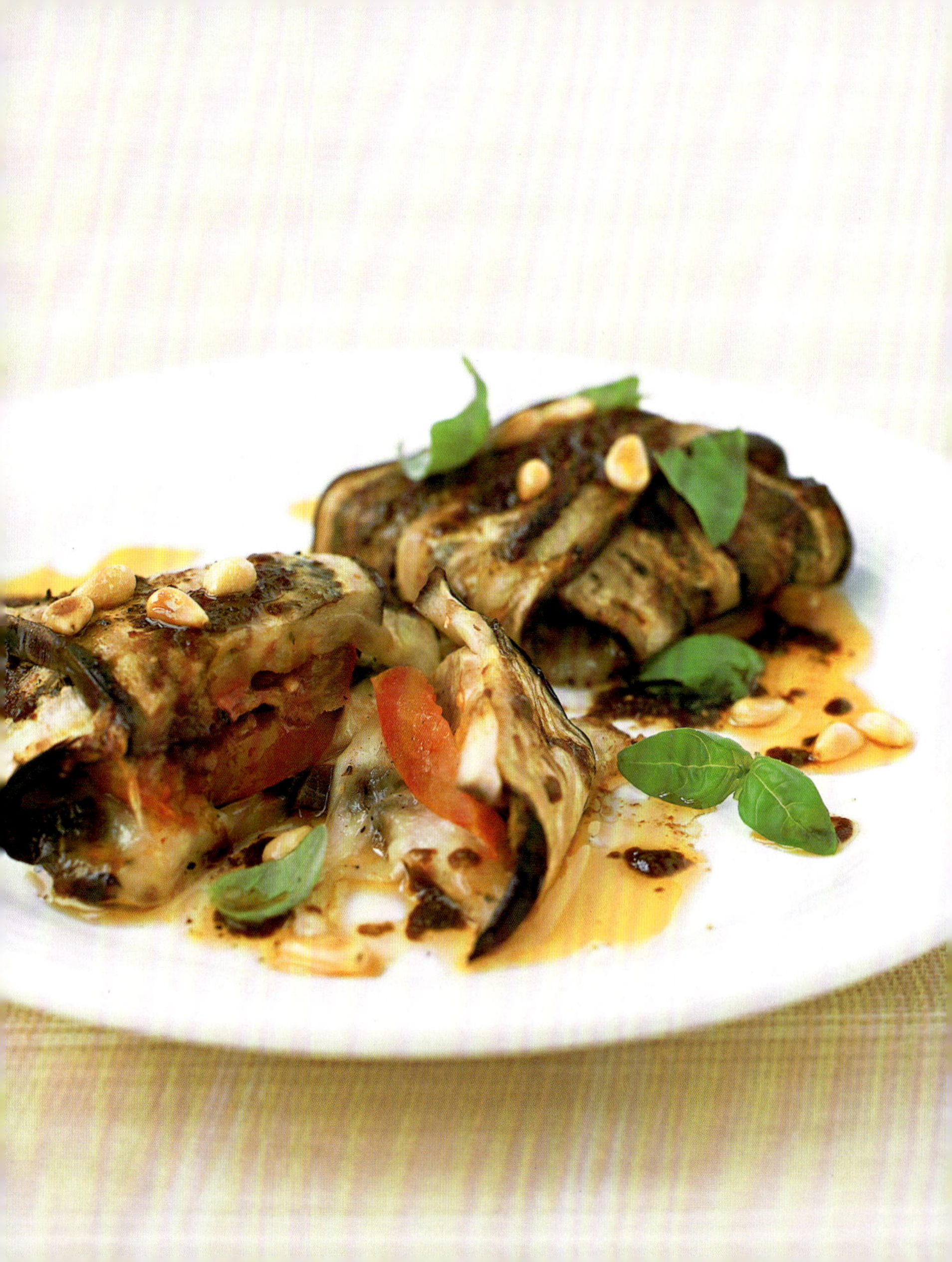

rigatone com salmão defumado

2 porções
Preparo: **10 minutos**
Cozimento: **30 minutos**

1 **abobrinha** picada
1 **pimentão vermelho**
   sem sementes picado
1 **cebola roxa** cortada
   em rodelas
2 dentes de **alho** fatiados
2 colheres (sopa) de **azeite**
150 g de **rigatone**
150 g de **salmão defumado**
6 colheres (sopa) de **creme de leite fresco**
raspas e suco de ½ **limão--siciliano**
1 colher (sopa) de **pinhole** tostado
um punhado de folhas de **manjericão** picadas grosseiramente

Coloque a abobrinha, o pimentão, a cebola e o alho em uma assadeira. Regue com o azeite e asse no forno preaquecido a 220°C, por 25-30 minutos, até os legumes ficarem macios e começarem a queimar levemente.

Cozinhe a massa em água fervente segundo as instruções da embalagem. Escorra.

Corte o salmão em pedaços pequenos e misture com o creme de leite, as raspas e o suco de limão-siciliano, o pinhole e as folhas de manjericão. Despeje o molho no macarrão, junte os legumes assados e aqueça em fogo baixo antes de servir.

Variação: rigatone com linguiça e feta. Na metade do tempo do cozimento, junte aos legumes 75 g de linguiça fatiada. Substitua o salmão por 50 g de feta. Misture o molho, o macarrão e os legumes assados. Aqueça antes de servir.

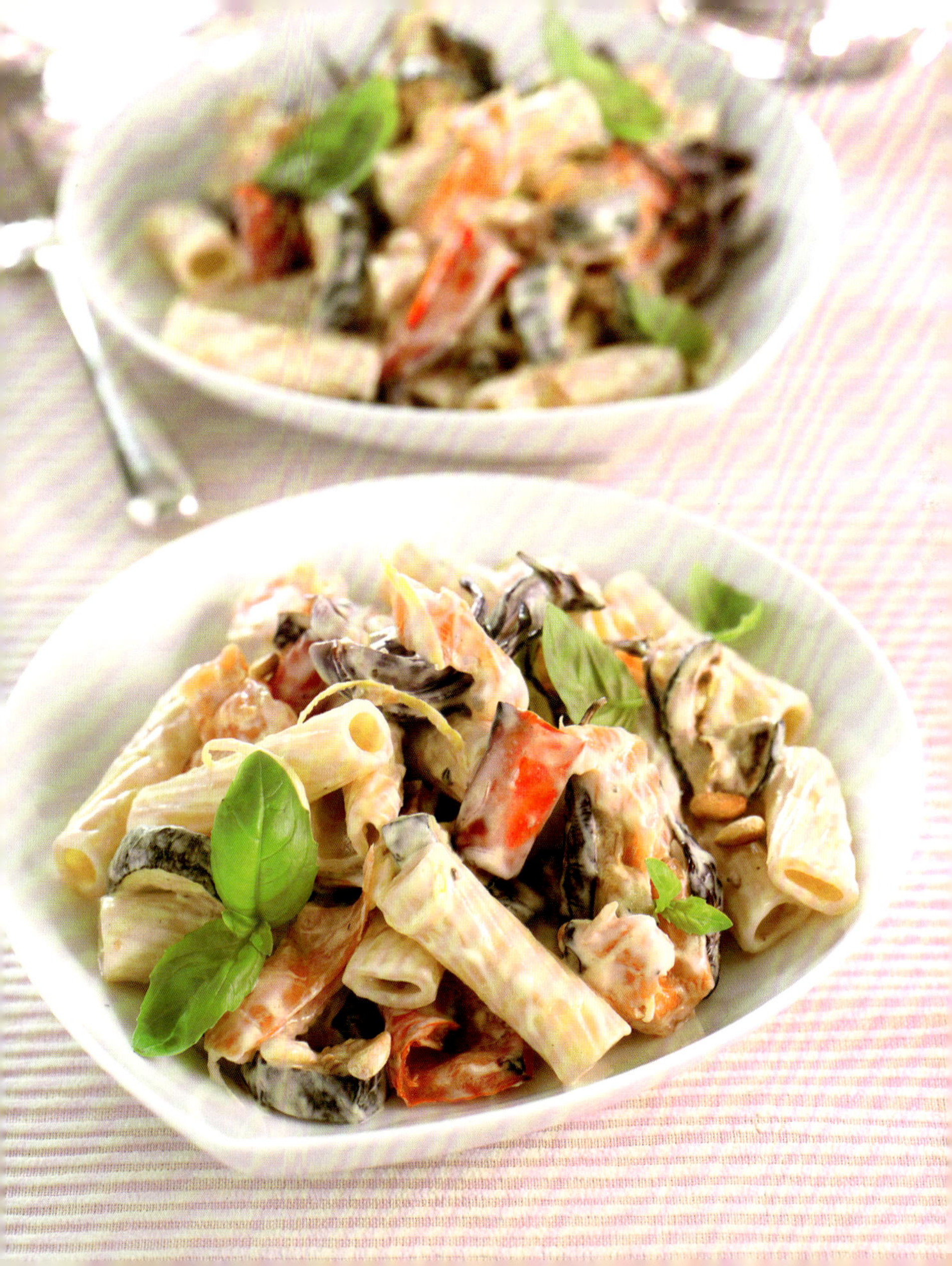

frango com estragão e batata

2 porções
Preparo: **10 minutos**,
 mais o tempo para marinar
Cozimento: **1 hora**

4 colheres (sopa) de suco
 de **limão-siciliano**
1 dente de **alho** amassado
um punhado de **estragão**
 picado
2 **peitos de frango** cortados
 em oito fatias
125 g de **cogumelos** variados
 (portobello, shiitake, shimeji,
 cogumelo-de-paris e
 champignon) fatiados
25 g de **manteiga**
200 ml de **creme de leite
 fresco**
sal e **pimenta-do-reino** moída
 na hora

Para a batata ao forno
3 **batatas** grandes com casca
 e fatiadas finamente
1 colher (chá) de **tomilho**
 picado finamente
1 colher (sopa) de **azeite**
150 ml de **caldo de legumes**
 (p. 94)
5 g de **manteiga**

Misture o suco de limão-siciliano, o alho e o estragão. Despeje sobre o frango e deixe marinar por 30 minutos.

Refogue os cogumelos na manteiga, adicione o frango e o líquido da marinada e mantenha por mais 3 minutos. Acrescente o creme de leite e tempere com sal e pimenta-do-reino. Cozinhe em fogo baixo por 2 minutos.

Prepare as batatas ao forno. Disponha as fatias de batata e o tomilho em uma fôrma refratária untada. Misture o azeite e o caldo e despeje sobre as batatas. Espalhe pedacinhos de manteiga, cubra com papel-alumínio e asse em forno preaquecido a 160°C, por 1 hora. Retire o papel-alumínio na metade do tempo de cozimento. Sirva com o frango e vagem cozida no vapor.

Variação: macarrão com frango e cogumelo. Cozinhe 150 g de macarrão em água fervente, segundo as instruções da embalagem. Escorra. Corte o frango em pedaços pequenos e prepare como indicado. Misture o macarrão com o molho do frango e sirva com um punhado de rúcula.

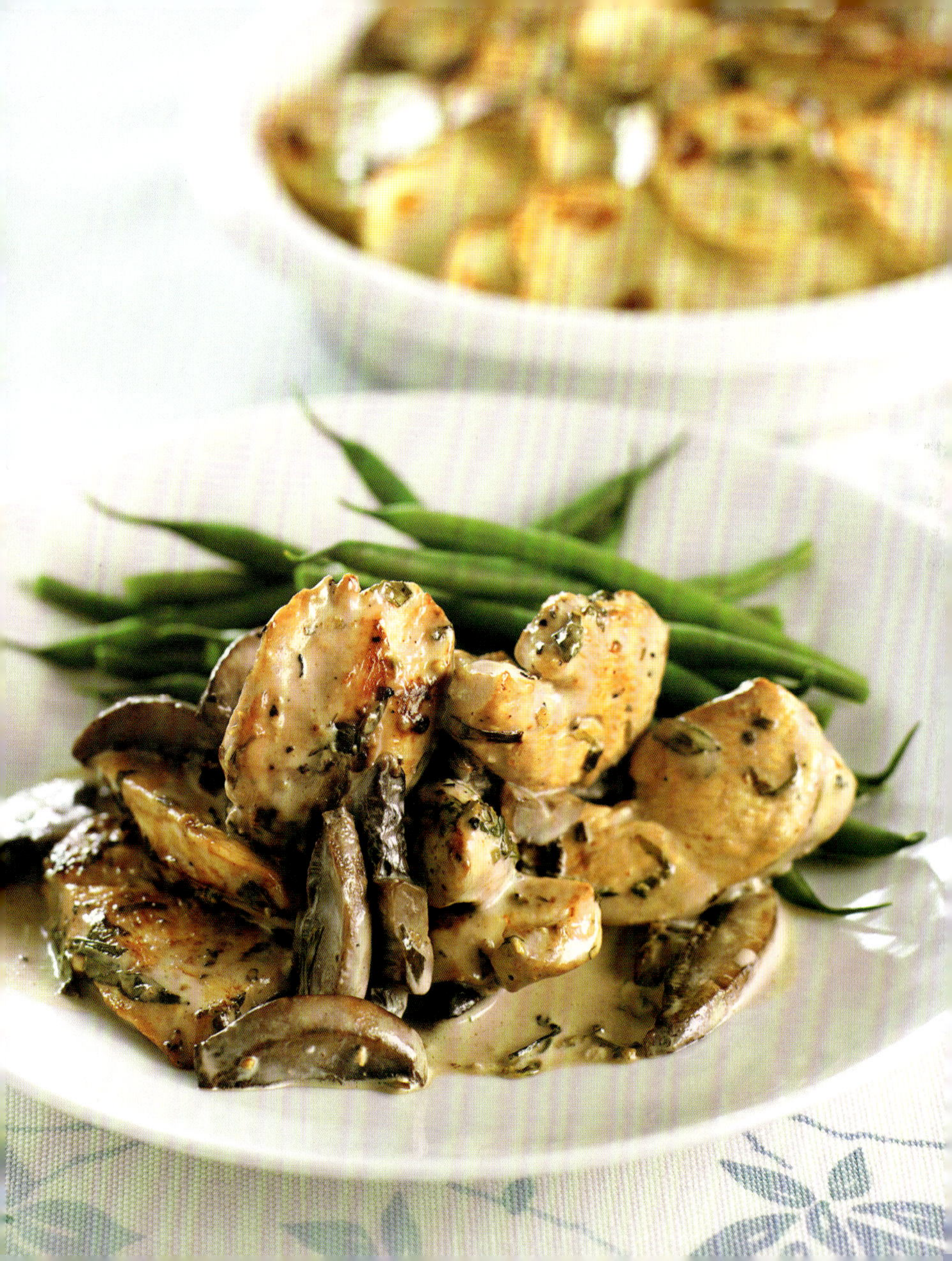

codorna com ervilha-torta e minimilho

2 porções
Preparo: **10 minutos**, mais o tempo para marinar
Cozimento: cerca de **12 minutos**

2 **codornas** parcialmente desossadas
150 g de **ervilha-torta** cortada ao meio
150 g de **minimilho**
1 dente de **alho** amassado
1 colher (sopa) de **óleo vegetal**
2 colheres (chá) de **óleo de gergelim**
2 colheres (chá) de **molho de soja** light

Para a marinada
1 **cebola** pequena picada
2,5 cm de **gengibre** ralado
1 colher (sopa) de **xarope de romã**
1 colher (sopa) de **molho de soja**
1 colher (sopa) de **vinagre de arroz**
½ colher (sopa) de **pasta de tamarindo**
1 colher (chá) de **cinco especiarias chinesas** (anis-estrelado, canela, cravo, endro e pimenta moídos)

Corte as codornas ao meio pelas costas, retire a espinha dorsal e as pontas das asas e achate o peito com a palma da mão.

Misture todos os ingredientes da marinada. Cubra a codorna com a mistura e deixe na geladeira por pelo menos 8 horas, de preferência durante a noite.

Aqueça uma frigideira de fundo grosso em fogo médio. Cozinhe a codorna por 8-10 minutos, virando uma vez e regando regularmente com a marinada. Tire do fogo assim que estiver cozida e firme, cubra com papel--alumínio e mantenha aquecido.

Refogue a ervilha-torta e o minimilho (cortado ao meio no sentido do comprimento) com o alho e o óleo vegetal, por 2 minutos, mexendo de vez em quando para não grudar. Tire do fogo, adicione o óleo de gergelim e o molho de soja e sirva sobre a codorna.

Variação: salada de tofu e romã. Divida 200 g de tofu em duas porções. Cubra com a marinada preparada como descrito acima e leve à geladeira por pelo menos 30 minutos. Frite o tofu por cerca de 2 minutos, em fogo alto, virando uma vez. Enquanto isso, prepare a salada como indicado, misture o alho, o óleo de gergelim e o óleo vegetal. Adicione o molho de soja com as sementes de uma romã. Sirva com o tofu.

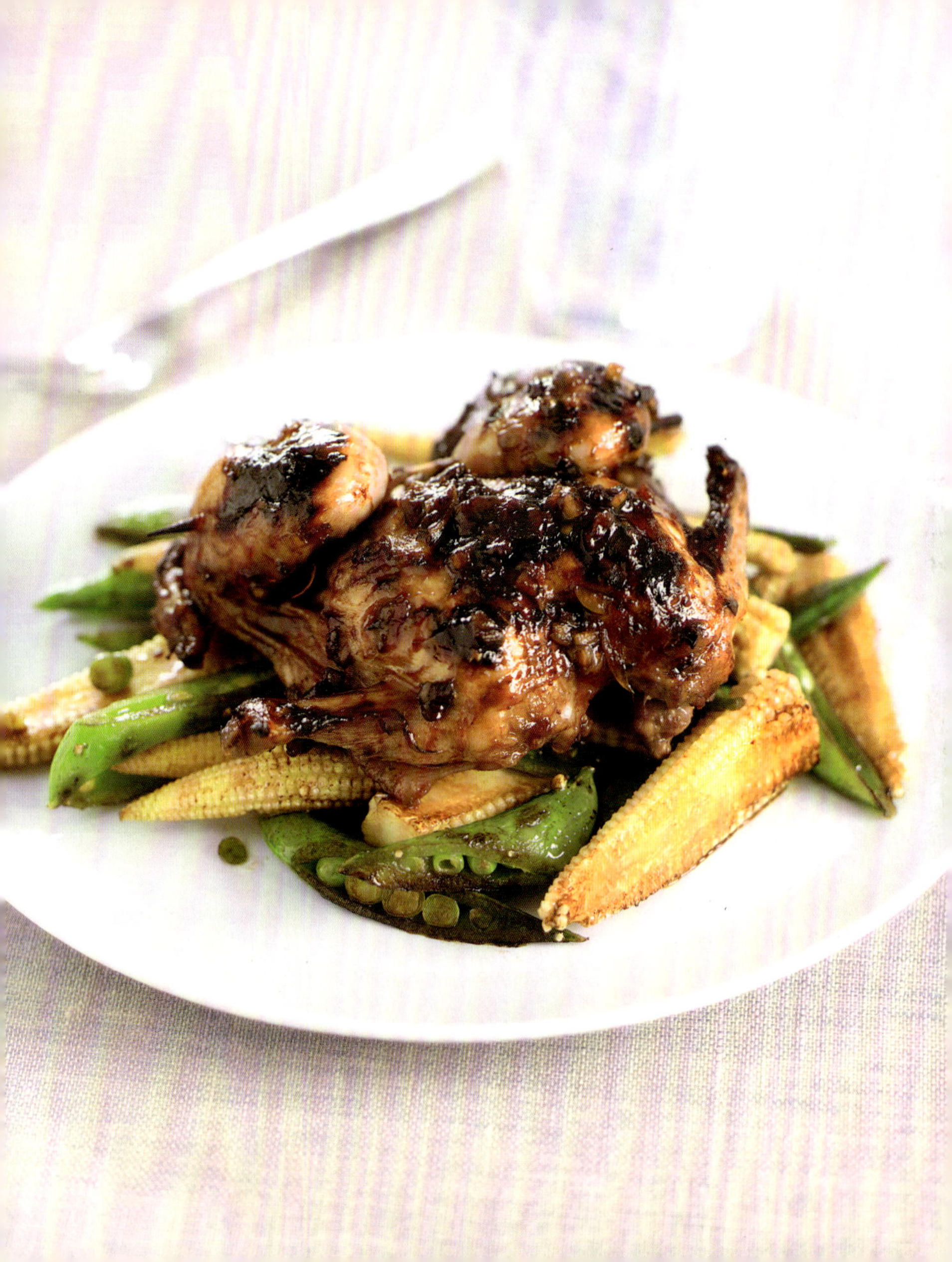

atum com tomate e ervas

2 porções
Preparo: **15 minutos**
Cozimento: **25-35 minutos**

2 filés de **atum** fresco, com cerca de 125 g cada um
1 dente de **alho** grande cortado em fatias finas
2 colheres (chá) de **semente de coentro** moída
2 colheres (sopa) de **hortelã** picada finamente, mais um pouco para servir
2 colheres (sopa) de **alcaparra** escorrida
sal e **pimenta-do-reino** moída na hora

Para o molho de tomate e ervas
2 colheres (sopa) de **azeite**
1 dente de **alho** picado
½ colher (chá) de **pimenta-malagueta** seca amassada (opcional)
1 colher (chá) de **orégano** seco
2 colheres (sopa) de **hortelã** picada grosseiramente
4 colheres (sopa) de **vinho branco seco**
2 **tomates** grandes sem pele e sem sementes

Faça pequenos cortes nos filés de atum e coloque um pouco de alho, sementes de coentro e hortelã em cada incisão. Reserve.

Refogue em um pouco de azeite o alho, a pimenta-malagueta, o orégano e o restante das sementes de coentro, até o alho dourar. Acrescente a hortelã, o vinho e o tomate (picado grosseiramente) e mantenha em fogo médio, por 5-10 minutos.

Aqueça o restante do azeite em uma caçarola pequena que possa ir ao forno. Grelhe o atum dos dois lados. Despeje o molho sobre os filés, tempere com sal e pimenta-do-reino, transfira a caçarola para o forno preaquecido a 220°C e asse por 15-20 minutos.

Salpique um pouco de hortelã picada e as alcaparras sobre o atum assado. Sirva com batatinha, espinafre, brócolis e cebolinha cozidos no vapor.

Variação: massa ao forno com atum. Cozinhe 175 g de massa à sua escolha. Escorra e transfira para uma fôrma refratária. Tempere e cozinhe o atum e prepare o molho como indicado. Separe o atum em lascas e adicione à massa previamente misturada com o molho. Polvilhe 4 colheres (sopa) de farinha de rosca ou pão torrado ralado na hora e 2 colheres (sopa) de parmesão ralado na hora. Leve ao forno por 1-2 minutos, até dourar.

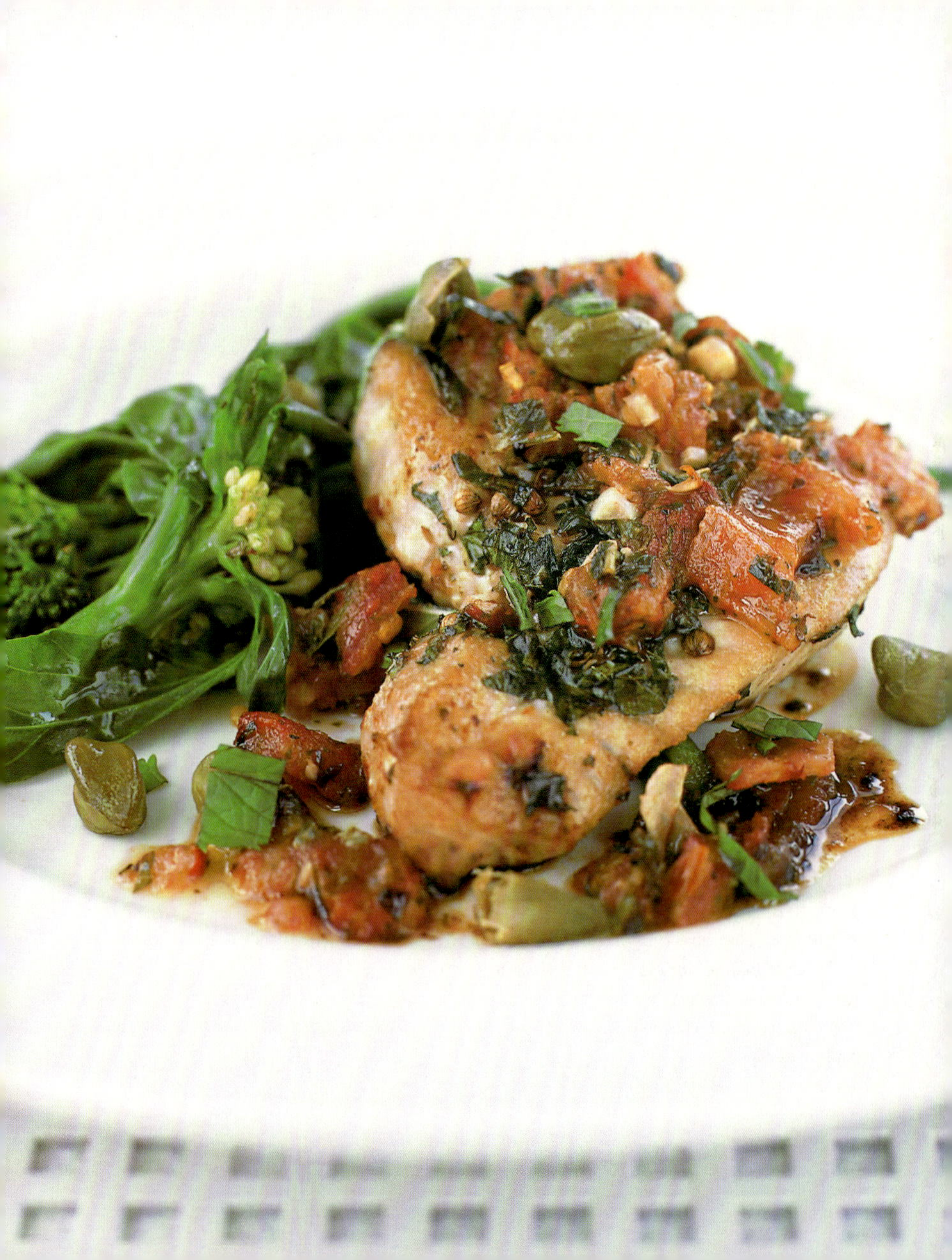

pad thai de tofu

2 porções
Preparo: **10 minutos**
Cozimento: **5 minutos**

125 g de **tofu** cortado em pedaços pequenos
2 colheres (sopa) de **óleo vegetal**
2 dentes de **alho** fatiados
uma pitada de **pimenta-calabresa** em flocos
1 maço de **cebolinha** fatiada
50 g de **broto de feijão**
125 g de **talharim de arroz**
2 **ovos** batidos
3 colheres (sopa) de **molho de peixe** (nam pla, opcional)
suco de 1 **limão-taiti**
25 g de **amendoim** salgado torrado e picado grosseiramente
2 colheres (sopa) de **coentro** fresco picado

Frite o tofu no óleo, no wok ou em uma frigideira, por 2 minutos. Acrescente o alho, a pimenta, a cebolinha e o broto de feijão. Frite por mais 1 minuto.

Cozinhe o macarrão segundo as instruções da embalagem. Escorra e leve de volta à panela. Aqueça, misture os ovos, o molho de peixe (se utilizar) e o suco de limão. Continue mexendo até os ovos cozinharem. Salpique o amendoim e o coentro e sirva.

Variação: pad thai de camarão. Cozinhe 125 g de talharim de arroz segundo as instruções da embalagem. Refogue o alho, a pimenta-calabresa, a cebolinha e o broto de feijão como indicado. Acrescente o macarrão escorrido e junte o camarao sem casca. Junte os ovos batidos, o molho de peixe e o suco de limão, mexendo até os ovos cozinharem. Sirva imediatamente.

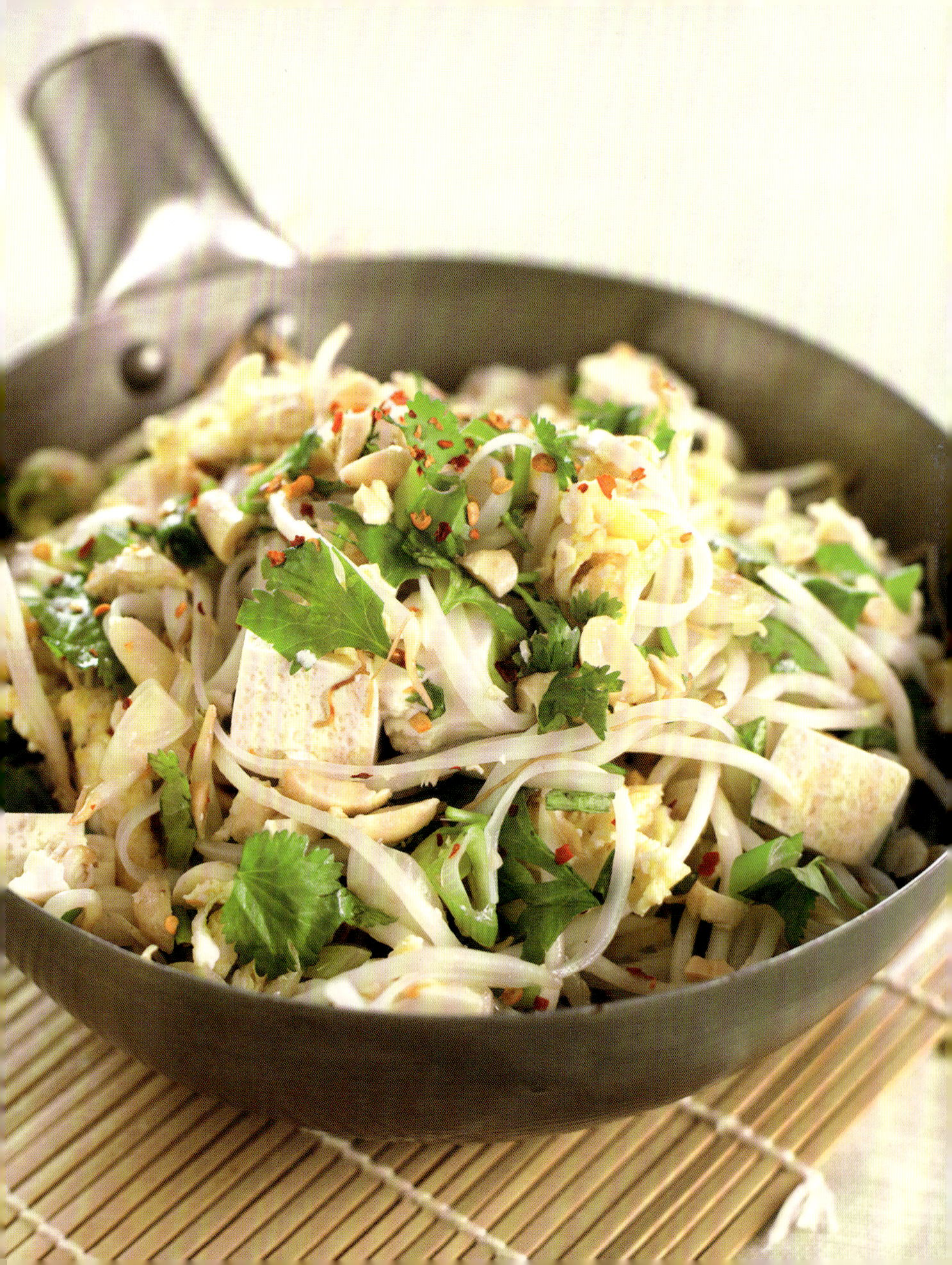

linguini com vieira, rúcula e pancetta

2 porções
Preparo: **5 minutos**
Cozimento: **10 minutos**

150 g de **linguini**
100 g de **pancetta** picada
1 colher (sopa) de **azeite**
1 dente de **alho** amassado
1 **pimenta-malagueta** picada (opcional)
8 **vieiras** cortadas ao meio
50 g de folhas de **rúcula**

Cozinhe o linguini segundo as instruções da embalagem e escorra.

Frite a pancetta no azeite por 2 minutos, até começar a dourar. Adicione o alho e a pimenta-malagueta (se utilizar) e frite por mais 1 minuto. Acrescente as vieiras e cozinhe por mais 1 minuto, virando na metade do tempo.

Misture o linguini com a rúcula, adicione as vieiras e sirva imediatamente.

Variação: massa com badejo. Cozinhe 150 g de massa à sua escolha segundo as instruções da embalagem. Frite a pancetta como indicado e acrescente 1 dente de alho amassado e 1 pimenta-malagueta sem sementes picada. Adicione 200 g de filé de badejo cortado em cubos e cozinhe por mais 2 minutos. Acrescente o macarrão, misture com as folhas de rúcula e sirva.

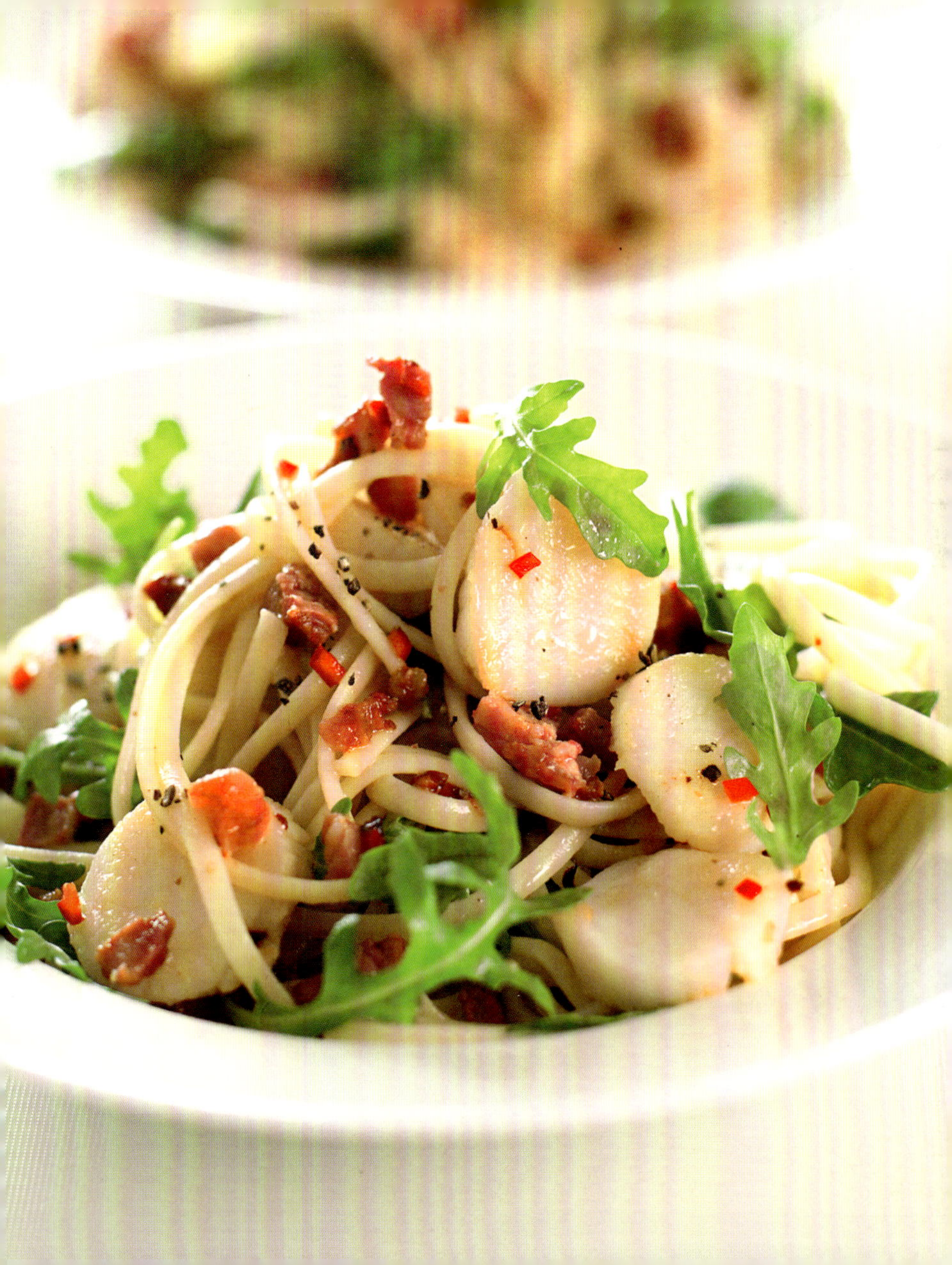

caçarola mediterrânea de carne de porco

2 porções
Preparo: **10 minutos**
Cozimento: **1 hora**

250 g de **carne de porco** magra cortada em cubos
1 colher (sopa) de **azeite**
1 **cebola roxa** cortada em rodelas
1 dente de **alho** amassado
1 **pimentão amarelo** sem sementes e picado
8 **corações de alcachofra** escorridos e cortados em quatro
200 g de **tomate** sem pele
1 taça pequena de **vinho tinto**
50 g de **azeitona preta**
raspas de 1 **limão-siciliano**
1 folha de **louro**
1 ramo de **tomilho**, mais um pouco para decorar

Frite a carne de porco no azeite por 2-3 minutos, até dourar. Tire a carne da caçarola com uma escumadeira e reserve.

Refogue, na mesma panela, a cebola, o alho e o pimentão, por 2 minutos. Acrescente a carne de porco reservada e junte os demais ingredientes.

Tampe e cozinhe em fogo baixo por cerca de 1 hora, ou até a carne ficar macia. Decore com tomilho e sirva acompanhado por pão de alho.

Variação: caçarola de feijão borlotti. Prepare a cebola, o alho, o pimentão amarelo, o coração de alcachofra e o tomate, como descrito acima. Misture 400 g de feijão borlotti cozido e escorrido. Adicione o vinho, a azeitona, as raspas de limão-siciliano e as ervas. Deixe ferver e cozinhe lentamente por cerca de 1 hora. Decore com salsinha picada e sirva.

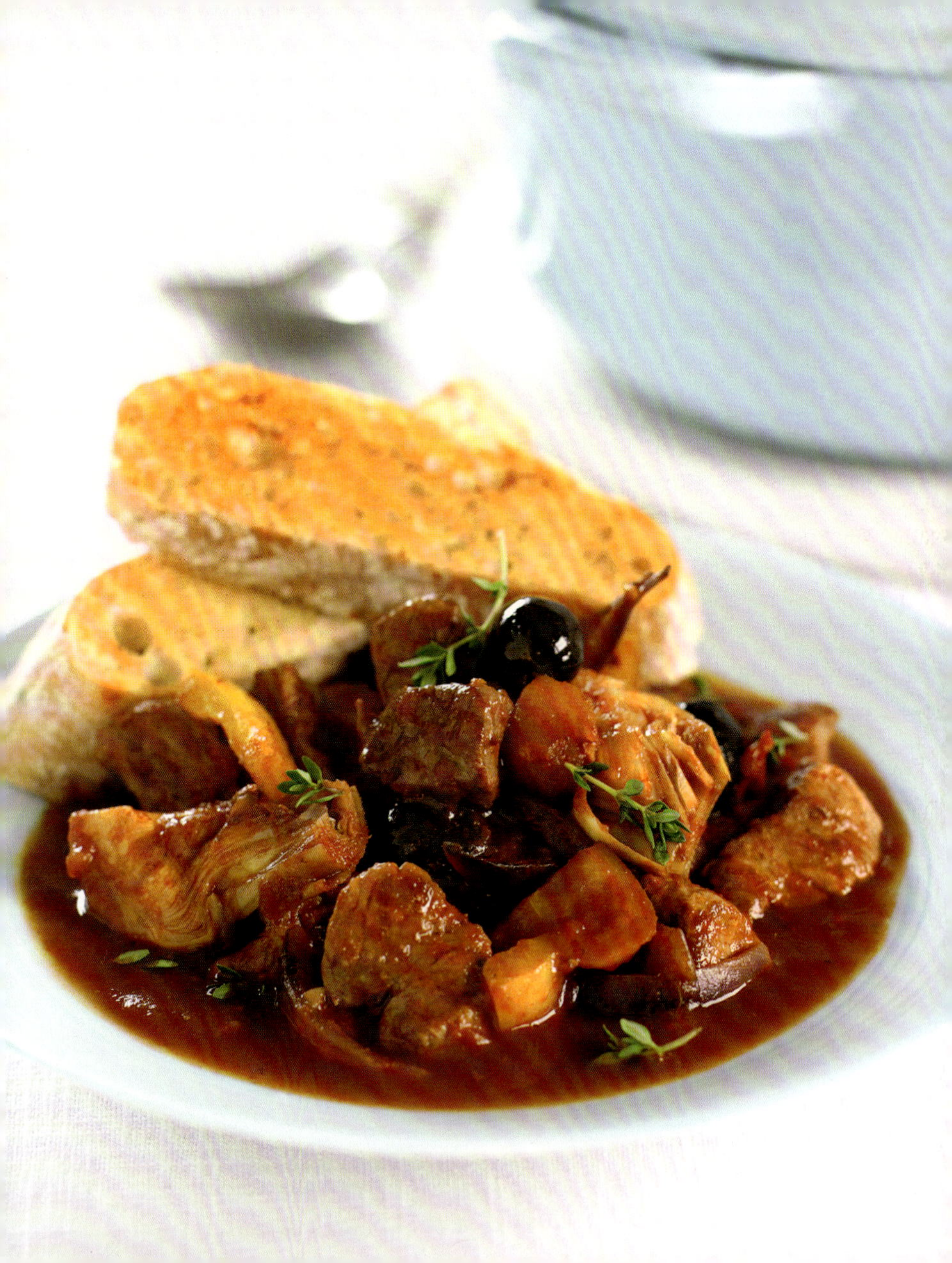

salada de peito de pato com laranja

2 porções
Preparo: **15 minutos**
Cozimento: **15-20 minutos**

2 **peitos de pato** desossados
dois punhados de folhas de
 rúcula e **agrião** picadas
2 **laranjas** descascadas,
 em gomos
sal e **pimenta-do-reino** moída
 na hora

Para o molho
2 colheres(sopa) de **azeite**
1 colher (sopa) de **vinagre balsâmico**
1 dente de **alho** amassado
uma pitada de **mostarda** em pó
uma pitada de **açúcar**

Coloque o peito de pato sobre uma tábua de cozinha, com o lado da pele voltado para baixo. Cubra com um pedaço de filme de PVC ou papel-manteiga e achate com um rolo de macarrão. Retire o filme ou papel, vire e marque a pele na diagonal ou em cruz, com uma faca afiada. Esfregue com sal.

Disponha o peito de pato sobre uma assadeira com grade, com o lado da pele voltado para cima, e asse no forno preaquecido a 200°C, por 15-20 minutos ou até dourar por fora e a carne ficar rosada por dentro.

Parta a laranja em gomos em cima da tigela com os ingredientes do molho, para que o suco faça parte dele também.

Corte o peito de pato assado na diagonal em fatias finas. Distribua as folhas de rúcula e agrião picadas no centro de dois pratos e cubra com as fatias de carne de pato e os gomos de laranja.

Misture os ingredientes do molho e despeje sobre a salada.

Variação: salada de pato com macarrão oriental.
Cozinhe 2 peitos de pato desossados como indicado e corte em fatias grossas. Prepare 100 g de macarrão oriental segundo as instruções da embalagem. Escorra. Misture o suco de 1 laranja, 1 colher (chá) de óleo de gergelim e 1 colher (chá) de mel. Incorpore o molho ao macarrão e adicione 1 colher (sopa) de semente de gergelim, 100 g de ervilha escaldada, 2 gomos de laranja e 2 cebolinhas fatiadas. Coloque o pato sobre a salada e sirva.

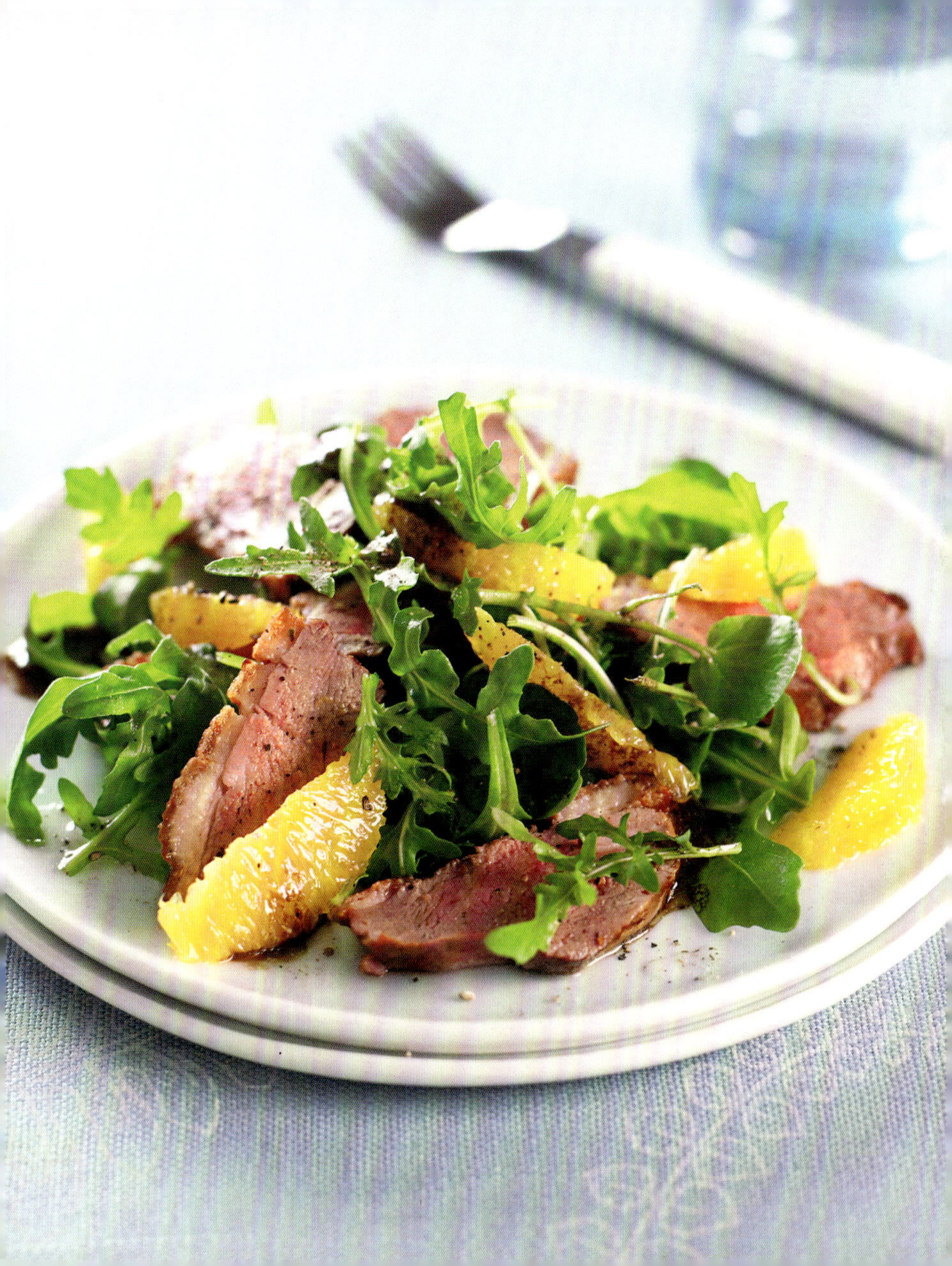

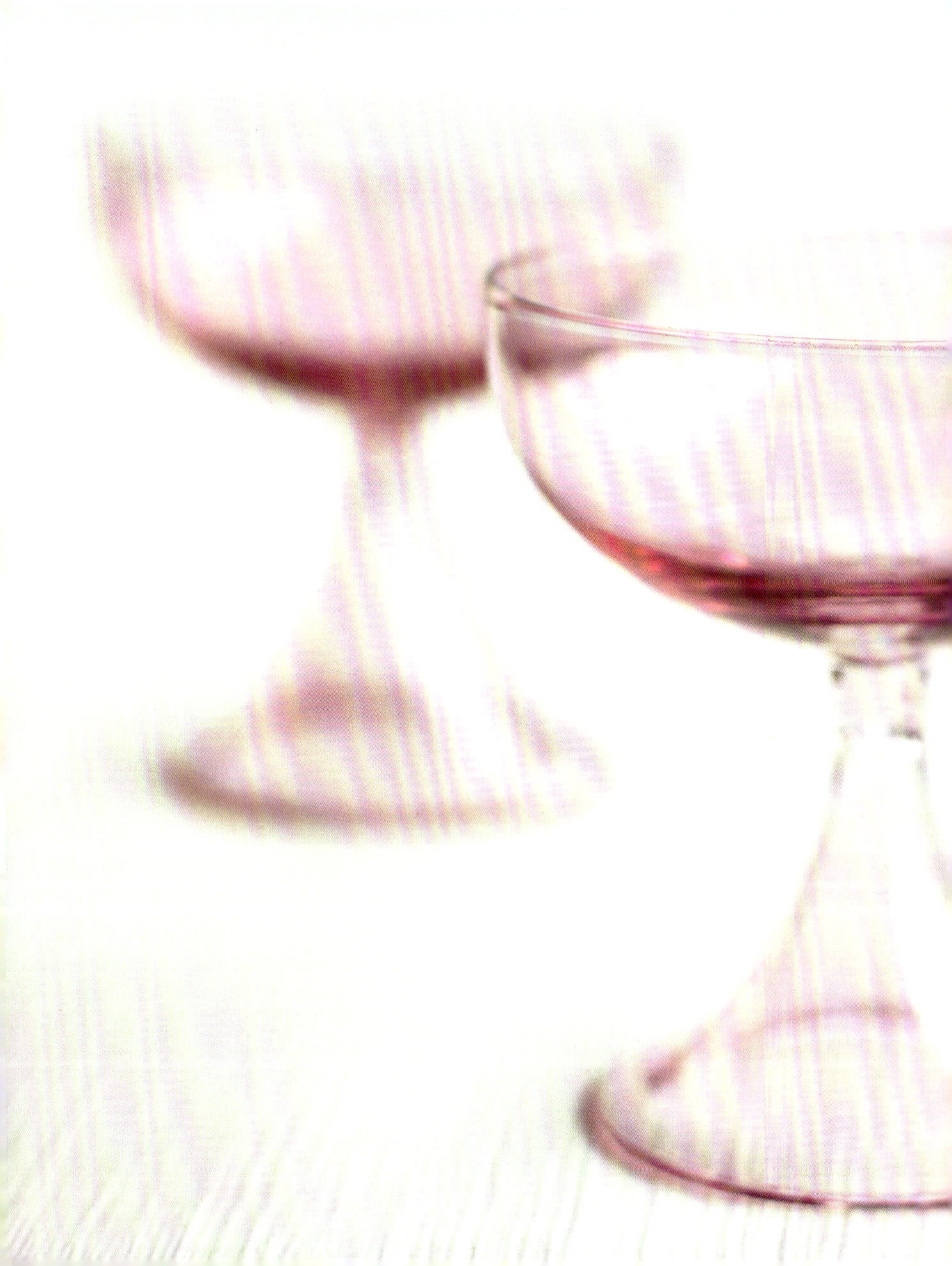

sobremesas

pêssego com gengibre

2 unidades
Preparo: **10 minutos**
Cozimento: **15 minutos**

2 **pêssegos** frescos
1 pedaço de **gengibre** picado finamente
2 colheres (sopa) de **xarope de gengibre** (p. 168)
3 **biscoitos de gengibre** picados grosseiramente
25 g de **manteiga sem sal** derretida

Para o creme de baunilha
4 colheres (sopa) de **creme de leite fresco**
sementes de 1 **fava de baunilha**
1 colher (sopa) de **açúcar de confeiteiro**

Disponha os pêssegos (cortados ao meio) em um recipiente refratário com a parte cortada para cima. Misture o gengibre, o xarope de gengibre, o biscoito e a manteiga e distribua sobre os pêssegos.

Asse em forno preaquecido a 200°C por 12-15 minutos, até a cobertura borbulhar e o pêssego ficar macio.

Prepare o creme. Bata o creme de leite, as sementes de baunilha e o açúcar de confeiteiro até começar a firmar e sirva com os pêssegos.

Variação: pera assada com amêndoa. Corte 2 peras frescas pela metade. Misture 15 g de manteiga derretida e as raspas e o suco de 1 laranja pequena. Corte 25 g de marzipã em quatro pedaços e coloque na cavidade das peras. Cubra com a mistura de manteiga e asse em forno preaquecido a 200°C por 12-15 minutos. Sirva com creme de leite fresco e amêndoa em lâminas tostada.

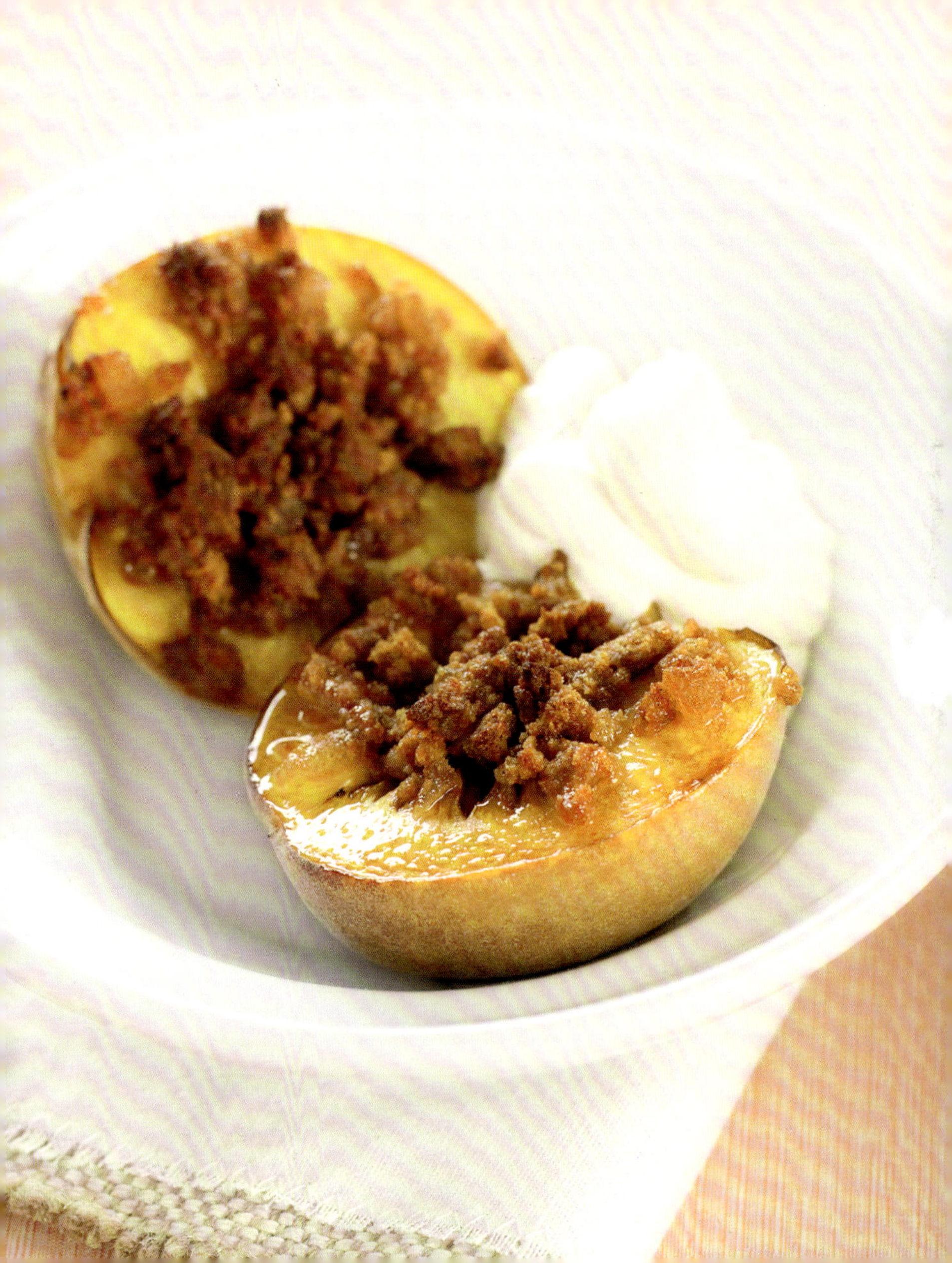

cheesecake de baunilha e ruibarbo

2 unidades
Preparo: **10 minutos**,
 mais o tempo para refrigerar

Para a base
3 **biscoitos de aveia** picados grosseiramente
15 g de **manteiga sem sal** derretida
1 colher (sopa) de **avelã** torrada picada

Para o cheesecake
100 g de **cream cheese**
4 colheres (sopa) de **mascarpone**
1 colher (sopa) de **açúcar de confeiteiro**
algumas gotas de **extrato de baunilha**

Para o ruibarbo
4 talos de **ruibarbo** picados (ou 6 nectarinas)
2 colheres (sopa) de **açúcar**

Misture o biscoito, a manteiga e a avelã. Pressione a mistura na base de dois ramequins grandes ou pratos de servir. Leve à geladeira por 10 minutos.

Bata o cream cheese com o mascarpone, o açúcar de confeiteiro e o extrato de baunilha. Distribua sobre a base. Refrigere por mais 10 minutos.

Cozinhe o ruibarbo (ou a nectarina) e o açúcar em fogo baixo até ficar macio. Deixe esfriar, distribua sobre o cheesecake e sirva.

Variação: cheesecake de framboesa e gengibre.
Faça a base com 3 biscoitos de gengibre picados, 15 g de manteiga sem sal e 1 colher (sopa) de avelã picada. Prepare o cheesecake como indicado e distribua 100 g de framboesa amassada. Antes de servir, decore com algumas framboesas inteiras e 1 colher (sopa) de raspas de chocolate meio amargo.

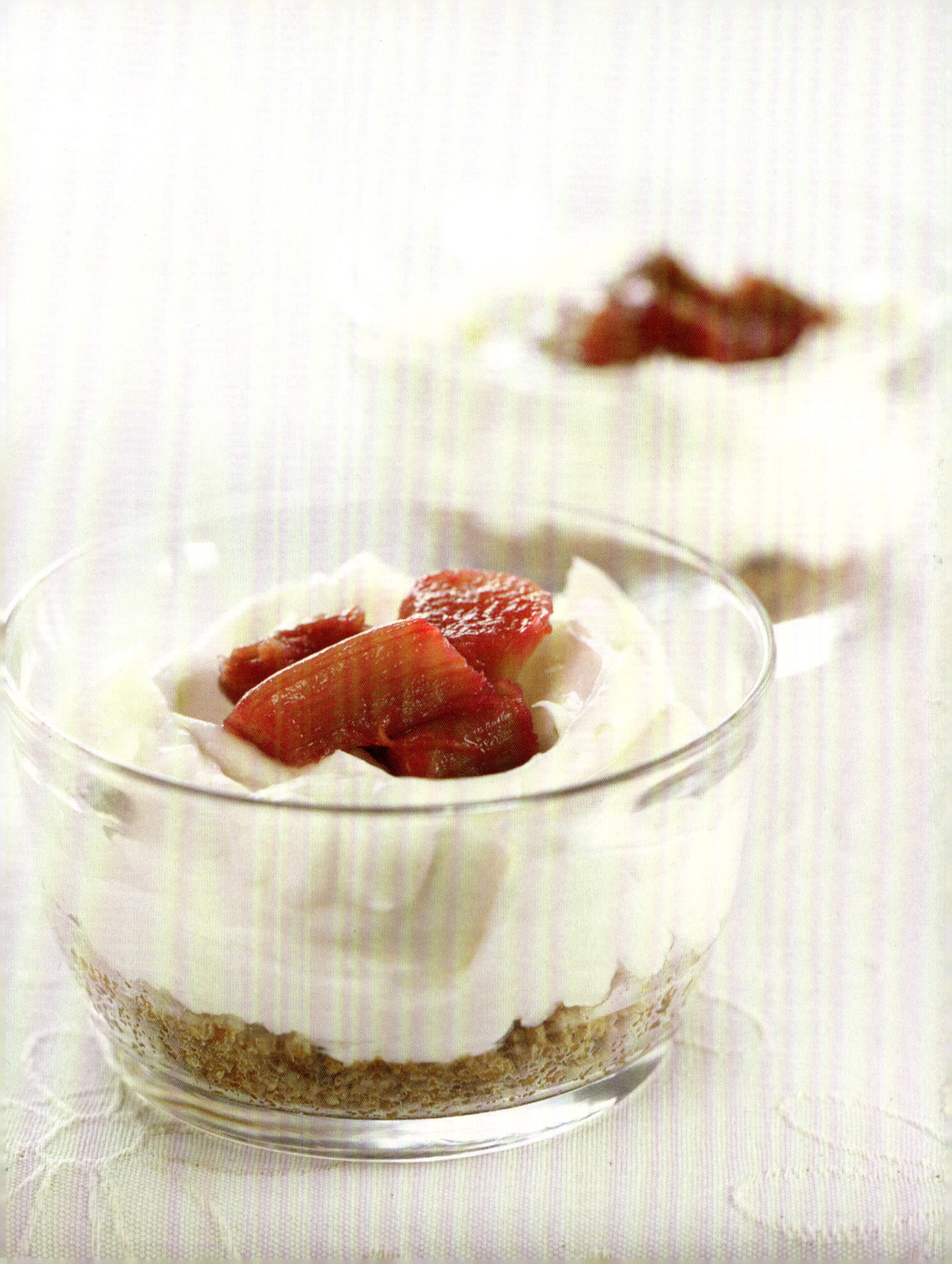

panquequinha com pera

2 porções
Preparo: **10 minutos**
Cozimento: **20 minutos**

25 g de **manteiga sem sal** derretida
25 g de **farinha de trigo comum**
25 g de **farinha de trigo integral**
1 colher (sopa) de **fermento em pó**
15 g de **aveia em flocos**
½ colher (sopa) de **açúcar**
1 **ovo** levemente batido
100 ml de **leitelho** (p. 50)
leite, para diluir (opcional)
óleo vegetal, para pincelar
3 **peras** descascadas e picadas
uma pitada de **canela** em pó
1 colher (sopa) de **água**

Misture a manteiga, as farinhas, o fermento, a aveia, o açúcar, o ovo, o leitelho e o leite para fazer uma massa macia, acrescentando um pouco mais de leite se a mistura parecer muito grossa.

Aqueça um pouco de óleo em uma frigideira antiaderente. Despeje uma concha de massa e toste por 2 minutos de cada lado, até dourar. Retire da frigideira e mantenha aquecido. Repita com a massa restante até preparar seis panquecas pequenas.

Cozinhe a pera e a canela na água em uma panela tampada por 2-3 minutos, até a fruta ficar quase macia. Sirva as panquecas com a pera cozida.

Variação: panquequinha com amora e amêndoa.
Prepare as panquecas como indicado. Cozinhe 150 g de amora com 1 colher (sopa) de água e 1 colher (sopa) de açúcar, mexendo sempre, até a fruta ficar macia. Distribua a mistura sobre as panquecas, salpique 1 colher (sopa) de amêndoa torrada e sirva.

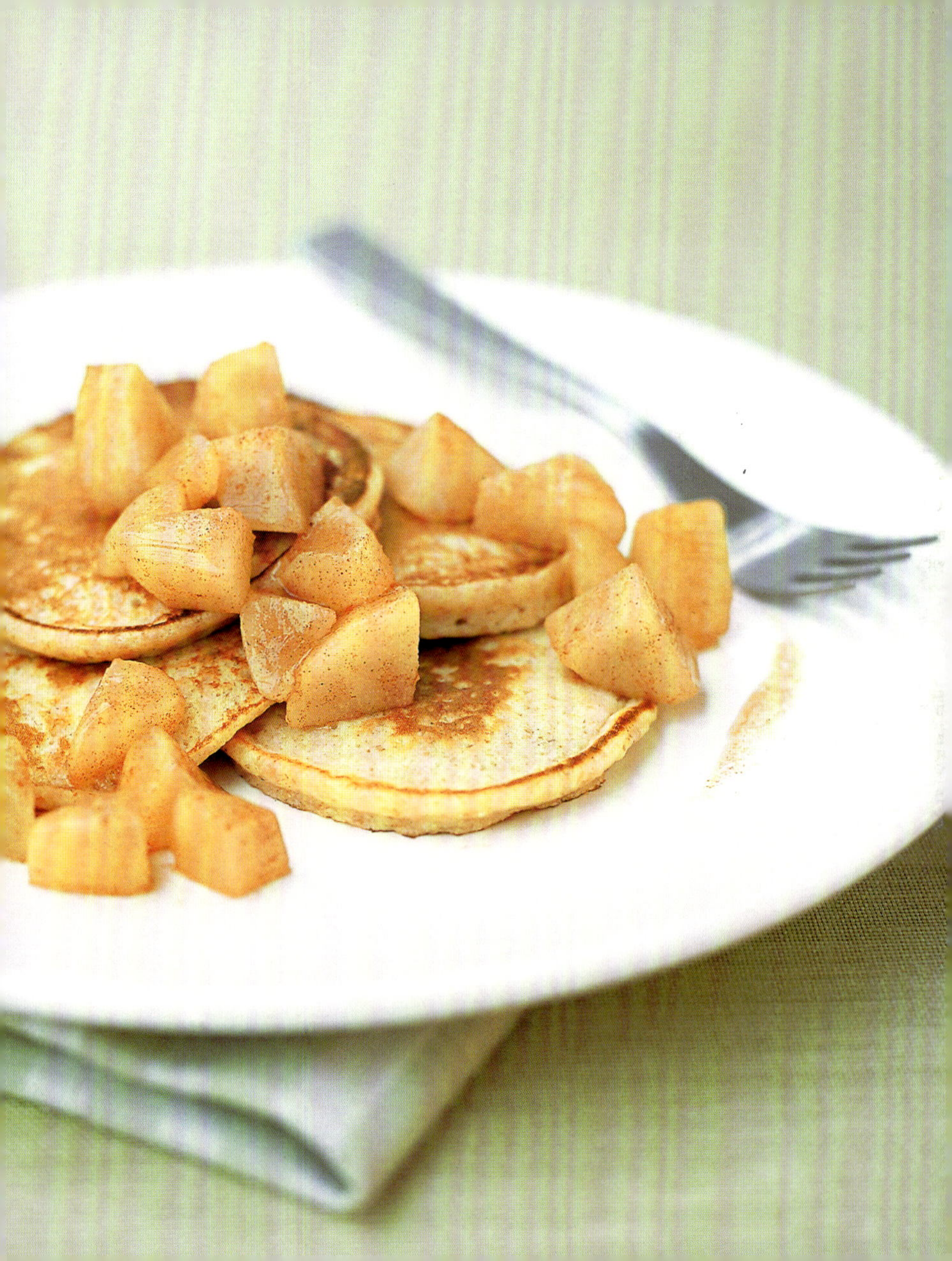

figo assado com mel

2 porções
Preparo: **5 minutos**
Cozimento: **20 minutos**

6 **figos** frescos cortados em quatro
1 colher (sopa) de **mel**
raspas e suco de 1 **laranja**
uma pitada de **canela** em pó
1 colher (sopa) de **hortelã** picada
2 colheres (sopa) de **creme de leite fresco**

Disponha o figo em um recipiente refratário.

Misture o mel, as raspas e o suco da laranja e a canela e regue os figos. Asse em forno preaquecido a 190°C por cerca de 20 minutos ou até borbulhar. A fruta deve manter a forma, mas não ficar seca.

Incorpore a hortelã ao creme de leite e sirva com os figos.

Variação: figo com mascarpone, mel e framboesa.
Corte 6 figos em quatro. Misture 2 colheres (sopa) de mascarpone com 1 colher (sopa) de mel e recheie as frutas com a mistura. Cozinhe 150 g de framboesa com 1 colher (chá) de açúcar de confeiteiro em fogo baixo, mexendo sempre, até começar a amolecer. Sirva com os figos.

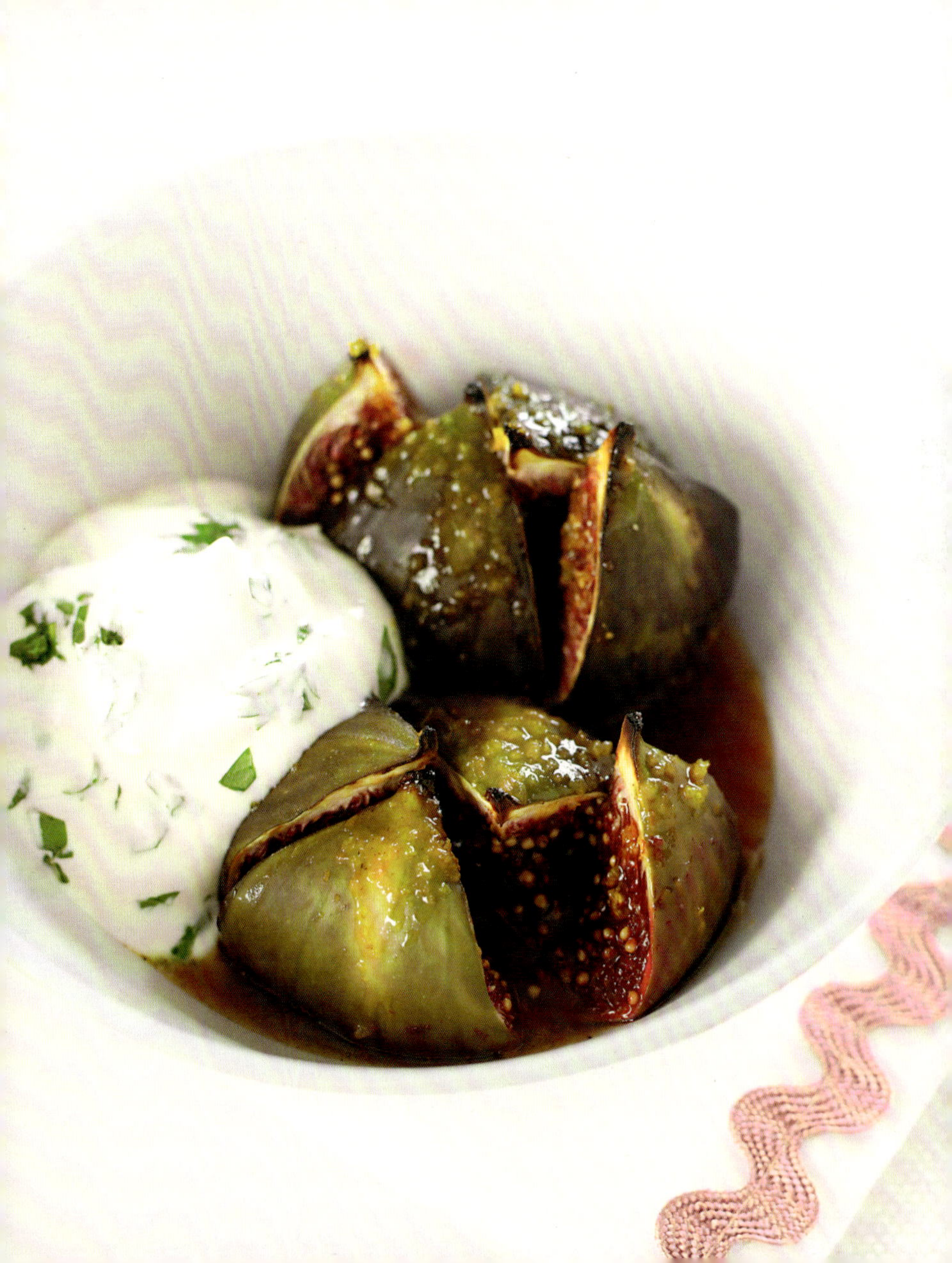

iogurte com coulis de frutas vermelhas

2 unidades
Preparo: **5 minutos**,
   mais o tempo para refrigerar

6 colheres (sopa) de **creme de leite fresco**
6 colheres (sopa) de **iogurte natural**
75 g de **mirtilo**
75 g de **framboesa**
3 colheres (sopa) de **açúcar**
2 colheres (sopa) de **açúcar mascavo**

Bata o creme de leite e o iogurte, com um batedor de arame, até ficar quase firme.

Cozinhe o mirtilo e a framboesa com o açúcar em fogo baixo por 5-6 minutos, até os sucos começarem a escorrer. Bata com um mixer ou passe por uma peneira.

Misture o creme com as frutas e distribua em ramequins ou copos. Polvilhe com açúcar mascavo e leve à geladeira por 15 minutos antes de servir.

Variação: iogurte com coulis de frutas tropicais.
Misture 6 colheres (sopa) de creme de leite fresco e a mesma quantidade de iogurte natural. Adicione a polpa de 1 manga madura e de 1 maracujá. Cubra com açúcar mascavo, como indicado, e leve à geladeira por 15 minutos antes de servir.

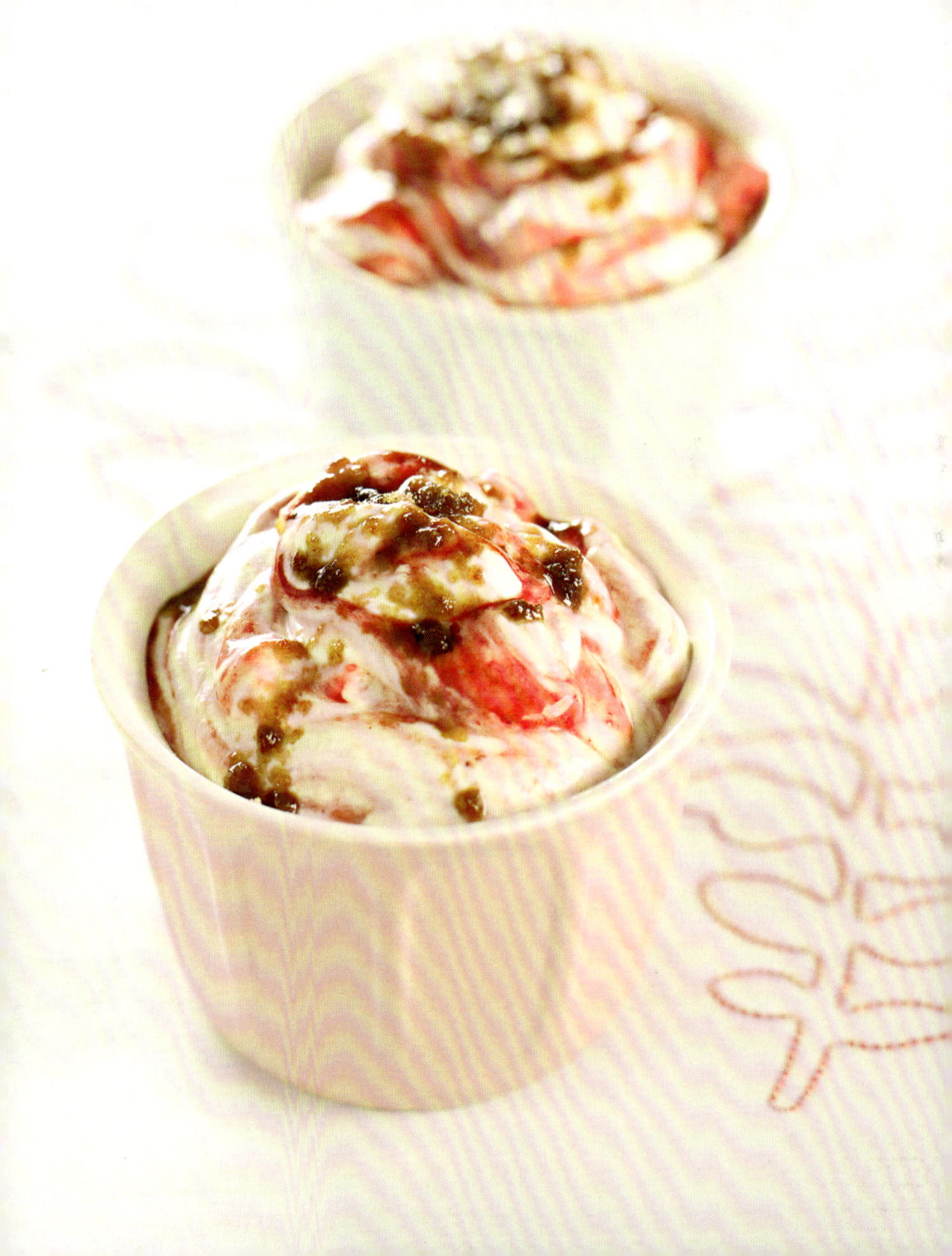

panetone de abacaxi

2 porções
Preparo: **4 minutos**
Cozimento: **2-3 minutos**

4 fatias de **abacaxi** em calda escorrido
4 fatias de **panetone**
50 g de **minimarshmallow**
25 g de **macadâmia** picada
2 colheres (sopa) de **açúcar de baunilha***
açúcar de confeiteiro, para polvilhar

* Para fazer o açúcar de baunilha, parta ao meio uma fava de baunilha e deixe em um pote de açúcar por 2-3 semanas, mexendo de vez em quando.

Seque as fatias de abacaxi em papel-toalha e coloque sobre duas fatias de panetone. Distribua o minimarshmallow e a macadâmia. Polvilhe com o açúcar de baunilha. Cubra com as duas fatias de panetone restantes.

Toste em uma sanduicheira por 2-3 minutos, até o pão dourar e o minimarshmallow começar a derreter. Corte cada sanduíche em pequenos retângulos e polvilhe o açúcar de confeiteiro. Sirva imediatamente.

Variação: panetone de amêndoa e manga. Substitua o abacaxi por 4 fatias de manga. Distribua 50 g de minimarshmallows e 50 g de amêndoa em lâminas torrada. Prepare como indicado.

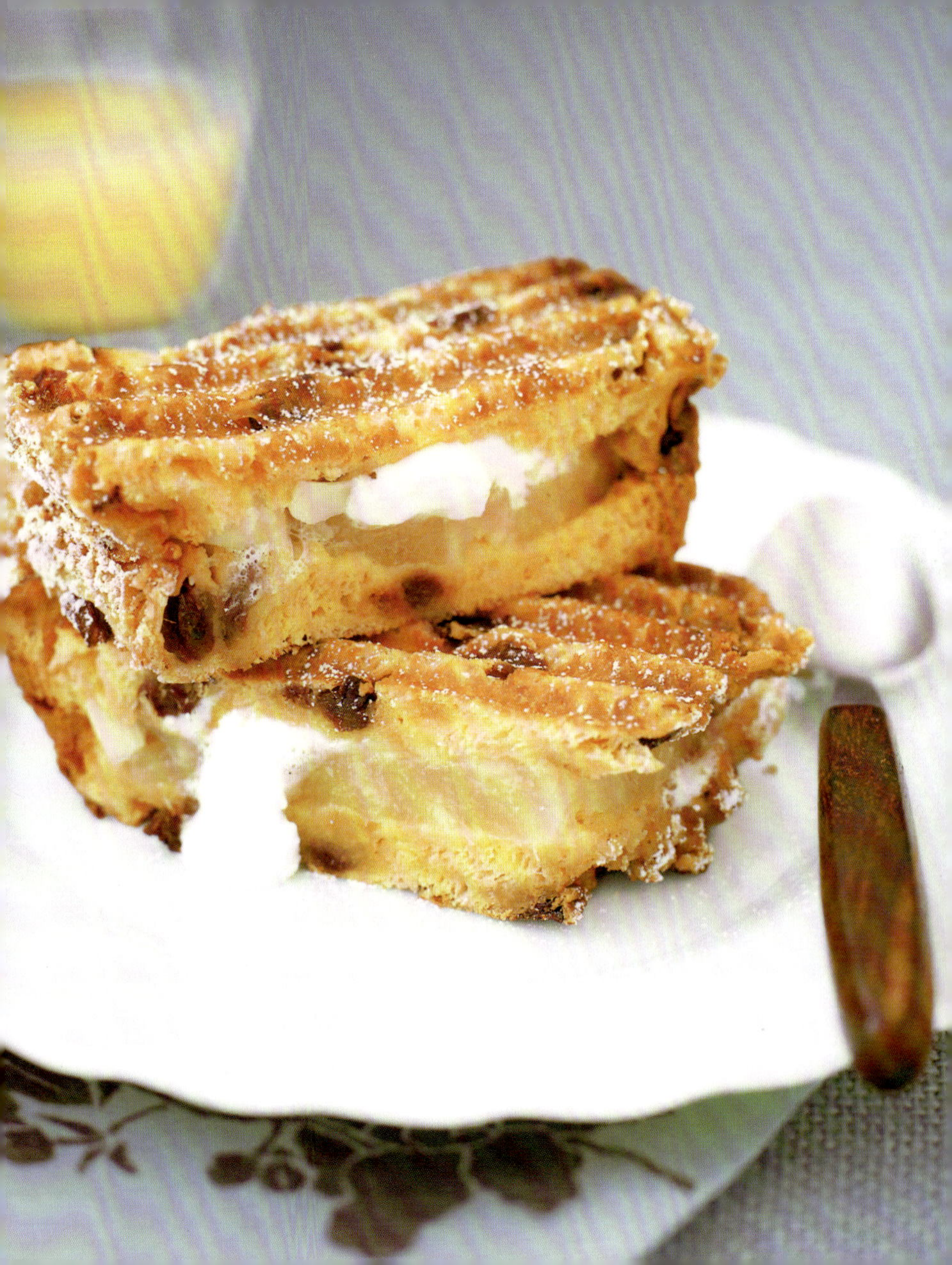

cheesecake de chocolate

2 unidades
Preparo: **10 minutos**,
  mais o tempo para refrigerar
Cozimento: **45 minutos**

25 g de **manteiga sem sal** derretida
75 g de **cookie de chocolate** picado
150 g de **cream cheese**
25 g de **açúcar**
50 g de **mascarpone**
50 g de **chocolate meio amargo**
1 **ovo**
1 **gema**

Para decorar
creme de leite fresco
raspas de **chocolate**

Derreta a manteiga e misture o biscoito. Divida a mistura em duas forminhas de 10 cm de diâmetro e pressione bem o fundo para formar a base do cheesecake.

Aqueça o cream cheese, o açúcar, o mascarpone e o chocolate em uma panela pequena, em fogo brando, mexendo até derreter e ficar homogêneo.

Retire do fogo, deixe esfriar e bata com o ovo e a gema.

Distribua o recheio de chocolate nas duas forminhas. Transfira-as para uma assadeira e leve ao forno preaquecido a 180°C por 45 minutos. Retire do forno, deixe esfriar e leve à geladeira. Sirva decorado com creme de leite fresco e raspas de chocolate.

Variação: cheesecake de framboesa e chocolate branco. Prepare a base como descrito acima. Misture o cream cheese, o açúcar e o mascarpone também como indicado, mas use 50 g de chocolate branco no lugar do meio amargo. Deixe esfriar, bata com o ovo e a gema e adicione 50 g de framboesa. Asse no forno preaquecido a 180°C por 45 minutos.

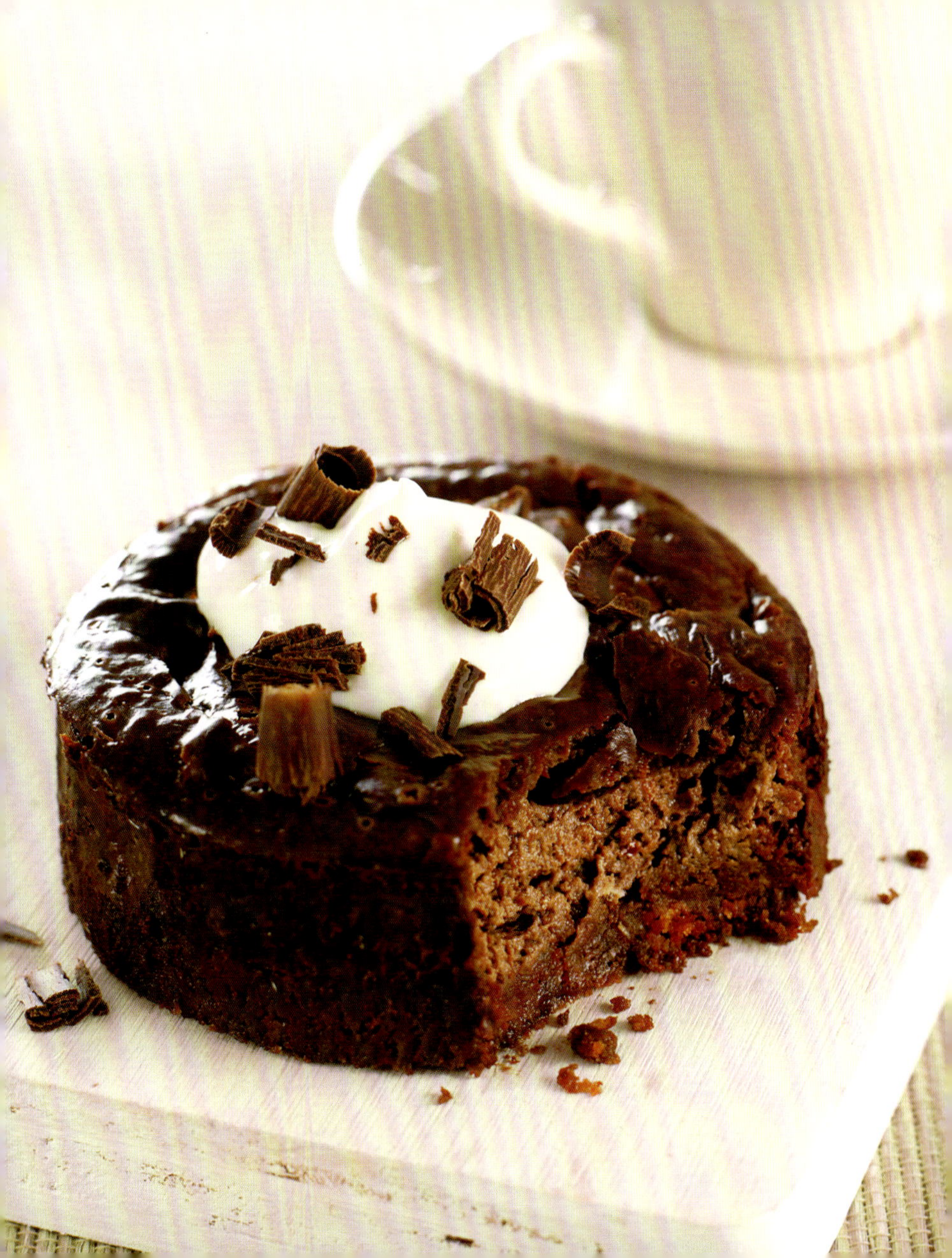

arroz-doce à italiana

2 porções
Preparo: **10 minutos**, mais o tempo de infusão
Cozimento: **25 minutos**

25 g de **uva-passa**
2 colheres (sopa) de **marsala**
1 fava de **baunilha**
300 ml de **leite**
1-2 colheres (sopa) de **açúcar**
raspas finas de ½ **laranja**, mais um pouco para decorar
¼ colher (chá) de **canela** em pó
50 g de **arroz para risoto**
50 ml de **creme de leite fresco**
amêndoa em lâminas torrada, para decorar

Deixe a uva-passa de molho no marsala.

Use a ponta de uma faca pequena para fazer cortes superficiais na fava de baunilha. Leve ao fogo com o leite, deixe quase ferver, retire do fogo e mantenha em infusão por 20 minutos.

Misture o açúcar, as raspas de laranja e a canela ao leite e leve a panela de volta ao fogo. Adicione o arroz e cozinhe em fogo baixo, mexendo sempre, por cerca de 15 minutos, até a mistura ficar espessa e cremosa, e o arroz, macio.

Adicione a uva-passa embebida no marsala e o creme de leite. Aqueça por mais 2 minutos. Sirva quente, decorado com a amêndoa e as raspas de laranja.

Variação: arroz-doce crocante. Distribua a mistura de arroz cozido em dois ramequins ou refratários pequenos. Polvilhe 1 colher (sopa) de açúcar demerara sobre cada um. Leve ao forno ou grill elétrico preaquecido até o açúcar dissolver e borbulhar. Deixe esfriar até a cobertura endurecer e sirva.

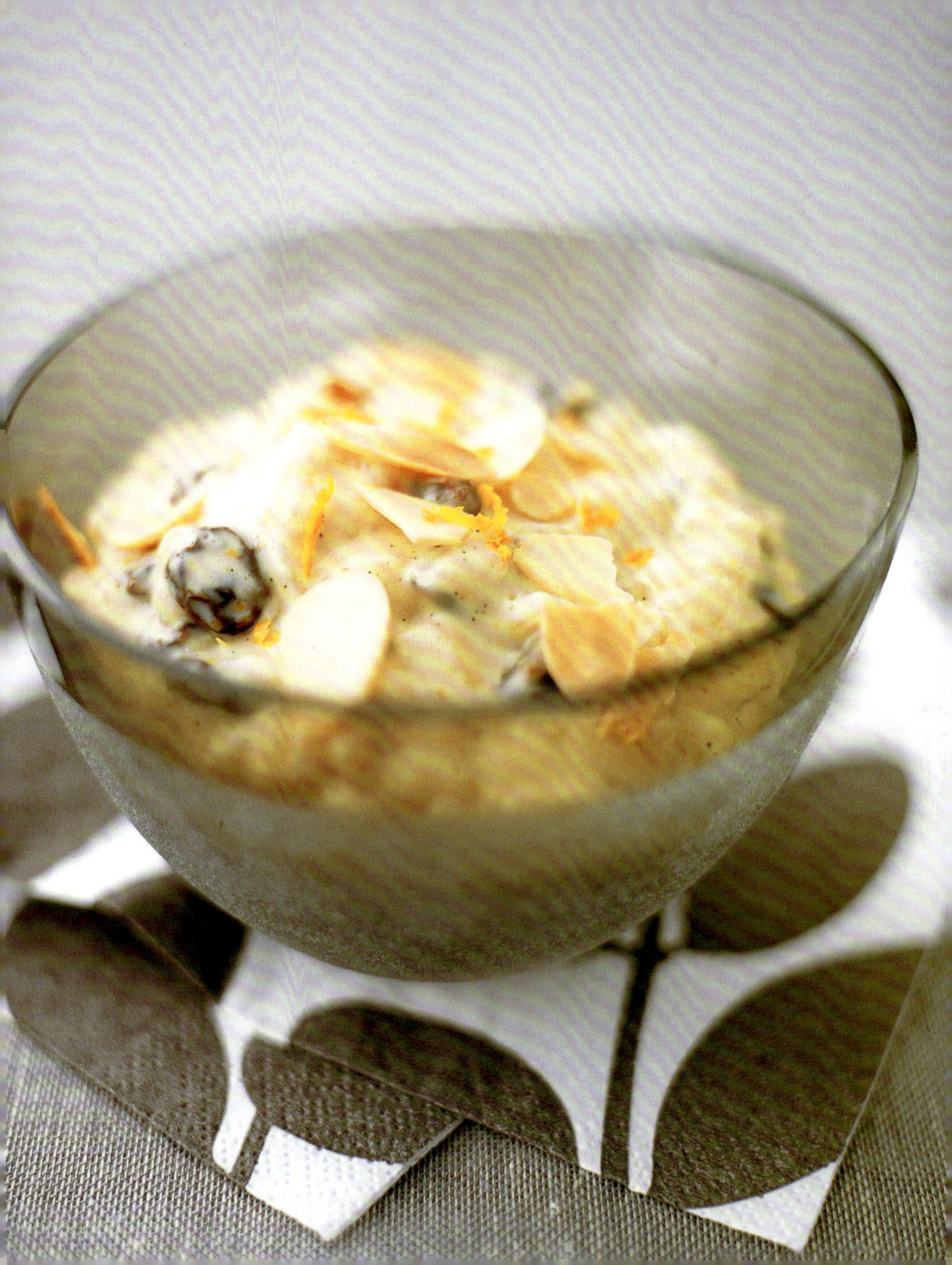

torrada com compota de frutas

2 porções
Preparo: **5 minutos**, mais o tempo de infusão
Cozimento: **5 minutos**

Para a compota
150 g de **frutas secas** (damasco, figo, ameixa)
150 ml de **suco de maçã**
150 ml de **chá preto** forte
1 **anis-estrelado**
1 **canela em pau**

Para a torrada
15 g de **manteiga sem sal**
uma boa pitada de **canela em pó**
1 colher (sopa) de **açúcar**
2 fatias de **pão integral com nozes ou castanha-do-pará**

Ferva as frutas secas, o suco de maçã, o chá, o anis-estrelado e a canela em pau. Tire do fogo e reserve por 20 minutos.

Prepare a torrada. Misture a manteiga, a canela em pó e o açúcar e espalhe a metade sobre um lado de cada fatia de pão. Transfira para uma assadeira revestida com papel-alumínio, leve ao forno ou grill elétrico preaquecido por 1-2 minutos, até dourar. Repita com o outro lado.

Sirva a torrada com a compota resfriada e uma bola de sorvete de creme.

Variação: torrada com frutas vermelhas. Leve ao fogo 250 g de frutas vermelhas congeladas com 1 colher (sopa) de açúcar de confeiteiro e, se desejar, algumas gotas de licor de cassis. Cozinhe em fogo médio até descongelar e soltar o suco. Prepare a torrada como indicado. Sirva as frutas vermelhas sobre a torrada com uma bola de sorvete de creme.

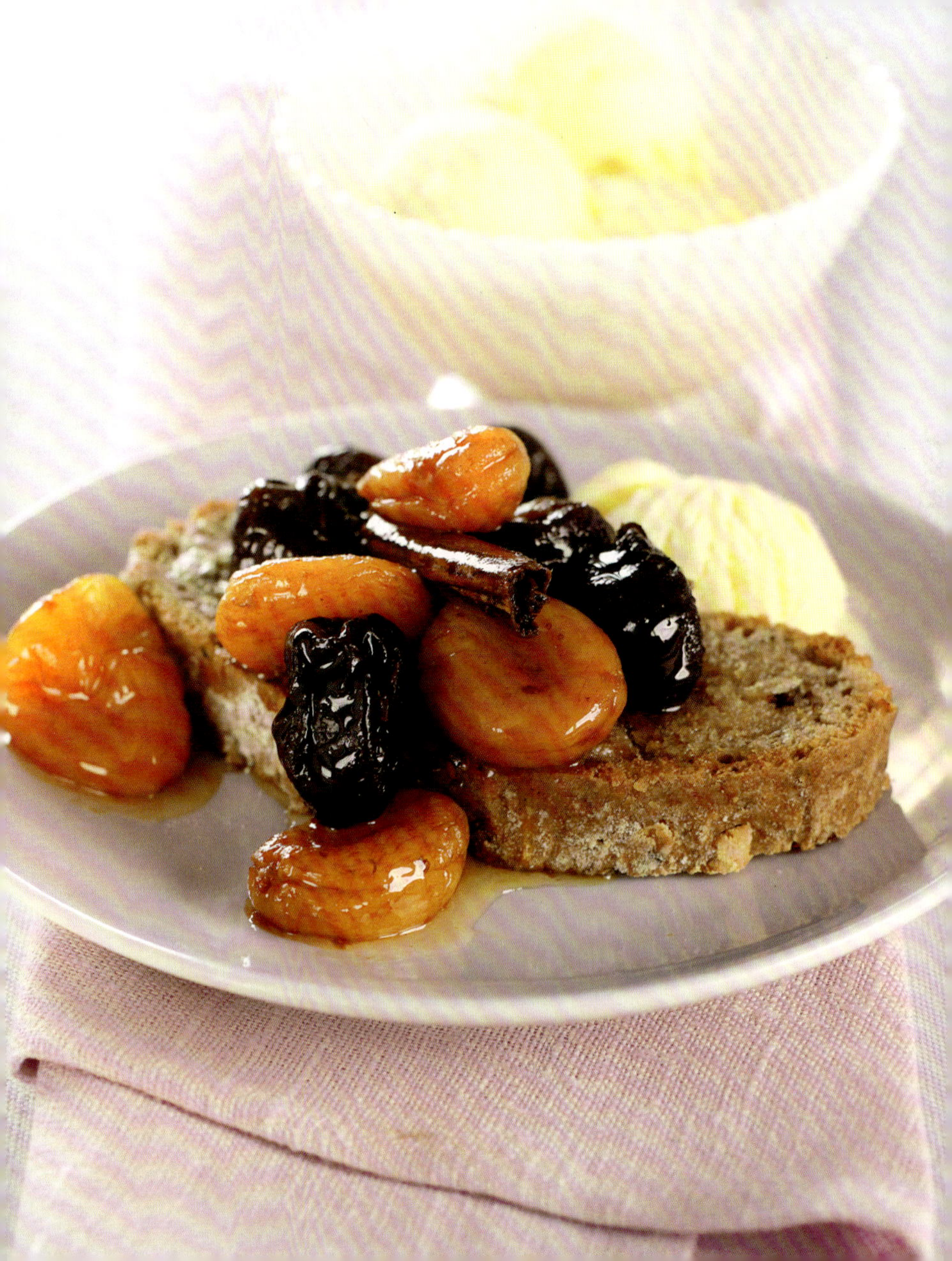

clafoutis de cereja

2 porções
Preparo: **5 minutos**
Cozimento: **30 minutos**

250 g de **cereja** sem caroço
200 ml de **leite** integral
3 colheres (sopa) de **creme de leite** light
algumas gotas de **extrato de baunilha**
2 **ovos**
50 g de **açúcar**
25 g de **farinha de trigo**
1 colher (sopa) de **amêndoa** sem pele picada
açúcar de confeiteiro, para polvilhar

Distribua a cereja sobre um recipiente refratário médio untado. Aqueça o leite, o creme de leite e o extrato de baunilha.

Bata os ovos e o açúcar até obter um creme leve e misture a farinha. Adicione o leite quente aos poucos, mexendo sempre. Despeje sobre a cereja e cubra com a amêndoa.

Asse em forno preaquecido a 190°C por 25-30 minutos, até dourar e crescer. Sirva polvilhado com açúcar de confeiteiro e acompanhado por chantili, se desejar.

Variação: clafoutis de ameixa. Corte ao meio 4 ameixas, tire o caroço e coloque em um recipiente refratário. Prepare a massa como indicado, despeje sobre a ameixa e asse em forno preaquecido a 190°C por 25-30 minutos. Sirva com sorvete de creme.

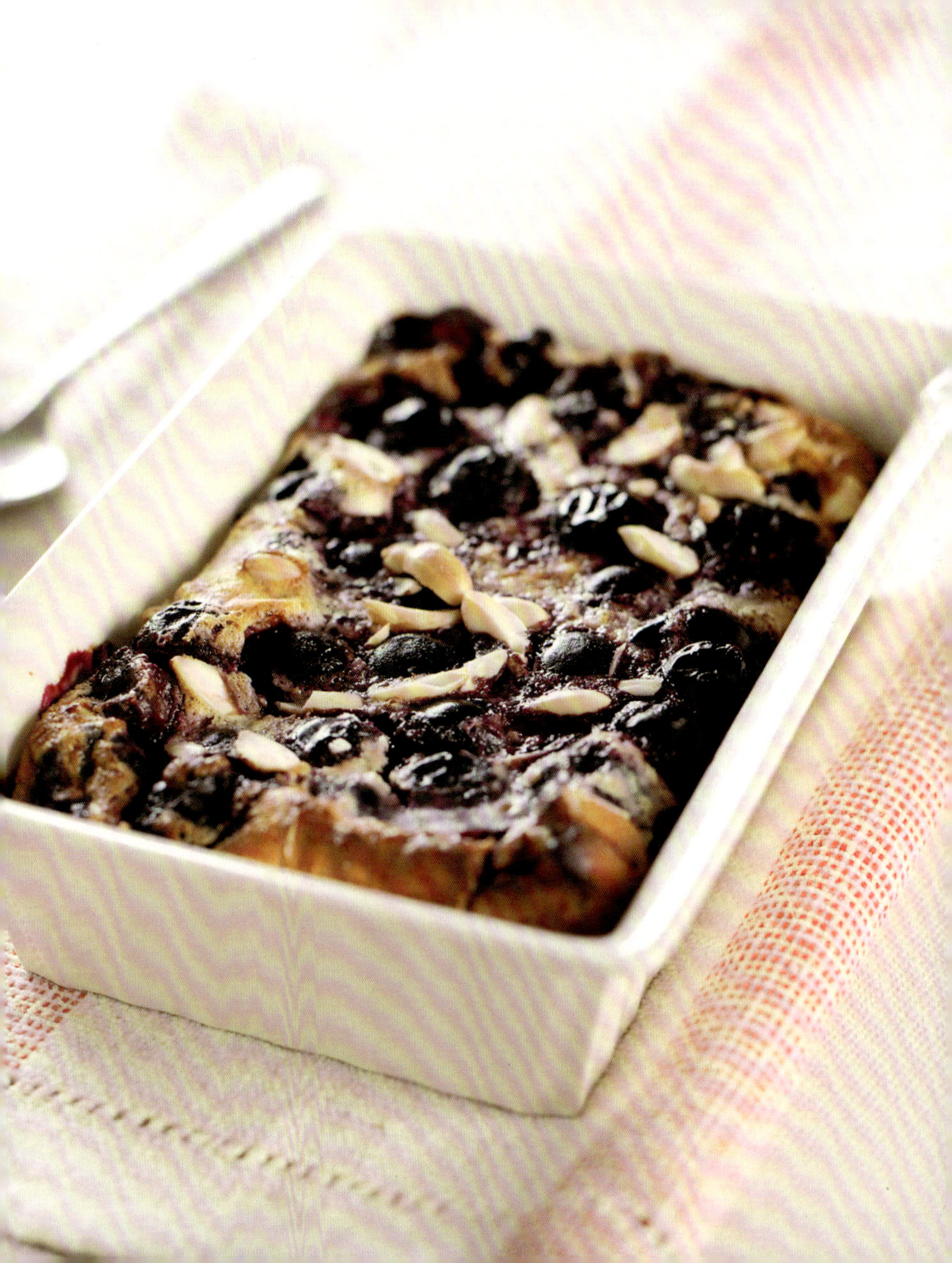

musse de chocolate e laranja

2 unidades
Preparo: **10 minutos**, mais o tempo para refrigerar

75 g de **chocolate meio amargo**
raspas e suco de ½ **laranja**, mais um pouco de raspas para decorar
2 colheres (sopa) de **creme de leite fresco**
1 **ovo**, gema e clara separadas
1 colher (sopa) de **açúcar**

Cozinhe em banho-maria o chocolate, as raspas e o suco da laranja e o creme de leite até o chocolate derreter. Deixe esfriar e misture a gema de ovo.

Bata a clara em neve até formar picos suaves. Adicione o açúcar e bata até firmar.

Incorpore a clara em neve à mistura de chocolate e distribua em copos ou ramequins. Leve à geladeira por cerca de 1 hora e decore com raspas de laranja antes de servir.

Variação: potinho de chocolate com menta.
Derreta 75 g de chocolate, 60 g de chocolate com menta e 2 colheres (sopa) de creme de leite fresco. Siga a receita como indicado. Decore com raspas de chocolate com menta.

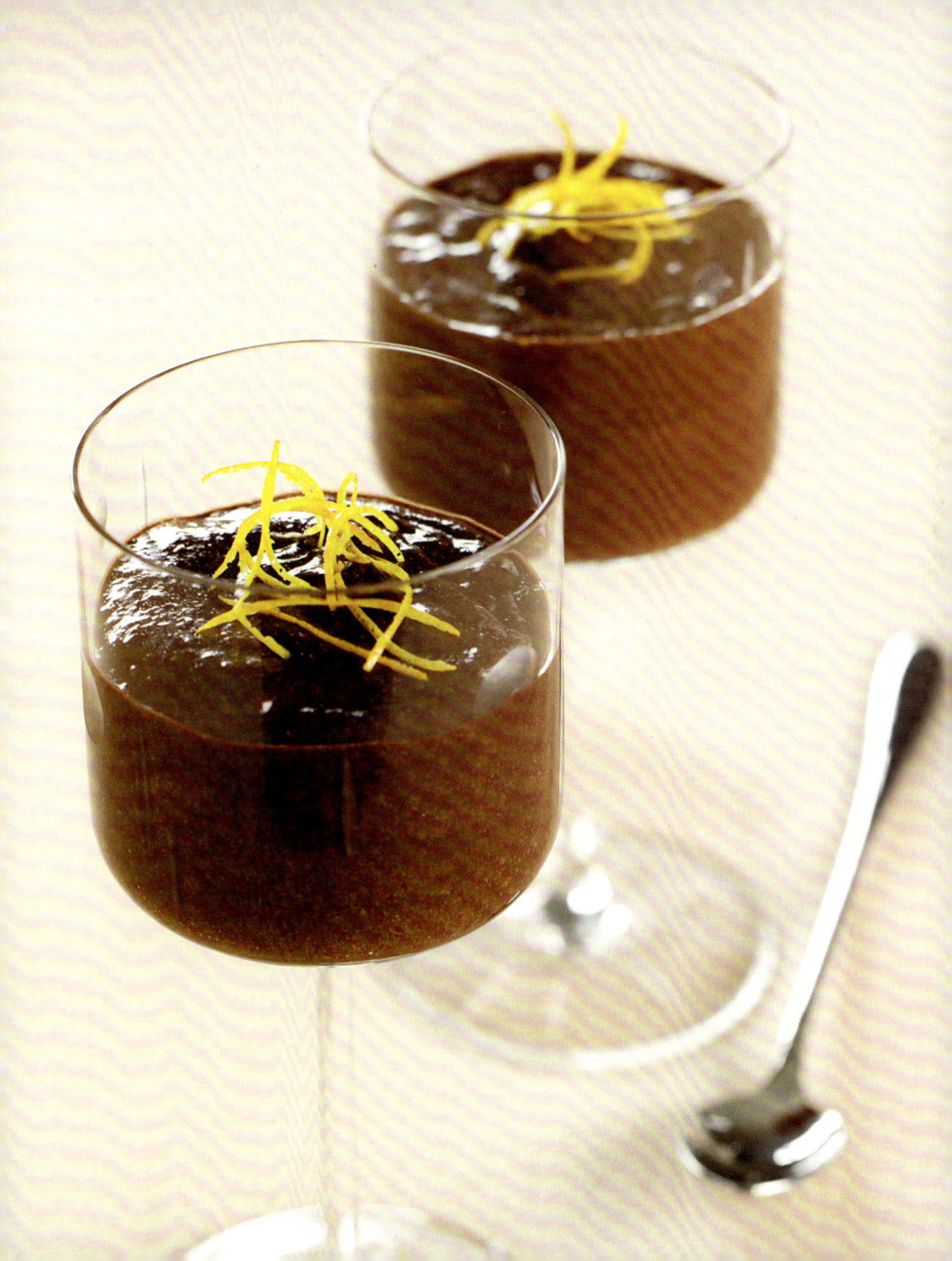

banana caramelada

2 porções
Preparo: **5 minutos**
Cozimento: **5 minutos**

25 g de **manteiga sem sal**
2 colheres (sopa) de **açúcar mascavo**
2 **bananas** grandes cortadas em rodelas
8 colheres (sopa) de **creme de leite fresco**
1 colher (chá) de **rum**

Para o creme com baunilha
4 colheres (sopa) de **creme de leite fresco**
algumas gotas de **extrato de baunilha**

Aqueça a manteiga e o açúcar em uma frigideira antiaderente, em fogo baixo, até o açúcar derreter. Adicione a banana e mexa por 1-2 minutos. Acrescente o creme de leite e o rum e aqueça mais um pouco.

Bata o creme de leite e o extrato de baunilha até começar a firmar. Sirva com a banana.

Variação: abacaxi caramelado. Derreta 25 g de manteiga sem sal com 2 colheres (sopa) de açúcar mascavo. Acrescente 2 fatias grossas de abacaxi fresco sem o miolo e cozinhe por 2-3 minutos, virando uma vez. Adicione 2 colheres (sopa) de creme de leite light e 1 colher (chá) de rum. Sirva com o creme de baunilha ou sorvete de creme.

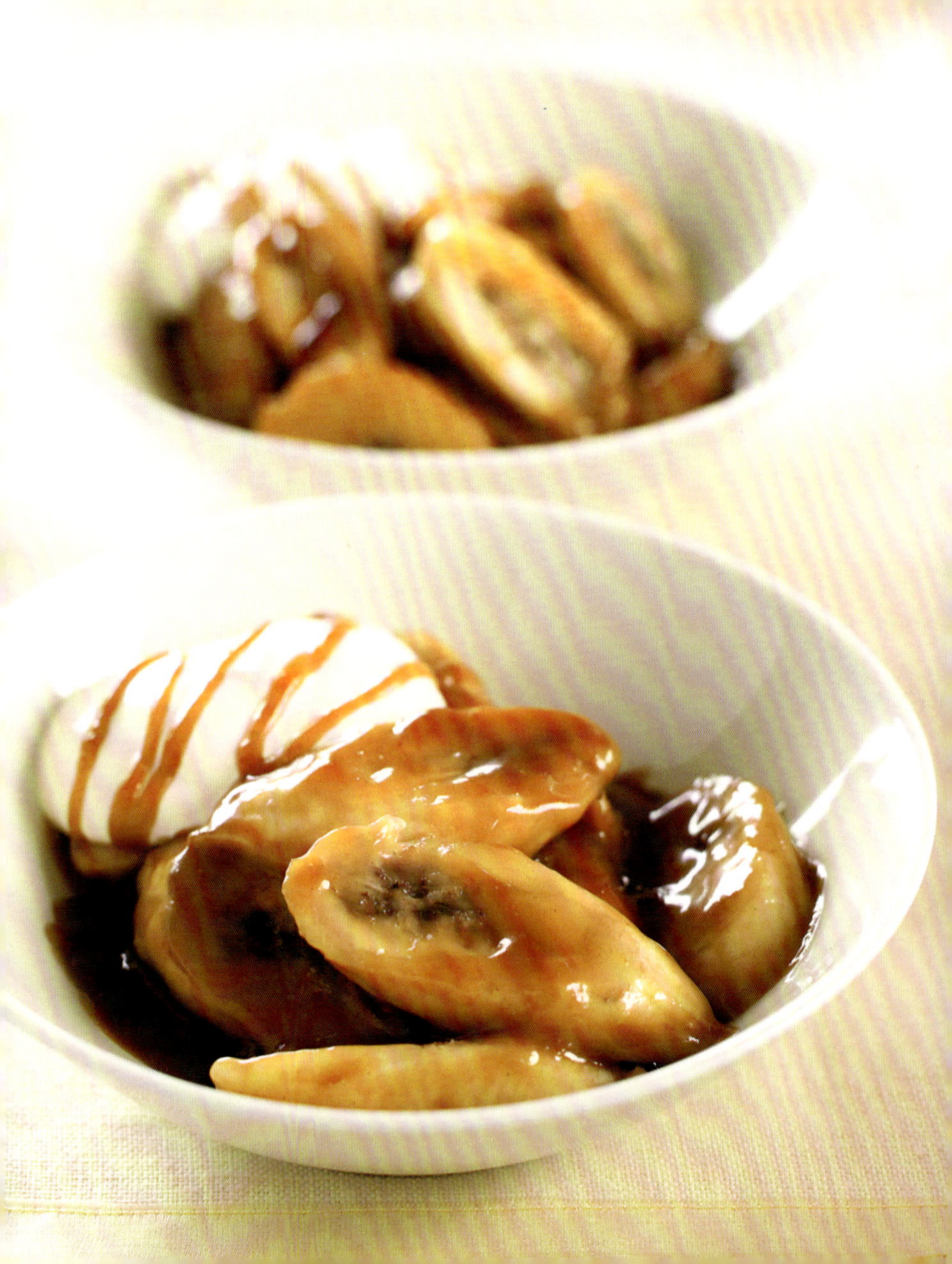

syllabub* de lavanda

2 porções
Preparo: **15 minutos**, mais o tempo de infusão

1 colher (sopa) de **açúcar**
12 **flores de lavanda** ou algumas gotas de extrato de lavanda para culinária, mais um pouco de florzinhas pequenas para decorar
100 ml de **vinho branco**
150 ml de **creme de leite fresco**

* Receita tradicional inglesa cuja origem remonta ao século XVI, feita sempre com leite, açúcar e vinho.

Misture o açúcar, a lavanda e o vinho e aqueça ligeiramente, até o açúcar dissolver. Reserve por 10 minutos.

Coe a mistura e adicione o creme de leite. Bata até formar picos suaves. Distribua entre dois copos e leve à geladeira. Sirva decorado com uma florzinha de lavanda.

Variação: syllabub de laranja. Misture 1 colher (sopa) de açúcar, as raspas e o suco de 1 laranja e 100 ml de vinho branco. Cozinhe em fogo brando até o açúcar dissolver. Siga a receita como indicado.

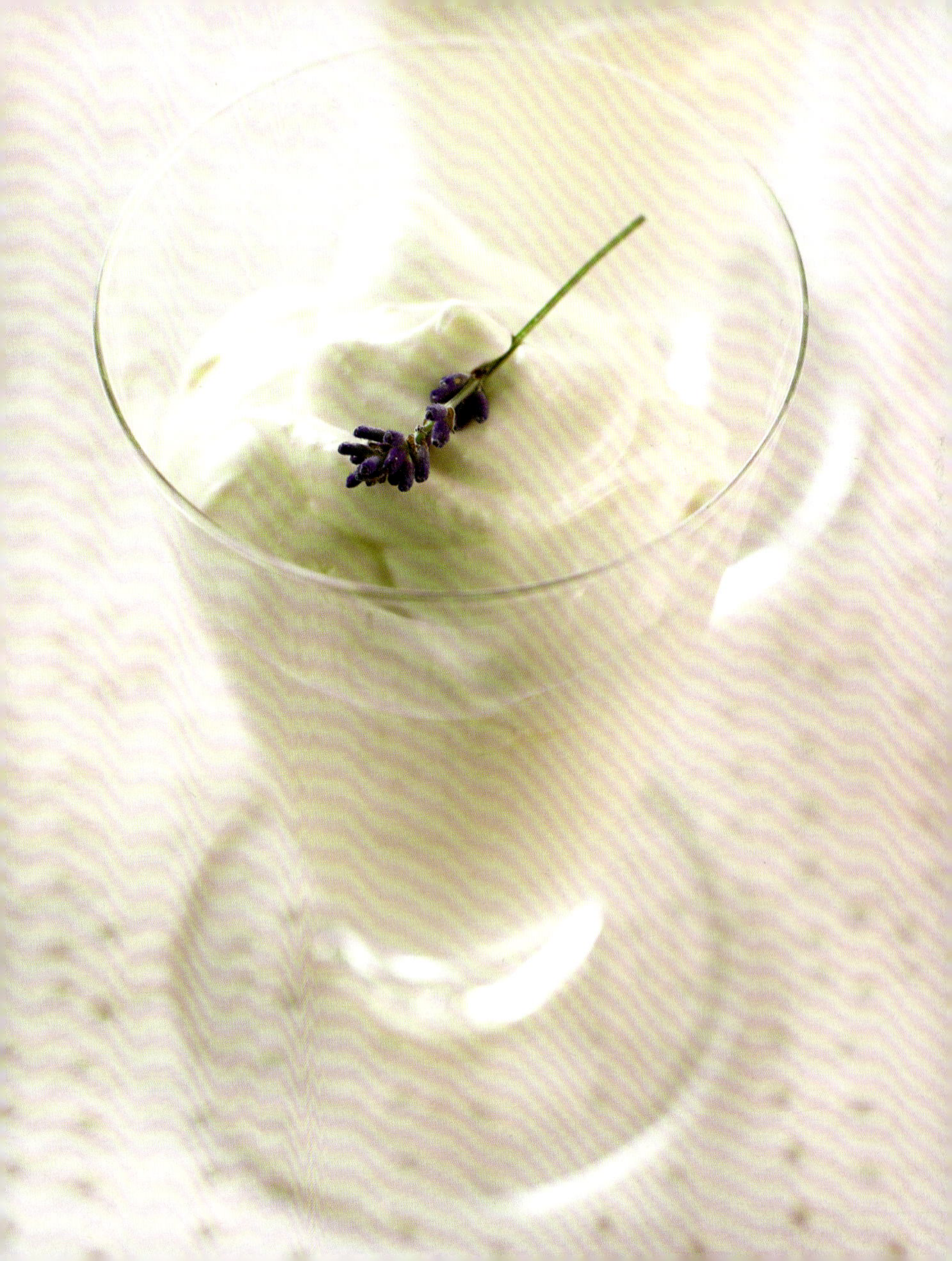

ameixa ao vinho

2 porções
Preparo: **5 minutos**
Cozimento: **10 minutos**

300 ml de **vinho branco**
125 g de **açúcar**
raspas e suco de 1 **laranja**
1 **anis-estrelado**
2 bagas de **cardamomo**
6 **ameixas** frescas inteiras
1 colher (sopa) de **pistache** picado

Cozinhe em fogo brando o vinho, o açúcar, as raspas e o suco da laranja, o anis-estrelado e as bagas de cardamomo, até o açúcar dissolver.

Adicione as ameixas e mantenha por 5-8 minutos ou até ficarem macias. Retire e distribua em dois pratos de sobremesa.

Ferva a mistura de vinho até obter a consistência de uma calda espessa. Despeje sobre as ameixas e salpique o pistache. Sirva com chantili ou sorvete de creme.

Variação: pera ao vinho. Cozinhe 300 ml de vinho tinto com o açúcar, as raspas e o suco da laranja, o anis-estrelado e as bagas de cardamomo, como indicado. Adicione 2 peras inteiras descascadas e ferva por 10 minutos. Transfira as frutas para dois pratos de sobremesa e ferva a mistura de vinho até obter a consistência de uma calda espessa. Regue as peras e salpique 1 colher (sopa) de amêndoa em lâminas torrada. Sirva com creme de leite fresco.

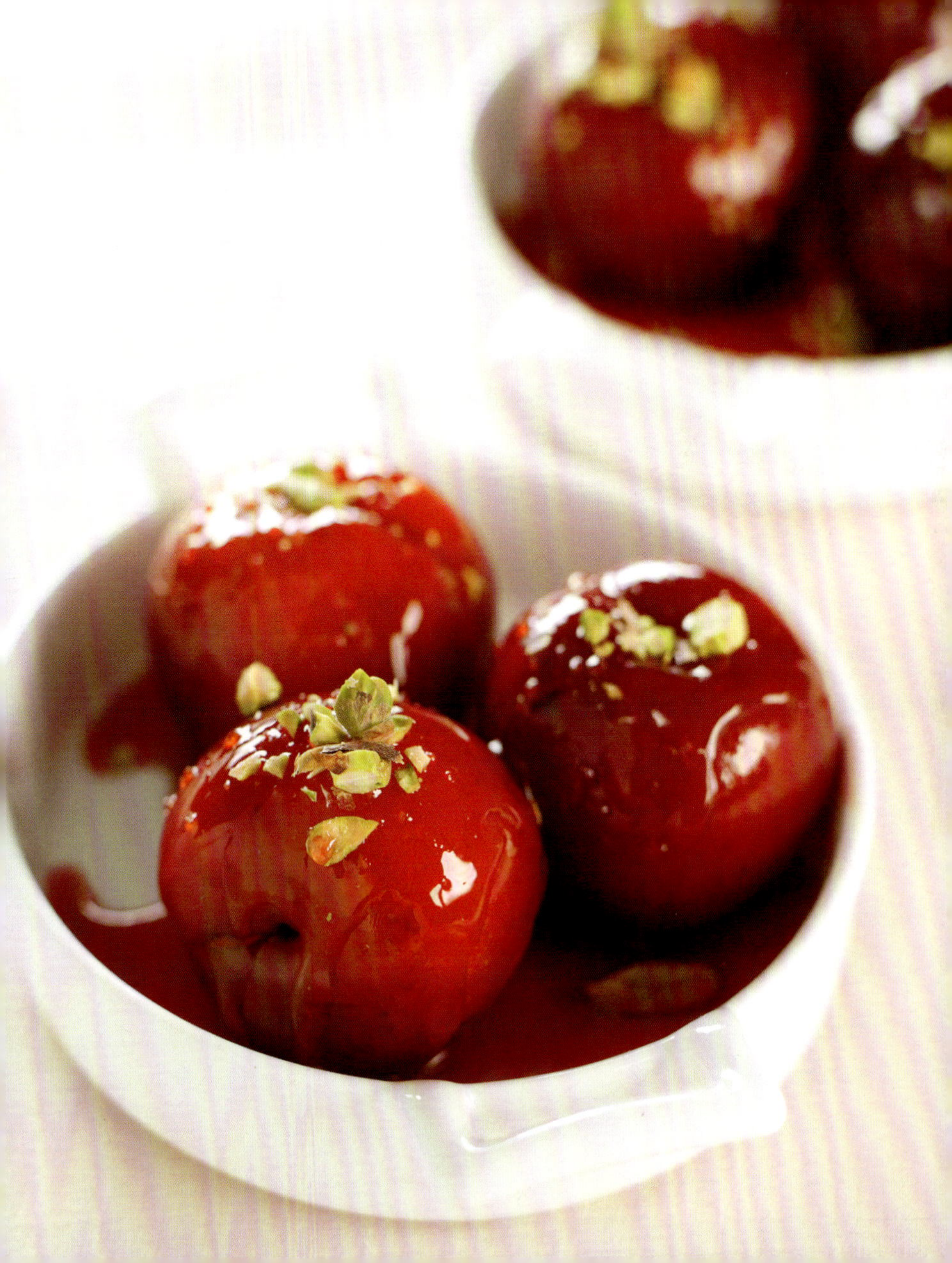

sorvete com frutas vermelhas e pecã

2 porções
Preparo: **20 minutos**,
 mais o tempo para congelar
Cozimento: **5 minutos**

Para o sorvete de baunilha
1 fava de **baunilha**
300 ml de **creme de leite fresco**
1 colher (sopa) de **açúcar**
2 **gemas**

50 g de **nozes-pecãs**
2 colheres (sopa) de **açúcar**
5 g de **manteiga sem sal**
250 g de **frutas vermelhas**
 (amora, framboesa, morango, mirtilo)

Prepare o sorvete. Corte a fava de baunilha ao meio no sentido do comprimento e raspe as sementes. Cozinhe com o creme de leite e o açúcar, até dissolver.

Bata as gemas e, sem parar de bater, despeje o creme de leite com baunilha. Leve de volta à panela e aqueça em fogo baixo, sem deixar ferver, até começar a engrossar. Transfira para um recipiente refratário e congele.

Coloque as nozes-pecãs, o açúcar e a manteiga em uma panela e leve ao fogo por 1-2 minutos, mexendo sempre, até o açúcar caramelizar. Retire do fogo, misture as frutas vermelhas e transfira para uma folha de papel-manteiga. Quando esfriar, bata levemente com um rolo de macarrão para quebrar em pedaços. Espalhe por cima do sorvete e sirva.

Variação: sorvete de pecã caramelizada. Faça a calda caramelizada de nozes-pecãs como indicado, mas exclua as frutas vermelhas. Misture 300 ml de creme de leite fresco e 4 colheres (sopa) de chantili com algumas gotas de extrato de baunilha. Adicione os pedaços de nozes-pecãs caramelizadas, transfira para um recipiente refratário e congele.

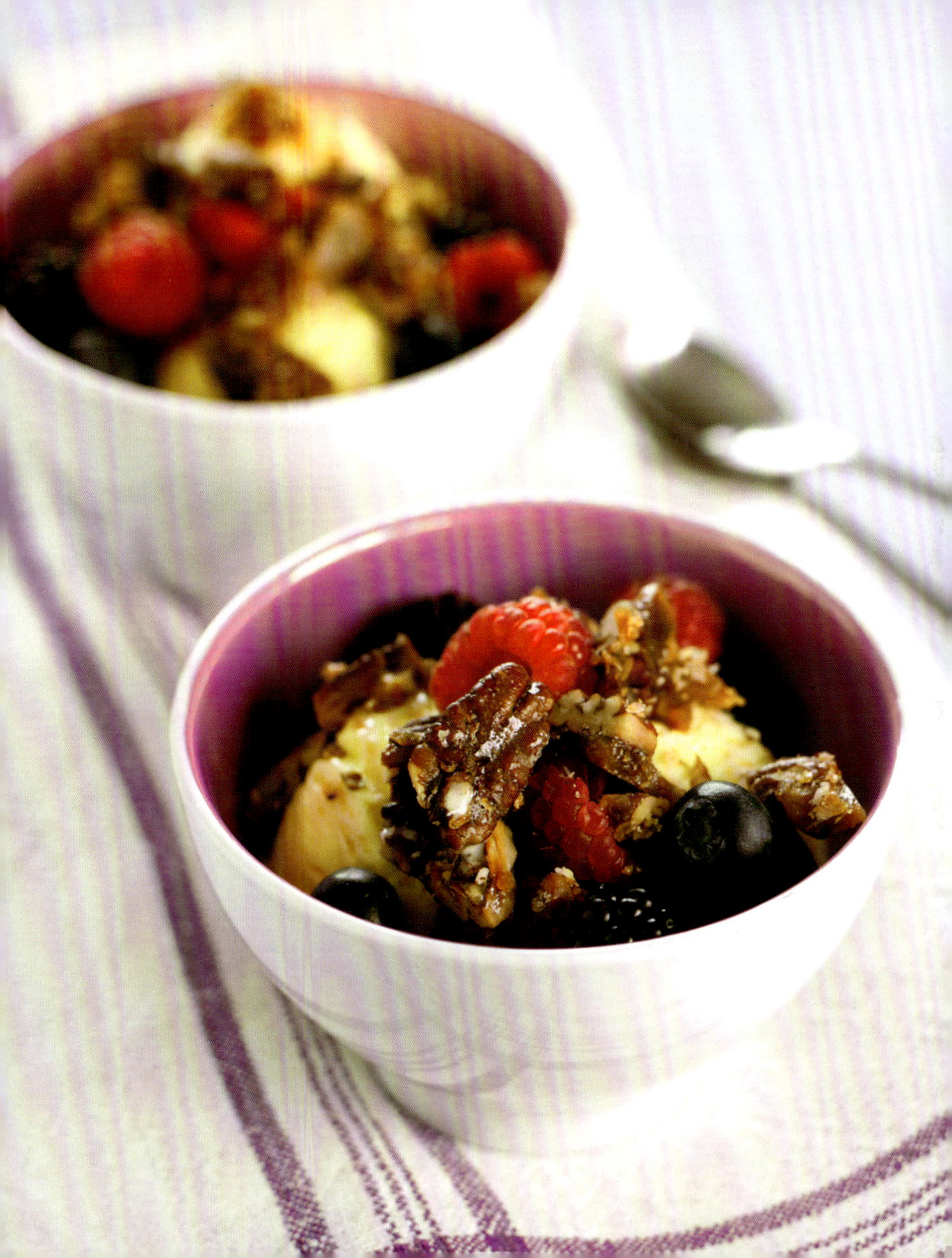

merengue de chocolate e avelã

2 porções
Preparo: **10 minutos**
Cozimento: **1 hora**, mais
   o tempo para esfriar

Para o merengue
2 **claras**
100 g de **açúcar**
50 g de **avelã** torrada picada
50 g de **chocolate meio amargo** ralado grosso

Para o recheio
100 ml de **creme de leite fresco**
1 colher (sopa) de **açúcar**

Bata as claras em neve até formar picos suaves. Sem parar de bater, adicione o açúcar, uma colher por vez. Misture com a metade da avelã e metade do chocolate.

Unte e forre uma assadeira com papel-manteiga. Modele oito montinhos com a mistura de clara, avelã e chocolate sobre o papel-manteiga. Salpique a avelã restante. Asse em forno preaquecido a 140°C durante cerca de 1 hora. Desligue e mantenha no forno até esfriar.

Prepare o recheio. Bata o creme de leite e o açúcar até formar picos moles. Derreta o chocolate restante e misture ligeiramente, criando um efeito marmorizado. Faça um sanduíche de dois merengues recheado com o creme de chocolate e sirva.

Variação: merengue de mirtilo e framboesa. Prepare um merengue grande com uma depressão no centro, com os mesmos ingredientes e modo de preparo da receita acima. Espalhe a mistura de creme de leite e chocolate preparada como indicado e adicione 200 g de framboesa e mirtilo frescos. Polvilhe com açúcar de confeiteiro e cacau em pó antes de servir.

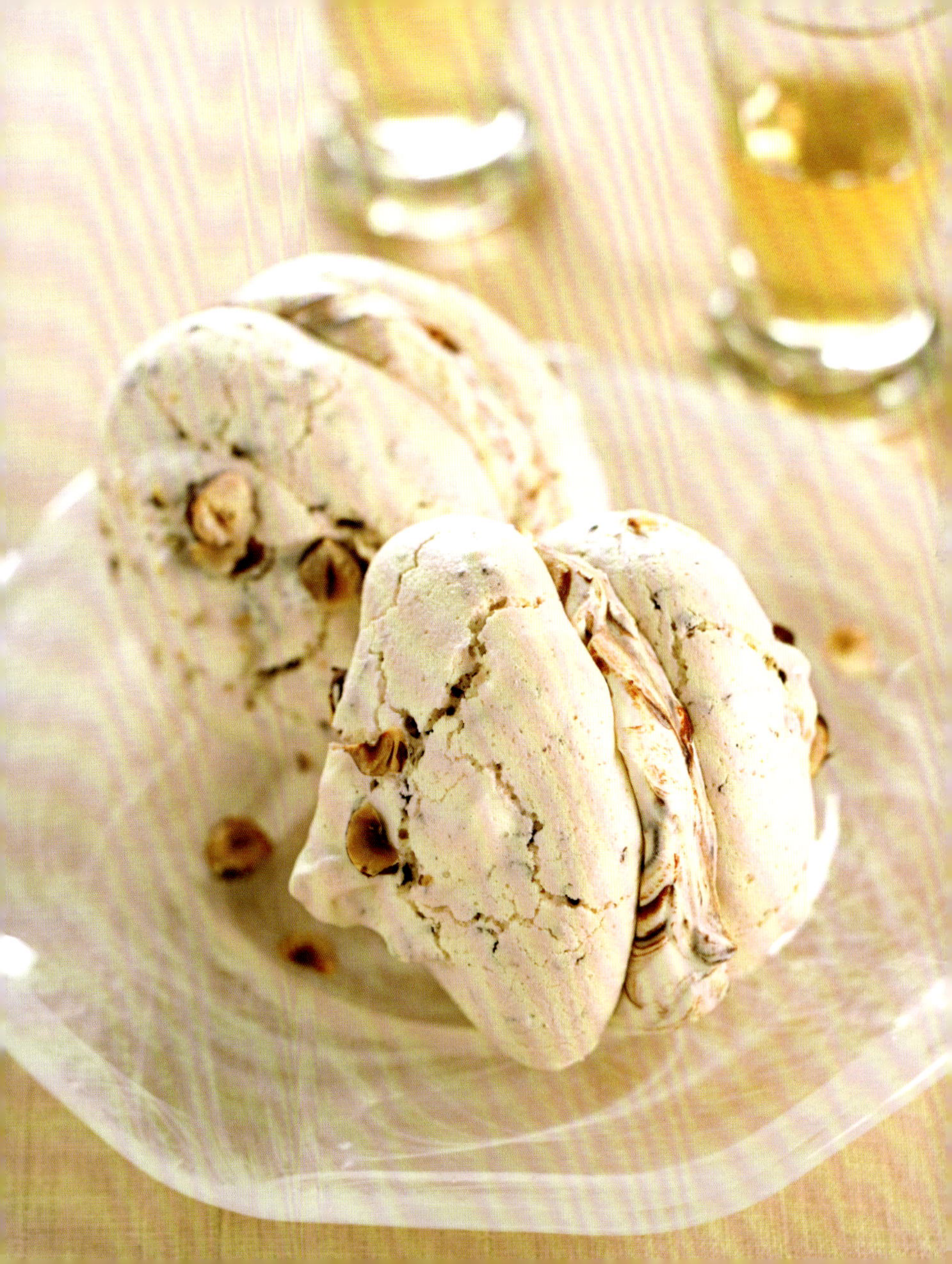

frozen de frutas vermelhas

2 porções
Preparo: **5 minutos**

cerca de 400 g de **frutas vermelhas** (morango, framboesa, groselha e amora), mais algumas inteiras para decorar
cerca de 5 colheres (sopa) de **xarope de baunilha***, mais um pouco para servir (opcional)
gelo picado

* **Xarope de baunilha**
200 ml de água
200 g de açúcar
1½ colher (chá) de extrato de baunilha

Ferva a água e o açúcar em fogo brando, mexendo de vez em quando, até o açúcar dissolver. Deixe esfriar completamente e misture o extrato de baunilha. Conserva-se em geladeira por até 1 semana.

Bata as frutas em um processador ou liquidificador até obter uma mistura homogênea. Coe em uma jarra grande usando uma peneira não metálica. Misture o xarope de baunilha.

Coloque gelo picado em dois copos altos e estreitos e despeje as frutas batidas.

Decore os copos com frutas inteiras. Sirva com colheres longas e mais xarope de baunilha, se desejar.

Variação: frozen de frutas tropicais. Bata cerca de 500 g de frutas tropicais picadas (manga, kiwi, abacaxi). Siga a receita como indicado.

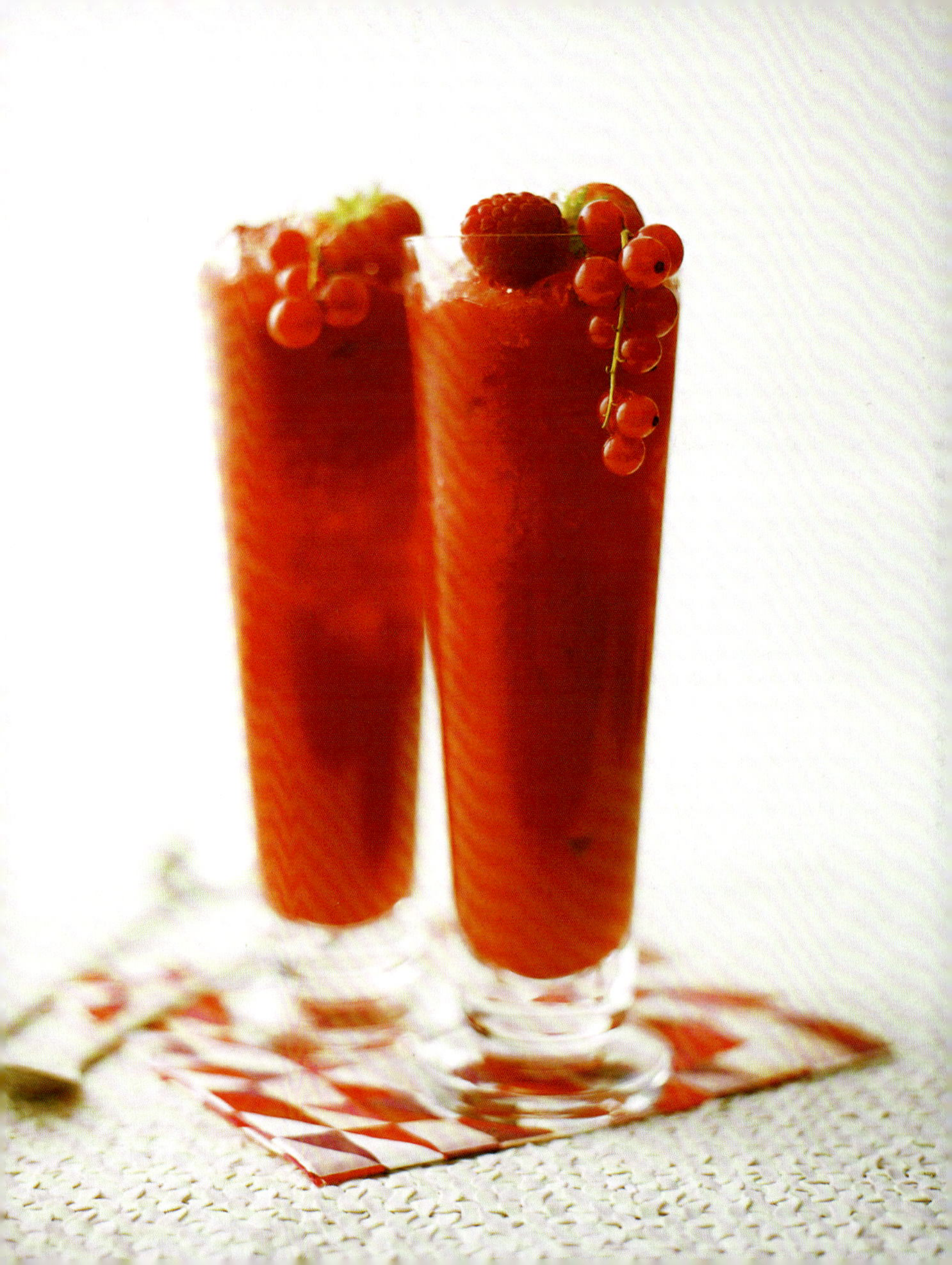

índice

abacate
  sopa de feijão com guacamole 64
abacaxi
  panetone de abacaxi 210
abacaxi caramelado 222
abóbora
  sopa picante de abóbora 80
abobrinha
  rigatone com salmão defumado 182
agrião
  camarão com maionese de agrião 70
  salada de agrião e maçã 178
alcachofra
  caçarola mediterrânea de carne de porco 194
  massa ao forno sofisticada 114
  salada de alcachofra e feijão-branco 102
alface
  frango com alface e ervilha 146
  hadoque com alface e ervilha 146
  rolinho de alface com espaguete e caranguejo 58
  rolinho vietnamita 58
alho
  camarão com maionese de alho 158
  ciabatta de alho 150
alho-poró
  gratinado de alho-poró e presunto 152
  omelete de bacon e alho-poró 34
aliche
  contrafilé com manteiga de ervas 156
  fusili com aliche e repolho 120
almôndega de carne com manjericão 154
almôndega de carne de porco picante 154
ameixa
  ameixa ao vinho 226
  clafoutis de ameixa 218

amêndoa
  muffin de amêndoa e aveia com banana 40
  muffin de amêndoa, pera e damasco 40
  panetone de amêndoa e manga 210
  panquequinha de amêndoa e amora 204
  pera assada com amêndoa 200
amendoim
  salada de arroz selvagem e amendoim 74
arroz 10
  arroz-doce à italiana 214
  arroz-doce crocante 214
  frango cítrico com salada de arroz 126
  kedgeree 46
  risoto de camarão, ervilha e limão 164
  risoto de fava e brócolis 164
  salada de arroz e linguiça com ovo 84
  salada de arroz selvagem e amendoim 74
  salada de arroz selvagem e truta 74
arroz-doce à italiana 214
arroz selvagem
  salada de arroz selvagem e amendoim 74
  salada de arroz selvagem e truta 74
aspargo
  aspargo ao molho de estragão e limão 166
  linguado ao forno com aspargo 166
  panini de queijo de cabra e aspargo 106
  tortinha de aspargo e truta 90
  sanduíche de aspargo e fontina 60
atum
  atum com tomate e ervas 188
  massa ao forno com atum 188
  tortilha de queijo com salada de atum 78
aveia
  barrinha de fruta e nozes 52
  barrinha expressa 52
  granola de cranberry 38
  potinho de framboesa 44
  potinho de manga 44
  muffin de amêndoa e aveia com banana 40
  müsli 20

avelã
  merengue de chocolate e avelã 30
azeite 10
azeitona
  tortinha de feta, tomate e azeitona 112

bacalhau
  bolinho de bacalhau e molho de pimenta agridoce 142
bacon 11
  omelete de bacon e alho-poró 34
  panini de queijo, bacon e maple syrup 106
  sopa de feijão com guacamole e bacon 64
  torrada de cogumelo recheado 42
badejo
  badejo empanado e molho tártaro 134
  espetinho de badejo e camarão 126
  massa com badejo 192
bagel com cream cheese e salmão 48
bagel com carne e picles 48
banana
  muffin de amêndoa e aveia com banana 40
banana caramelada 222
barrinha de frutas secas e nozes 52
barrinha expressa 52
batata
  bolinho de hadoque defumado 132
  ensopado de feijão-branco e batata 150
  frango com batata e vagem 122
  frango com estragão e batata 184
  fritada de queijo de cabra e batata 118
  pão de batata 138
batata assada com feijão e queijo 22
batata-doce
  frango empanado com batata-doce 134
  sanduíche de roquefort e batata-doce 138
  sopa de batata-doce e frango 80
baunilha
  cheesecake de baunilha e nectarina 202
  creme de leite com baunilha 200, 222

leite quente com baunilha 54
bebida
  chocolate quente com hortelã 54
  frozen de frutas tropicais 232
  frozen de frutas vermelhas 232
  leite quente com baunilha 54
berinjela
  patê de berinjela 76
  patê mediterrâneo 76
berinjela com bruschetta de alho 180
berinjela com pinhole 180
bocadinho de gergelim com patê de truta 62
bolinho de bacalhau e molho de pimenta agridoce 142
bolinho de hadoque defumado 132
brócolis
  conchigliette com linguiça e brócolis 148
  fritada de queijo e brócolis 98
  massa com linguiça portuguesa e brócolis 148
  risoto de fava e brócolis 164
brócolis gratinado 152
bruschetta
  berinjela com bruschetta de alho 180
  bruschetta de gorgonzola e pancetta 92

caçarola mediterrânea de carne de porco 194
caldo caseiro 13
caldo de legumes caseiro 94
camarão
  bolinho de camarão e molho de pimenta agridoce 142
  espetinho de badejo e camarão 126
  macarrão tailandês com camarão 190
  risoto de camarão, ervilha e limão 164
camarão com maionese de agrião 70
camarão com maionese de alho 158
caramelo
  abacaxi caramelado 222
  arroz-doce crocante 214
  banana caramelada 222
  sorvete de pecã caramelizada 228

caranguejo
  bolinho de caranguejo ou siri 132
  rolinho de alface com espaguete e caranguejo 58
  rolinho vietnamita 58
cardápio semanal 9-10
carne
  almôndega de carne e manjericão 154
  bagel com carne e picles 48
  chili con carne 88
  contrafilé com manteiga de ervas 156
  filé com pesto de nozes 172
carne de porco
  almôndega de carne de porco picante 154
  caçarola mediterrânea de carne de porco 194
  hambúrguer de carne de porco e tzatziki 130
  lombo com damasco e cebola roxa 170
  lombo de porco recheado 170
cassis
  muffin de cassis 50
cavalinha
  salada de endívia, cavalinha e laranja 104
cereja
  clafoutis de cereja 218
cheesecake de baunilha e nectarina 202
cheesecake de chocolate 212
cheesecake de framboesa e chocolate branco 212
cheesecake de framboesa e gengibre 202
chocolate
  cheesecake de chocolate 212
  cheesecake de framboesa e chocolate branco 212
  leite quente com baunilha 54
  merengue de chocolate e avelã 230
  musse de chocolate e laranja 220
  potinhos de chocolate com menta 220
  rabanada de chocolate com frutas vermelhas 16
chocolate quente com hortelã 54
ciabatta de alho 150
clafoutis de cereja 218
clafoutis de ameixa 218

codorna com ervilha-torta e minimilho 186
cogumelo
  bruschetta de gorgonzola e pancetta 92
  macarrão com frango e cogumelo 184
  macarrão com pancetta e gorgonzola 92
  macarrão com tofu e cogumelo 174
  omelete de cogumelo e pancetta 18
  torrada de cogumelo recheado 42
cogumelo com feijão e queijo 22
cogumelo recheado com espinafre 42
cogumelo recheado com tofu 174
congelados 12
contrafilé com manteiga de ervas 156
cordeiro
  hambúrguer de cordeiro com muçarela 162
  hambúrguer de cordeiro com tomate assado 162
  kebab de cordeiro com tzatziki 130
  wrap de cordeiro 68
cordeiro com cuscuz marroquino 176
cranberry
  granola de cranberry 38
cream cheese
  bagel com cream cheese e salmão 48
  patê de pimentão assado 62
  sanduíche de cream cheese e salmão 60
creme com baunilha 200, 222
croque monsieur 26
curry 11
curry de queijo coalho 140
curry de salmão com salada de tomate 140
cuscuz marroquino
  cordeiro com cuscuz marroquino 176
  legumes grelhados com cuscuz marroquino 176

damasco
  granola de sementes e damasco 38
  lombo com damasco e cebola roxa 170
  lombo de porco recheado 170
  muffin de amêndoa, pera e damasco 40

endívia
salada de endívia e roquefort 156
salada de endívia, cavalinha
e laranja 104
ensopado
caçarola de feijão borlotti 194
caçarola mediterrânea de carne
de porco 194
ensopado de feijão-branco e batata
150
ensopado de linguiça e feijão-branco
150
ervas 11
ervilha
codorna com ervilha-torta
e minimilho 186
frango com alface e ervilha 146
hadoque com alface e ervilha 146
kedgeree de salmão e ervilha 46
risoto de camarão, ervilha e limão
164
espetinho
kebab de cordeiro com tzatziki 130
espetinho de badejo e camarão 126
espinafre
cogumelo recheado com espinafre
42
fritada de espinafre e feijão-
-manteiga 98
massa com molho cremoso
de espinafre 120
ravióli aberto de frango e espinafre
124
tortinha de feta e espinafre 90
estragão
frango com estragão e batata 184
macarrão com frango e cogumelo
184

fatuche 144
fava
risoto de fava e brócolis 164
feijão 11
batata assada com feijão e queijo 22
caçarola de feijão borlotti 194
chili con carne 88
cogumelo com feijão e queijo 22
ensopado de feijão-branco e batata
150
ensopado de linguiça e feijão-
-branco 150
frango com batata e vagem 122

fritada de espinafre e feijão-
-manteiga 98
purê de feijão-branco 170
risoto de fava e brócolis 164
salada de alcachofra e feijão-
-branco 102
salada de feijão e feta 102
sopa de feijão com guacamole 64
sopa de feijão com guacamole
e bacon 64
feijão-branco
ensopado de feijão-branco e batata
150
ensopado de linguiça e feijão-
-branco 150
purê de feijão-branco 170
salada de alcachofra e feijão-
-branco 102
feta
fritada de feta, rúcula e ervas 118
rigatone com linguiça e feta 182
salada de feijão e feta 102
tortinha de feta e espinafre 90
tortinha de feta, tomate e azeitona
112
figo
torrada com mascarpone e figo 32
figo ao forno com mel 206
figo com mascarpone, mel
e framboesa 206
framboesa
cheesecake de framboesa
e chocolate branco 212
cheesecake de framboesa
e gengibre 202
figo com mascarpone, mel
e framboesa 206
iogurte com coulis de frutas
vermelhas 208
merengue de mirtilo e framboesa
230
muffin de framboesa 50
potinho de framboesa 44
frango
macarrão com frango e cogumelo 184
macarrão com muçarela, frango
e pimentão 96
ratatouille de frango 128
ravióli aberto de frango e espinafre
124
salada de frango ao molho cítrico
82
salada de frango e pancetta 72

salteado de macarrão oriental
e frango 116
sopa de batata-doce e frango 80
tortilha de frango ao pesto cremoso
122
wrap de frango 68
frango cítrico com salada de arroz
126
frango com alface e ervilha 146
frango com batata e vagem 122
frango com estragão e batata 184
frango com fatuche 144
frango com maionese de pesto 70
frango crocante com molho verde
100
frango empanado com batata-doce
134
fritada de espinafre e feijão-manteiga
98
fritada de feta, rúcula e ervas 118
fritada de queijo de cabra e batata
118
fritada de queijo e brócolis 98
frozen de frutas tropicais 232
frozen de frutas vermelhas 232
frutas secas
barrinha de frutas secas e nozes 52
müsli 20
panquequinha de fruta 36
torrada com compota de fruta 216
frutas vermelhas
frozen de frutas vermelhas 232
potinho de framboesa 44
rabanada de chocolate com frutas
vermelhas 16
sorvete com frutas vermelhas
e pecã 228
torrada com frutas vermelhas 216
fubá
badejo empanado e molho tártaro
134

gengibre
cheesecake de framboesa
e gengibre 202
pêssego com gengibre 200
salmão oriental 168
gergelim
bocadinho de gergelim com patê
de truta 62
gorgonzola
pizza de gorgonzola e pera 108

pizza de gorgonzola, presunto
e rúcula 108
granola de cranberry 38
granola de sementes e damasco 38
gratinado
 brócolis gratinado 152
gratinado de alho-poró e presunto 152
gruyère
 salada de sementes e gruyère 104
guacamole 64

hadoque
 bolinho de hadoque defumado 132
 kedgeree 46
 omelete de hadoque 30
 omelete incrementada 34
hadoque com alface e ervilha 146
hambúrguer de carne de porco
 e tzatziki 130
hambúrguer de cordeiro
 com muçarela 162
hambúrguer de cordeiro com tomate
 assado 162
hollandaise, molho 28
hortelã
 chocolate quente com hortelã 54
 potinhos de chocolate com menta
 220

ingredientes 10-2
iogurte
 müsli 20
 potinho de framboesa 44
 potinho de manga 44
 tzatziki 130
iogurte com coulis de frutas tropicais
 208
iogurte com coulis de frutas
 vermelhas 208

kebab de cordeiro com tzatziki 130
kedgeree 46
kedgeree de salmão e ervilha 46

laranja
 musse de chocolate e laranja 220
 salada de endívia, cavalinha
 e laranja 104
 salada de peito de pato com laranja
 196
 syllabub de laranja 224
lavanda
 syllabub de lavanda 224

legumes
 caldo de legumes caseiro 94
 ratatouille de frango 128
 ravióli aberto vegetariano 124
 rigatone com linguiça e feta 182
 salteado de legumes 116
 sopa fresquinha de legumes 94
 ver abobrinha, alcachofra etc.
legumes grelhados com cuscuz
 marroquino 176
legumes grelhados com pesto
 de nozes 172
leite
 arroz-doce à italiana 214
 arroz-doce crocante 214
leitelho 50, 126, 204
lentilha
 salada de tomate e lentilha com ovo
 84
linguado ao forno com aspargo 166
linguiça
 conchigliette com linguiça e brócolis
 148
 ensopado de linguiça e feijão-
 -branco 150
 massa com linguiça portuguesa
 e brócolis 148
 rigatone com linguiça e feta 182
 salada de arroz e linguiça com ovo
 84
 torrada de cogumelo recheado 42
linguini com vieira, rúcula e pancetta
 192
lula com maionese de alho 158

macarrão
ver massas
macarrão oriental
 macarrão tailandês com camarão
 190
 macarrão tailandês com tofu 190
 rolinho de alface com espaguete
 e caranguejo 58
 salada de macarrão à tailandesa 66
 salada de pato com macarrão
 oriental 196
 salteado de macarrão oriental
 e frango 116
macarrão tailandês com camarão 190
macarrão tailandês com tofu 190
maçã
 salada de agrião e maçã 178

maionese
 camarão com maionese de agrião
 70
 frango com maionese de pesto 70
maionese de alho 158
manga
 iogurte com coulis de frutas
 tropicais 208
 panetone de amêndoa e manga
 210
 potinho de manga 44
maracujá
 iogurte com coulis de frutas
 tropicais 208
marzipã
 pera assada com amêndoa 200
mascarpone
 figo com mascarpone, mel
 e framboesa 206
 torrada com mascarpone e figo 32
massas 11, 12
 conchigliette com linguiça e brócolis
 148
 fusilli com aliche e repolho 120
 linguini com vieira, rúcula
 e pancetta 192
 macarrão com frango e cogumelo
 184
 macarrão com muçarela, frango
 e pimentão 96
 macarrão com pancetta
 e gorgonzola 92
 macarrão com tofu e cogumelo
 174
 massa ao forno com atum 188
 massa ao forno com presunto
 e ricota 114
 massa ao forno sofisticada 114
 massa com badejo 192
 massa com linguiça portuguesa
 e brócolis 148
 massa com molho cremoso
 de espinafre 120
 ravióli aberto de frango e espinafre
 124
 ravióli aberto vegetariano 124
 rigatone com linguiça e feta 182
 rigatone com salmão defumado
 182
mel
 figo ao forno com mel 206
 figo com mascarpone, mel
 e framboesa 206

merengue de chocolate e avelã 230
merengue de mirtilo e framboesa 230
marisco com pesto de rúcula 136
milho
  codorna com ervilha-torta
    e minimilho 186
mirtilo
  iogurte com coulis de frutas
    vermelhas 208
  merengue de mirtilo e framboesa
    230
  rabanada com mirtilo 16
molho de pimenta 58
molho de pimenta agridoce 142
molho hollandaise 28
molho tártaro 134
molhos 10, 11, 12
mostarda 10
muffin de amêndoa e aveia
  com banana 40
muffin de amêndoa, pera e damasco
  40
muffin de cassis 50
muffin de framboesa 50
müsli 20
müsli com frutas tropicais 20
musse de chocolate e laranja 220

nectarina
  cheesecake de baunilha e nectarina
    202
nozes
  barrinha de frutas secas e nozes 52
  filé com pesto de nozes 172
  legumes grelhados com pesto
    de nozes 172
  salada de nozes e pera 72
  torrada com compota de fruta 216
  torrada com frutas vermelhas 216
pecã
  sorvete com frutas vermelhas
    e pecã 228
  sorvete de pecã caramelizada 228

óleo 9, 10
omelete de bacon e alho-poró 34
omelete de brie e tomate seco 30
omelete de cogumelo e pancetta 18
omelete de ervas e ricota 18
omelete de hadoque 30
omelete incrementada 34
ovos 12

fritada de espinafre e feijão-
  -manteiga 98
fritada de feta, rúcula e ervas 118
fritada de queijo de cabra e batata
  118
fritada de queijo e brócolis 98
kedgeree 46
omelete de bacon e alho-poró 34
omelete de brie e tomate seco 30
omelete de cogumelo e pancetta
  18
omelete de ervas e ricota 18
omelete de hadoque 30
omelete incrementada 34
ovo Benedict ao molho hollandaise
  28
ovo Benedict com salmão 28
rabanada com mirtilo 16
salada de arroz e linguiça com ovo
  84
salada de tomate e lentilha com ovo
  84
salmão com ovos ao forno 24

pancetta
bruschetta de gorgonzola
  e pancetta 92
linguini com vieira, rúcula
  e pancetta 192
macarrão com pancetta
  e gorgonzola 92
omelete de cogumelo e pancetta 18
salada de frango e pancetta 72
panetone de abacaxi 210
panetone de amêndoa e manga 210
panini de queijo, bacon e maple syrup
  106
panini de queijo de cabra e aspargo
  106
panquequinha com amêndoa e amora
  204
panquequinha de fruta 36
panquequinha de pera 204
panquequinha de queijo 36
pão
  badejo empanado e molho tártaro
    134
  berinjela com bruschetta de alho
    180
  bruschetta de gorgonzola
    e pancetta 92
  ciabatta de alho 150
  croque monsieur 26

panini de queijo de cabra e aspargo
  106
panini de queijo, bacon e maple
  syrup 106
rabanada com mirtilo 16
rabanada de chocolate com frutas
  vermelhas 16
sanduíche de aspargo e fontina 60
sanduíche de cream cheese
  e salmão 60
sanduíche de roquefort e batata-
  -doce 138
torrada com compota de fruta 216
torrada com frutas vermelhas 216
torrada de cheddar derretido 86
torrada de cogumelo recheado 42
torrada de queijo derretido 86
patê de berinjela 76
patê de pimentão assado 62
patê de truta 62
patê mediterrâneo 76
pato
  salada de pato com macarrão
    oriental 196
  salada de peito de pato com laranja
    196
pepino
  tzatziki 130
pera
  muffin de amêndoa, pera
    e damasco 40
  panquequinha de pera 204
  pizza de gorgonzola e pera 108
  salada de nozes e pera 72
  sanduíche de ricota e pera 32
pera ao vinho 226
pera assada com amêndoa 200
pêssego com gengibre 200
pesto 12-3
  filé com pesto de nozes 172
  frango com maionese de pesto 70
  legumes grelhados com pesto
    de nozes 172
  tortilha de frango ao pesto cremoso
    122
pesto de rúcula 136
pimentão
  caçarola mediterrânea de carne
    de porco 194
  fatuche 144
  macarrão com muçarela, frango
    e pimentão 96
  patê de pimentão assado 62

ratatouille de frango 128
rigatone com salmão defumado 182
tortilha de queijo de cabra e molho de pimentão 78
tortinha de pimentão e brie 112
pimentão assado com muçarela 96
pimentão recheado com ratatouille 128
pimenta
  almôndega de carne de porco picante 154
  bolinho de bacalhau e molho de pimenta agridoce 142
  bolinho de camarão e molho de pimenta agridoce 142
  chili con carne 88
  molho de pimenta 58
pinhole 11
  berinjela com pinhole 180
pizza de gorgonzola e pera 108
pizza de gorgonzola, presunto e rúcula 108
presunto
  croque monsieur 26
  gratinado de alho-poró e presunto 152
  massa ao forno com presunto e ricota 114
  massa ao forno sofisticada 114
  ovo Benedict ao molho hollandaise 28
  pizza de gorgonzola, presunto e rúcula 108
  presunto com ovos ao forno 24
  sanduíche de aspargo e fontina 60
purê de tomate 11

queijo 11
  batata assada com feijão e queijo 22
  berinjela com pinhole 180
  brócolis gratinado 152
  bruschetta de gorgonzola e pancetta 92
  croque monsieur 26
  curry de queijo coalho 140
  fritada de feta, rúcula e ervas 118
  fritada de queijo de cabra e batata 118
  fritada de queijo e brócolis 98
  gratinado de alho-poró e presunto 152
  hambúrguer de cordeiro com muçarela 162
  macarrão com muçarela, frango e pimentão 96
  macarrão com pancetta e gorgonzola 92
  massa ao forno com presunto e ricota 114
  massa ao forno sofisticada 114
  omelete de brie e tomate seco 30
  omelete de ervas e ricota 18
  panini de queijo de cabra e aspargo 106
  panini de queijo, bacon e maple syrup 106
  panquequinha de queijo 36
  pãozinho de queijo 88
  pimentão assado com muçarela 96
  pizza de gorgonzola e pera 108
  pizza de gorgonzola, presunto e rúcula 108
  ravióli aberto de frango e espinafre 124
  rigatone com linguiça e feta 182
  salada de endívia e roquefort 156
  salada de sementes e gruyère 104
  salada feijão e feta 102
  sanduíche de aspargo e fontina 60
  sanduíche de ricota e pera 32
  sanduíche de roquefort e batata-doce 138
  suflê de gorgonzola 178
  torrada de cheddar derretido 86
  torrada de queijo derretido 86
  tortilha de queijo com salada de atum 78
  tortilha de queijo de cabra e molho de pimentão 78
  tortinha de feta e espinafre 90
  tortinha de feta, tomate e azeitona 112
  tortinha de pimentão e brie 112
  ver cream cheese, feta, gorgonzola, queijo de cabra, queijo de coalho, ricota, roquefort
queijo de cabra
  fritada de queijo de cabra e batata 118
  panini de queijo de cabra e aspargo 106
  tortilha de queijo de cabra e molho de pimentão 78
queijo de coalho com fatuche 144

rabanada com mirtilo 16
ratatouille
  pimentão recheado com ratatouille 128
ratatouille de frango 128
ravióli aberto de frango e espinafre 124
ravióli aberto vegetariano 124
repolho
  fusilli com aliche e repolho 120
  salada de repolho crocante 66
ricota
  massa ao forno com presunto e ricota 114
  massa ao forno sofisticada 114
  omelete de ervas e ricota 18
  sanduíche de ricota e pera 32
risoto de camarão, ervilha e limão 164
risoto de fava e brócolis 164
rolinho de alface com espaguete e caranguejo 58
rolinho vietnamita 58
romã
  salada de romã e tofu 186
roquefort
  salada de endívia e roquefort 156
  sanduíche de roquefort e batata-doce 138
rúcula
  fritada de feta, rúcula e ervas 118
  linguini com vieira, rúcula e pancetta 192
  pesto de rúcula 136
  pizza de gorgonzola, presunto e rúcula 108

salada
  fatuche 144
  frango cítrico com salada de arroz 126
  salada de agrião e maçã 178
  salada de alcachofra e feijão-branco 102
  salada de arroz e linguiça com ovo 84
  salada de arroz selvagem e amendoim 74
  salada de arroz selvagem e truta 74
  salada de endívia e roquefort 156
  salada de endívia, cavalinha e laranja 104
  salada de frango ao molho cítrico 82
  salada de frango e pancetta 72

salada de macarrão à tailandesa 66
salada de nozes e pera 72
salada de pato com macarrão oriental 196
salada de peito de pato com laranja 196
salada de repolho crocante 66
salada de romã e tofu 186
salada de sementes e gruyère 104
salada de tofu ao molho cítrico 82
salada de tomate e cebola 140
salada de tomate e lentilha com ovo 84
salada feijão e feta 102
salada grega 100
salmão
  bagel com cream cheese e salmão 48
  curry de salmão com salada de tomate 140
  kedgeree de salmão e ervilha 46
  ovo Benedict com salmão 28
  rigatone com salmão defumado 182
  sanduíche de cream cheese e salmão 60
salmão apimentado cremoso 168
salmão com ovos ao forno 24
salmão oriental 168
sementes
  granola de sementes e damasco 38
  müsli 20

siri
  bolinho de caranguejo ou siri 132
sopa de batata-doce e frango 80
sopa de feijão com guacamole 64
sopa de feijão com guacamole e bacon 64
sopa fresquinha de legumes 94
sopa picante de abóbora 80
sorvete com frutas vermelhas e pecã 228
sorvete de pecã caramelizada 228
suflê de gorgonzola 178
syllabub de laranja 224
syllabub de lavanda 224

temperos 11
tofu
  cogumelo recheado com tofu 174
  macarrão com tofu e cogumelo 174
  macarrão tailandês com tofu 190
  salada de romã com tofu 186
  salada de tofu ao molho cítrico 82
tomate
  atum com tomate e ervas 188
  chili con carne 88
  hambúrguer de cordeiro com tomate assado 162
  omelete de brie e tomate seco 30
  salada de tomate e cebola 140
  salada de tomate e lentilha com ovo 84

sopa de feijão com guacamole 64
tortinha de feta, tomate e azeitona 112
tomate seco 10
tortilha de frango ao pesto cremoso 122
tortilha de queijo com salada de atum 78
tortinha de aspargo e truta 90
tortinha de feta e espinafre 90
tortinha de feta, tomate e azeitona 112
tortinha de pimentão e brie 112
truta defumada
  tortinha de aspargo e truta 90
  salada de arroz selvagem e truta 74
  patê de truta 62
tzatziki 130

vagem
  frango com batata e vagem 122
  linguini com vieira, rúcula e pancetta 192
  rolinho vietnamita 58
vinho
  ameixa ao vinho 226
  pera ao vinho 226
  syllabub de laranja 224
  syllabub de lavanda 224

wrap de frango 68
wrap de cordeiro 68

créditos

Editora executiva: Nicola Hill
Editora: Amy Corbett
Gerente de design: Tokiko Morishima
Designer: Nicola Liddiard, Nimbus Design
Fotógrafo: Stephen Conroy
Consultora culinária: Emma Jane Frost
Produção de objetos: Liz Hippisley
Controler de produção: Carolin Stransky

Fotografia especial: © Octopus Publishing Group Ltd /Stephen Conroy.
Outras fotos: © Octopus Publishing Group Ltd /Eleanor Skans 17, 153, 173; /Frank Adam 36, 82, 129, 145, 175, 181, 189; /Gareth Sambridge 52, 55, 95, 99, 205, 215, 233; /Lis Parsons 13, 18, 21, 23, 33, 61, 88, 107, 139; /Stephen Conroy 8; /Will Heap 39, 45, 69, 74, 117, 169, 198.